D0925173

LIBÉREZ-VOUS
DES FRINGALES

Julia Ross

RETIRÉ DE LA COLLECTION UNIVERSELLE
Bibliothèque et Archives nationales du Québec

Traduction et adaptation : Julien Tort
Équipe éditoriale : Priscille Tremblais et Elvire Sieprawski
Conception graphique : Catherine Julia (Montfrin)
Photo : © iStockphoto

Imprimé sur les presses de Beta à Barcelone (Espagne)

Dépôt légal : 1er trimestre 2011
ISBN 978-2-916878-61-4

Publié pour la première fois en 2000 par Penguin Books, New York
sous le titre *The Diet Cure*
Copyright © 1999 by Julia Ross

©Thierry Souccar Éditions, 2011, Vergèze
pour la traduction et l'édition françaises
www.thierrysouccar.com
Tous droits réservés

SOMMAIRE

HUIT ÉTAPES POUR EN FINIR AVEC LES PROBLÈMES DE POIDS

C E LIVRE N'EST PAS UN ÉNIÈME LIVRE DE RÉGIME. JE NE vous parlerai pas de calories, mis à part pour vous interdire *de ne pas manger assez.* Je ne vous dirai pas d'être à l'écoute de votre appétit « réel » parce que je sais que, si vous pouviez, vous l'auriez fait depuis longtemps. Je ne vous dirai pas de vous prendre en main, parce que je sais que votre poids et votre comportement alimentaire ne sont *pas* le résultat de votre paresse, de votre gloutonnerie, pas plus que de votre manque de volonté ou de discipline.

Vous vous sentez enfermé à l'intérieur d'un corps qui ne fonctionne pas bien et qui a besoin d'aide. Des années de régimes, de psychothérapies et de conseils amicaux ne sont pas d'un grand secours quand ce dont vous avez en fait besoin, c'est de réparer la biochimie de votre organisme.

En général, les gens qui viennent à ma clinique ont déjà essayé une forme ou une autre de psychothérapie. S'ils ont encore besoin d'un accompagnement, nous le leur proposons néanmoins : les former aux fondamentaux d'une bonne alimentation, les encourager à accepter le corps que la nature leur a donné. Mais quand le corps est dans un état de détresse avancé, une approche psychologique ou pédagogique ne suffit pas. Fort heureusement, nous sommes désormais en mesure d'identifier et de réparer les déséquilibres fondamentaux, si longtemps négligés, qui sont le plus souvent la cause réelle des problèmes de poids.

On pensait que le régime était la solution. Aujourd'hui encore, beaucoup espèrent que leur prochain régime sera le bon. Nous sommes néanmoins de plus en plus en nombreux à comprendre que les régimes ne sont pas la solution. Ils sont le problème. Les régimes font plus de mal que de bien. À l'heure des comptes, ils sont nuisibles à la santé, à l'énergie, à l'humeur et même à la ligne. Après chaque régime, on reprend en effet statistiquement plus de poids qu'on en avait perdu. Et la solution serait un autre régime ? Non, ce qu'il faut, maintenant, c'est un remède au régime, une autre façon de gérer son poids, sa santé et ses humeurs. Cette alternative, ce remède aux régimes, existe ! C'est ce que vous allez apprendre en lisant ce livre.

C'est en cherchant à aider des toxicomanes et des alcooliques que j'ai découvert cette alternative. Dans les années 1980, j'étais en effet directrice d'une clinique de désintoxication dans la région de San Francisco, qui offrait un accompagnement psychologique intensif à des adultes et à des adolescents dépendants, ainsi qu'à leurs familles. En 1986, j'ai entendu parler pour la première fois de compléments alimentaires qui pouvaient aider à contrôler le besoin d'alcool, et même de cocaïne. J'ai demandé à mes équipes d'explorer cette question et de commencer à proposer ces compléments à nos patients. Les résultats ont été spectaculaires. Les besoins de drogue ou d'alcool de nos patients ont immédiatement et significativement diminué. Qui plus est, ces compléments alimentaires les ont également guéris de ces incontrôlables envies de sucré qui sont fréquemment leur lot.

Début 1988, j'ai ouvert ma propre clinique de jour, avec des nutritionnistes et des psychothérapeutes : *Recovery Systems*, à Mill Valley, à cinq minutes au nord de San Francisco. Au début, mes clients étaient des personnes atteintes de forts troubles du comportement alimentaire et de graves problèmes de poids. La boulimie et l'hyperphagie (la tendance à manger énormément sans tenter, comme dans la boulimie, de contrôler son poids) étaient les cas les plus fréquents. Des anorexiques venaient aussi nous consulter, ainsi que des personnes qui n'avaient pas de désordre alimentaire particulier, mais qui n'arrivaient pas à perdre de poids. Tous ces problèmes semblent difficiles à traiter ; ils ne le furent pas. Grâce à nos armes secrètes, nous avons presque toujours réussi, même avec les patients les plus abîmés. Nous avons essayé les mêmes compléments que ceux que j'avais utilisés avec les alcooliques et les drogués. Ils stoppaient net les fringales encore plus efficacement qu'ils ne mettaient fin aux besoins de drogues ou d'alcool. Ils avaient aussi l'effet secondaire exquis d'éliminer les sautes d'humeur chez les patients*.

Au fur et à mesure de nos succès, le bouche-à-oreille nous apportait de nouveaux patients. Plusieurs n'avaient aucun désordre alimentaire particulier, mais cherchaient juste à échapper au cycle infernal des régimes et de la prise de poids, à la fatigue, à la mauvaise humeur, à la déprime ou à leur tendance à manger trop de pain ou de glaces. Imaginez comme il nous fut facile de les aider, sachant que nous avions déjà découvert des substances assez puissantes pour « guérir » des boulimiques et des toxicomanes. Ces substances miracles s'appellent les **acides aminés**.

Les acides aminés sont la clé pour se libérer des régimes. Ils sont plus efficaces que la seule volonté, et, pour la plupart des gens, plus utiles et plus sûrs que n'importe quel médicament coupe-faim. En vente libre dans les magasins diététiques et les parapharmacies, ces constituants élémentaires des protéines sont les ingrédients à partir desquels le cerveau fabrique ses propres substances chimiques ultra-puissantes, ses philtres de bonne humeur :

---

* Pour plus de détails sur le traitement des émotions et des humeurs, voir mon livre *The Mood Cure*.

- la sérotonine, notre antidépresseur naturel ;
- les catécholamines, que j'appelle les « cats » (adrénaline, noradrénaline et dopamine), notre caféine naturelle ;
- les endorphines, naturellement plus puissantes que l'héroïne pour nous rendre joyeux et soulager nos douleurs ;
- le GABA, naturellement plus relaxant que le Valium.

Un cerveau qui a toutes ces substances à sa disposition n'a tout simplement pas besoin de se shooter au sucre, ni avec quoi que ce soit d'autre, chocolat ou héroïne. De plus, il n'est pas nécessaire de suivre le traitement pendant des mois ou des semaines avant d'en ressentir les effets. Pour la quasi-totalité de mes patients, les fringales et les sautes d'humeur disparaissent totalement en moins de vingt-quatre heures. Comme eux, vous n'aurez plus besoin de faire des régimes parce que vous aurez *naturellement* cessé de manger trop, ou trop mal. Ces avantages deviendront bientôt permanents. Après trois à douze mois, vous n'aurez plus besoin des acides aminés, ni des autres compléments alimentaires réparateurs que je recommande. Vous serez libéré à la fois des régimes et des fringales, de manière permanente. Pour le reste de vos jours, il vous sera facile de maintenir une alimentation saine et satisfaisante.

LES HUIT ÉTAPES

À la clinique Recovery Systems que je dirige, nous avons découvert huit étapes pour surmonter les handicaps *corporels*, physiologiques, qui sont les causes des fringales, des troubles du comportement alimentaire, de la fatigue et de la prise de poids. Certains de ces problèmes sont nés de mauvaises habitudes alimentaires, d'autres ont des causes environnementales ou génétiques. Dans tous les cas, ces huit étapes permettent de les corriger *tous*, quelle qu'en soit la source.

- **Étape 1 :** corriger les **perturbations de la chimie du cerveau**, qui expliquent l'anxiété, la dépression, l'obsession et le lien entre émotions et nourriture.

• **Étape 2** : en finir avec les **régimes basses calories**, qui perturbent les comportements alimentaires, l'énergie et le poids en épuisant le corps et le cerveau.

• **Étape 3** : stabiliser les **oscillations du sucre sanguin**, qui génèrent mauvaise humeur et envies de sucré ou de féculents, et qui peuvent conduire à l'épuisement des surrénales.

• **Étape 4** : revitaliser une **thyroïde ralentie**. Cette cause très courante des problèmes de poids et de fatigue est trop souvent négligée.

• **Étape 5** : venir à bout des **dépendances aux aliments auxquels on est allergique**. Ces allergènes auxquels on est « accro » déclenchent de puissantes fringales, ainsi que de nombreux autres problèmes (encombrement des voies respiratoires, maux de tête, constipation...).

• **Étape 6** : réparer les **dégâts hormonaux** à l'origine des fringales et de la prise de poids, en particulier avant les règles et à la ménopause.

• **Étape 7** : enrayer la **prolifération des levures dans l'intestin**, qui peut résulter de la prise d'antibiotiques ou de cortisone, et causer des ballonnements et de fortes envies de sucré ou de féculents.

• **Étape 8** : remédier aux **déficiences en acides gras essentiels** qui sont parfois la cause de fringales d'aliments gras.

La plupart de ces déséquilibres, s'ils se maintiennent, peuvent causer de sérieux problèmes de santé. Que vous ayez à passer par une, deux ou chacune de ces étapes, vous pourrez surmonter ces handicaps. *Il n'y pas de raison de s'y résigner.* Ce livre est un manuel de réparation. Il vous aidera à identifier et à régler les dysfonctionnements physiologiques qui sont à l'origine de votre problème – qu'il s'agisse d'un problème de fringales, de poids, d'humeur... Une fois votre corps ainsi « retapé », vous en aurez fini avec les obsessions, les fringales, la gloutonnerie et les privations. Mieux encore, dès les premiers jours, voire les premières heures, vous commencerez à vous sentir mieux et à contrôler vos fringales ! Dès que vous aurez passé ce premier cap, vous n'aurez plus à lutter contre votre corps pour prendre soin de vous.

L'HISTOIRE DE KATE

Une de nos patientes, Kate, présentait à son arrivée à la clinique la totalité des huit déséquilibres. Son histoire illustre parfaitement l'interaction existant entre ces déséquilibres, et comment on peut les corriger.

Blonde à la peau laiteuse, Kate écrivait des livres pour enfants. Petite, elle avait souffert d'otites à répétition, causées en fait par une sensibilité aux produits laitiers. Les nombreux antibiotiques qu'on lui avait administrés en réponse à ces otites avaient créé une situation de prolifération intestinale des levures, qui l'avait conduite à manger beaucoup trop sucré, et donc à prendre du poids. À 8 ans, sa mère la mettait au régime. Kate n'avait jamais eu beaucoup d'énergie ; elle en eut encore moins. À la puberté, elle grossit encore, ce qui était en partie dû à une faiblesse thyroïdienne héréditaire. Il y avait aussi du diabète dans la famille, de sorte que ses excès de sucreries aggravaient sa tendance innée aux pics de glycémie. Cette alimentation trop sucrée contribuait aussi à de sévères syndromes pré-menstruels : avant ses règles, les fringales de Kate étaient à leur maximum. À 15 ans, elle était déjà installée dans le cycle infernal des régimes et du gain de poids, regagnant après chaque régime plus de poids qu'elle n'en avait perdu. Fille d'un père alcoolique, elle avait hérité de problèmes émotionnels : elle mangeait aussi pour essayer de les soulager. De son père suédois, elle avait également hérité des besoins spécifiques en matière de graisse, de sorte que Kate avait aussi bien des fringales d'aliments gras que des envies de sucré et de féculents.

Après une semaine de compléments alimentaires et d'une alimentation appropriée, elle avait perdu tout intérêt pour son beurre de cacahuètes adoré et ses indispensables pâtes. Ses syndromes prémenstruels et son problème de levures intestinales furent réglés en trois mois. Elle avait aussi pris en main son problème de thyroïde, de sorte qu'elle avait plus d'énergie et était capable de faire un peu d'exercice quatre fois par semaine. Elle ne se sentait pas frustrée, parce qu'elle mangeait sain, et largement assez, de sorte qu'il lui fut facile de maintenir ce régime dans la durée. Elle perdit 20 kg la première année, resta à ce poids pendant six mois, puis perdit ses treize derniers kilos de trop en neuf mois. Même ce « plateau » de six mois fut pour elle une joie : en 30 ans de régimes, elle avait toujours repris du poids rapidement après chaque régime.

COMMENT UTILISER CE LIVRE

Pour mettre au point votre programme personnel pour en finir avec les fringales, la première chose à faire est de répondre au questionnaire des symptômes du chapitre 1, page 15. Il permet d'identifier un ou des déséquilibres dont vous pouvez être atteint. Vous pourrez ensuite vous reporter aux chapitres dédiés à ces problèmes pour confirmer ce pré-diagnostic, reconnaître et comprendre vos symptômes, et surtout y remédier.

Une fois que vous aurez identifié le ou les déséquilibres dont vous souffrez et que vous saurez comment y remédier, reportez-vous à la fin du livre (à partir de la page 299) pour mettre au point votre programme personnel (que j'appellerai aussi non-régime puisque ce n'est précisément pas un régime : il n'y a pas de restriction calorique et c'est une façon de s'alimenter permanente). Vous y trouverez de nombreuses indications pratiques pour choisir vos compléments alimentaires (chapitre 18, page 299) et vos aliments (chapitre 19, page 319). Le dernier chapitre (page 349) vous accompagnera au cours de vos douze premières semaines afin de vous mettre sur la voie d'une guérison permanente et de vous donner de nombreux conseils pratiques, comme un carnet de bord des humeurs et de l'alimentation, ou des stratégies pour les voyages et les repas au restaurant. En annexe (page 369), découvrez les histoires de six de nos patients.

Il vous faudra quelques semaines pour étudier ce livre et mettre au point votre programme personnalisé. Mais dès que vous commencerez à suivre ce plan, vous en sentirez et en constaterez bien vite les effets. Dans les vingt-quatre heures, vos troubles de l'humeur et de l'alimentation devraient s'améliorer considérablement, voire être complètement éliminés. En trois à douze mois, vous devriez être en mesure de vous passer de pratiquement tous les compléments alimentaires réparateurs (il conviendra de continuer à prendre les compléments de base).

Sous peu, vous serez habitué à manger pour votre plaisir et votre santé, sans vous empiffrer ni vous priver, et vous serez libéré des problèmes de poids **et** des problèmes d'humeur. Au fur et à mesure que votre corps réagira aux aliments et aux compléments alimentaires qu'il vous faut, vous vous sentirez revigoré, libéré des fringales, et vous en viendrez naturellement, par plaisir, à pratiquer régulièrement l'activité physique de votre choix. Progressivement, tranquillement, vous verrez que votre corps trouvera son poids idéal, et ressemblera enfin à ce à quoi il aurait toujours dû ressembler.

Si, comme Kate (voir encadré page 12), vous avez à surmonter plusieurs déséquilibres, il vous faudra prendre de nombreux compléments alimentaires pendant plusieurs mois. Mais ils agissent rapidement, et ils ne sont nécessaires que pour un temps : vous les tolérerez bien. Après tout, la plupart d'entre vous ont déjà suivi des régimes beaucoup plus difficiles – certains ont mangé uniquement des œufs durs ou des soupes pendant des mois ! Mais cette fois-ci, au lieu de vous affaiblir, vos efforts contribueront efficacement à améliorer votre santé. Gardez en tête qu'un corps équilibré et sain ne connaît ni problème d'humeur, ni problème de poids.

CHAPITRE 1

TEST : QUELLES SONT LES CAUSES DE VOS FRINGALES ?

MON BUT DANS CE LIVRE EST DE METTRE FIN À VOS fringales, de traiter vos problèmes de poids, et d'éliminer vos sautes d'humeurs inexpliquées et incontrôlables ainsi que les obsessions négatives à propos de votre corps. Mais d'abord, nous devons déterminer quelle est la cause de vos problèmes.

Ce questionnaire est comparable à celui que nous demandons à nos patients de remplir quand ils se présentent à la clinique. Il nous permet d'isoler la cause probable de leurs problèmes. Chacune de ses huit sections se concentre sur un déséquilibre physique donné et vous aidera à déterminer dans quelle mesure il est vraisemblable qu'il vous concerne.

Pour chaque section, additionnez les chiffres correspondant à vos réponses. Vous saurez alors si vous êtes sujet au déséquilibre en question, et à quels chapitres vous devez vous référer pour en finir avec vos fringales et vos problèmes de poids.

AVEZ-VOUS UN DÉSÉQUILIBRE DE LA CHIMIE DE VOTRE CERVEAU ?

4	Vous êtes sensible à la douleur, physique ou morale ; vous pleurez facilement
4	Vous utilisez la nourriture pour vous récompenser, vous consoler, ou atténuer vos douleurs
4	Vous êtes anxieux, soucieux, vous souffrez de phobies ou de crises de panique
4	Vous avez du mal à bien dormir, ou au contraire à rester éveillé
3	Vous avez des difficultés de concentration, vous manquez d'attention
2	Vous êtes fatigué, vous manquez d'énergie, de motivation ou d'excitation
4	Vous avez tendance à avoir des obsessions
4	Vous avez du mal à vous détendre après un moment de tension ou de stress
3	Vous déprimez, avez des idées noires
4	Vous avez une faible estime de vous-même
4	Vos problèmes de poids ou d'humeur sont plus importants en hiver
3	Vous êtes irritable, coléreux
TOTAL	

Si votre score total est supérieur à 10, reportez-vous au chapitre 2, page 25, pour confirmer ce diagnostic, et au chapitre 3, page 37, pour mettre au point votre protocole réparateur.

2 1

LES RÉGIMES HYPOCALORIQUES SONT-ILS LA SOURCE DE VOS SOUCIS ?

4	Vous mangez trop ; depuis que vous suivez des régimes, vous êtes obnubilé par la nourriture
4	Après un régime, vous reprenez toujours rapidement le poids perdu, voire plus
3	Vous êtes de plus mauvaise humeur, plus irritable, anxieux ou déprimé que vous ne l'étiez avant vos régimes
3	Vous avez moins d'énergie et d'endurance qu'auparavant
3	Vous consommez généralement moins de 2 100 calories par jour
3	Vous sautez des repas, en particulier le petit déjeuner
3	Vous consommez de préférence des produits allégés en matières grasses (yaourts 0 %, lait écrémé, vinaigrette légère...)
2	Vous pensez constamment à votre poids
2	Vous utilisez du faux sucre et des produits allégés en sucre (aspartame, Canderel, Coca Zéro ou Pepsi Max, etc.)
2	Vous prenez du Prozac ou un autre antidépresseur
2	Vous êtes devenu végétarien
3	Votre estime de vous-même a diminué
TOTAL	

Si votre score est supérieur à 12, reportez-vous au chapitre 4, page 59, pour confirmer ce diagnostic, et au chapitre 5, page 89, pour une stratégie réparatrice.

AVEZ-VOUS UN PROBLÈME DE RÉGULATION DU SUCRE SANGUIN OU DE STRESS ?

4	Quand vous avez un coup de fatigue, le sucre (une confiserie, un jus d'orange...) ou l'alcool vous donne un petit coup de fouet, mais ensuite votre humeur change et votre énergie diminue.
4	Il y a du diabète, de l'hypoglycémie ou de l'alcoolisme dans votre famille.
3	Vous avez des accès de colère, d'irritabilité, d'agitation, de maux de têtes, de faiblesses ou de larmes. Vous vous sentez mieux juste après les repas.
3	Vous souffrez d'infections à répétition, d'allergies ou d'asthme fréquent, en particulier quand le temps change
3	Vous êtes sujet à des moments de confusion, des pertes de mémoires, des difficultés de concentration ou d'organisation
4	Vous avez souvent soif
3	Vous transpirez beaucoup la nuit (sans que ce soit dû à la ménopause)
5	Vous souffrez parfois de vertiges, en particulier lorsque vous vous levez
4	Vous avez des fringales de salé ou de réglisse
(4)	Vous êtes souvent stressé, accablé ou épuisé
4	Vous avez des poches sous les yeux ou vous êtes facilement ébloui
TOTAL	

Si votre score dépasse 10, référez-vous au chapitre 6, page 105, pour confirmer ce diagnostic, et aux chapitres 7 et 8 (pages 115 et 131) pour mettre au point votre protocole de réparation.

4

AVEZ-VOUS UN PROBLÈME DE THYROÏDE NON DIAGNOSTIQUÉ ?

(4)	Vous êtes fatigué, sans énergie
4	Vous frissonnez facilement, avez souvent froid aux pieds, aux mains
4	Il y a des problèmes de thyroïde dans votre famille
4	Vous prenez du poids sans manger trop ; il vous est presque impossible d'en perdre
3	L'exercice physique, même léger, vous fait violence
4	Vous avez du mal à démarrer le matin
3	Votre cholestérol est élevé
3	Votre tension artérielle est faible
4	Vous prenez du poids avant les règles, pendant une grossesse ou à la ménopause
3	Vous avez souvent mal à la tête
3	Vous n'êtes bon à rien tant que vous n'avez pas eu votre stimulant : café, thé, nourriture, cigarette...
TOTAL	

Si votre score est supérieur à 15, référez-vous au chapitre 9 (page 151) pour confirmer ce diagnostic et au chapitre 10 (page 167) pour des solutions réparatrices.

4

ÊTES-VOUS « ACCRO » À DES ALIMENTS AUXQUELS VOUS ÊTES EN FAIT ALLERGIQUE ?

3	Vous avez des fringales de lait, de glace, de yaourt, de fromage, ou de produits à base de blé (pâtes, pain, gâteaux...) et vous en mangez fréquemment
3	Vous êtes ballonné après les repas
4	Vous avez des gaz, vous éructez facilement
3	Votre digestion est difficile
3	Vous souffrez de constipation et/ou de diarrhée chronique
4	Vous avez des problèmes respiratoires : asthme, encombrement des voies respiratoires, rhumes...
3	Vous vous sentez faible ou vous piquez du nez, en particulier après les repas
4	Vous êtes allergique aux laitages ou à d'autres aliments courants
3	Vous ne mangez pas assez, ou vous préférez les boissons aux aliments solides
3	Vous vous sentez gros, fatigué, ou ballonné quand vous mangez certains aliments ; ou vous les évitez ; ou ils vous donnent la nausée
4	Vous n'arrivez pas à prendre du poids
3	Vous avez tendance à être hyperactif, ou vous alternez périodes de déprime et périodes enthousiastes
3	Vous souffrez de sévères maux de têtes, de migraines
4	Il y a des allergies alimentaires dans votre famille
TOTAL	

Si votre score est supérieur à 12, référez-vous au chapitre 11, page 183.

VOS HORMONES SONT-ELLES DÉSÉQUILIBRÉES ?

4	Vous avez des sautes d'humeur juste avant les règles
4	Vous avez des fringales avant les règles ou pendant la ménopause
4	Vos règles sont irrégulières, accompagnées de migraines
3	Vous avez fait une fausse couche, subi un avortement ou eu un problème d'infertilité
4	Vous avez utilisé la pilule contraceptive ou d'autres médicaments hormonaux
3	Vos règles sont douloureuses ou abondantes – crampes, saignements trop abondants ou trop longs, seins douloureux
4	Votre transition vers la ménopause a été ou est difficile : bouffées de chaleur, prise de poids, suées, insomnies ou étourdissements
3	Vous avez des éruptions cutanées au moment des règles
TOTAL	

Si votre score dépasse 6, référez-vous aux chapitres 12 et 13, pages 213 et 227.

Note : certains hommes expérimentent une « ménopause masculine » du fait de déséquilibres hormonaux. Veuillez vous référez à la « petite boîte des hommes » au début du chapitre 12 en cas de prise de poids et de stress émotionnel.

SOUFFREZ-VOUS D'UNE PROLIFÉRATION INTESTINALE DE LEVURES ?

(4)	Vous êtes souvent ballonné, gêné par des tensions abdominales
3	Vous êtes parfois « dans le brouillard », dans un état de confusion
2	Vous êtes déprimé
4	Vous souffrez de candidoses
4	Vous avez utilisé les antibiotiques massivement à un moment ou un autre de votre vie
4	Vous avez pris de la cortisone ou une pilule contraceptive pendant plus d'un an
4	Vous avez une mycose chronique sur les ongles ou la peau, un « pied d'athlète »
3	Vous avez ou avez eu des infections à répétition des oreilles, des sinus, à l'âge adulte ou dans l'enfance
(3)	Vous avez des douleurs dans les muscles ou les articulations
3	Vous souffrez de fatigue chronique
4	Vous avez des démangeaisons
3	Vos selles sont souvent de forme, de couleur ou de consistance anormale
TOTAL	

Si votre score est supérieur à 13, référez-vous au chapitre 14 (page 245) pour confirmer ce diagnostic, et au chapitre 15 (page 261) pour traiter ce problème. 7

PRÉSENTEZ-VOUS UNE DÉFICIENCE EN ACIDES GRAS ESSENTIELS ?

4	Vous avez des fringales d'aliments gras (chips, fromage, viandes et poissons gras, fritures...) autant, sinon plus, que d'aliments sucrés ou de féculents
4	Vous avez des ancêtres irlandais, écossais, gallois, scandinaves, ou indiens d'Amérique
3	Il y a des antécédents d'alcoolisme ou de dépression dans votre famille
3	Votre cholestérol est élevé, votre HDL (« bon » cholestérol) faible
4	Vous vous sentez lourd, mal à l'aise, « bouché » quand vous mangez des nourritures grasses
4	Vous avez eu une hépatite ou une autre maladie du foie, ou un problème de vésicule biliaire
4	Vos selles sont claires
4	Vos selles sont dures ou malodorantes
4	Vous avez des douleurs dans la poitrine, du côté droit
TOTAL	

Si votre score est supérieur à 12, référez-vous au chapitre 16 (page 273), pour confirmer ce diagnostic, et au chapitre 17 (page 289) pour en savoir plus sur les bonnes graisses et les protocoles réparateurs.

Une fois que vous aurez lu les chapitres correspondant à vos symptômes, vous pourrez mettre au point votre programme personnel pour vous libérer des fringales. Il contiendra des compléments alimentaires (page 299), des aliments recommandés et d'autres à éviter (page 319), ainsi que des méthodes de soutien spécifiques (page 349). Une fois ce plan établi, vous serez prêt à commencer la première semaine dite semaine de détoxication.

Si vous avez des doutes sur vos réponses aux questionnaires, référez-vous à l'explication plus détaillée des symptômes dans les chapitres correspondants. Même si vous ne présentez que quelques-uns des symptômes d'une section, mais qu'ils sont importants, il se peut que vous soyez concerné par le déséquilibre en question.

Si vous avez tellement de réponses positives que nous ne savez pas par où commencer, concentrez-vous sur les sections où vos scores sont les plus élevés. Allez directement aux chapitres qui expliquent comment traiter ces problèmes. Vos progrès rapides vous encourageront à poursuivre vos efforts et à traiter les autres déséquilibres. Au fur et à mesure, cela sera à la fois de plus en plus facile et de plus en plus efficace.

CHAPITRE 2

UN PROBLÈME DE CHIMIE CÉRÉBRALE

D ANS CE CHAPITRE, JE VOUS EXPLIQUERAI COMMENT NOS émotions et nos fringales peuvent être déterminées par des perturbations de la chimie du cerveau, et comment ces perturbations peuvent facilement être corrigées en prenant des acides aminés, ces composants naturels des protéines, facilement disponibles et sans risque. En identifiant, grâce au tableau page 38 la vraie nature de vos fringales, vous pourrez y mettre un terme rapide. C'est grâce à cette liberté alimentaire reconquise que vous pourrez modifier facilement et durablement votre alimentation, remédier aux autres déséquilibres physiologiques que nous explorerons dans les chapitres suivants, et mettre un terme à vos problèmes de poids et d'humeur.

CE N'EST PAS UNE QUESTION DE VOLONTÉ

Presque tous les patients qui passent la porte de mon bureau vivent leurs problèmes de poids comme un échec personnel, une faiblesse de leur caractère. Ils disent qu'ils n'ont pas, ou plus, la volonté suffisante pour suivre un régime. Ou que, même quand ils l'ont, ils finissent toujours par reprendre rapidement le poids perdu. La plupart du temps, c'est surtout parce qu'ils n'arrivent pas à se passer de sucreries, de pain ou de pâtes. Ils commencent d'abord s'en autoriser « juste un petit peu », mais finissent toujours par en manger plus que de raison. Leurs proches sont souvent peu compréhensifs : « Tu pourrais faire un effort », « Tu ne sais pas t'arrêter ». Ces critiques ne font qu'aggraver le malaise des patients : « Ils ont raison. Je manque de discipline ». Bizarrement pourtant, ces mêmes patients sont souvent des modèles de volonté dans d'autres domaines de leur vie. Performants dans leur travail, ils payent leurs factures, sont des parents, des amis formidables. Ils gèrent des projets professionnels compliqués tout en menant une vie de famille et une vie personnelle satisfaisantes. Leurs régimes mêmes démontrent souvent leur force de volonté, et ceux-là mêmes qui critiquent leur soi-disant faiblesse ne supporteraient pas un seul des régimes auxquels ils se sont soumis.

Devriez-vous avoir honte de vous parce que vous avez besoin de manger ? Non ! **Vous utilisez en fait la nourriture comme un médicament.** Vous ne manquez pas de volonté, mais votre cerveau a des carences en certaines substances chimiques qui permettent de se sentir équilibré sur le plan émotionnel. Ces substances s'appellent des neurotransmetteurs. Elles sont des milliers de fois plus puissantes que les drogues ou médicaments les plus puissants, et votre corps en a besoin. Quand il en manque, les signaux qu'il vous envoie sont impératifs, plus forts que n'importe quelle volonté : « Trouve-moi quelque chose pour pallier à cette carence : sucre, drogue, alcool, peu importe ! ». Vous êtes littéralement en manque. Votre dépression, votre irritabilité, votre anxiété et vos fringales sont les symptômes d'un cerveau déficient en un ou plusieurs des neurotransmetteurs essentiels : celui qui calme (GABA), ceux qui stimulent (catécholamines), celui qui fait voir le monde positivement (sérotonine), ou ceux qui atténuent les douleurs et nous rendent joyeux (endorphines).

MANGER POUR COMPENSER

Chez Recovery Systems, nous traitons des gens qui utilisent la nourriture pour apaiser toutes sortes de problèmes émotionnels, pour *compenser*. Voici quelques exemples typiques.

• Brenda mangeait pour se donner de l'énergie. Dès le matin, il lui fallait des sucreries pour démarrer sa journée, et ça continuait toute la journée, en particulier au milieu de l'après-midi, quand elle avait tendance à piquer du nez en plein travail.

• Sharon mangeait le soir, pour s'endormir. Elle n'arrivait jamais à s'endormir avant onze heures du soir, et c'était bien pire quand elle était contrariée. Quelques bols de céréales avec du lait et du sucre lui permettaient de se détendre et de dormir.

• Monica mangeait pour se remonter le moral. Pour elle, la vie ne valait d'être vécue que grâce aux viennoiseries du matin, au chocolat grignoté tout au long de la journée, au copieux dessert du soir.

• Paul mangeait parce qu'il était déprimé. Il mangeait plus l'hiver, et pendant ses longues soirées solitaires. Le pain, les pâtes et la glace tard le soir devant la télé lui tenaient lieu d'antidépresseurs.

• Brandon mangeait quand il était en colère. Il se bourrait de barres chocolatées pour éviter de s'énerver. Mais aussi après s'être une fois de plus énervé mal à-propos.

• Dinah mangeait pour oublier ses souvenirs d'enfance douloureux. Enfant, elle avait été victime de violences sexuelles, et la nourriture était devenue sa fidèle alliée, sur laquelle elle pouvait toujours compter pour se calmer et apaiser sa douleur.

• S'affamer faisait planer Andrea. Quand elle mangeait, non seulement elle se sentait grosse et ballonnée, mais en plus elle « redescendait », et l'extase cessait. Les laxatifs la faisaient planer à nouveau.

Mon expérience m'a appris que les psychothérapies ne suffisent pas pour mettre à fin à ces comportements alimentaires apparemment dictés par les émotions – ces comportements de *compensation*. C'est pourquoi, avec mes collègues, nous nous demandions s'il n'y aurait pas une raison physiologique à ces phénomènes émotionnels. Finalement, nous avons obtenu la réponse à nos interrogations, même si elle était totalement inattendue.

LA CAUSE PHYSIQUE DES COMPORTEMENTS DE COMPENSATION

Tout au long des années 1980, alors que je dirigeais un centre de désintoxication pour alcooliques, nous avons cherché les solutions à ce problème. Aujourd'hui comme hier, des taux de rechute de 80 à 90 % sont courants dans les cliniques de désintoxication classiques. Et encore, même les patients qui arrêtent de boire développent le plus souvent une violente dépendance aux sucreries.

La solution vint du Dr Joan Mathews Larson[1], qui utilisait la nutrition dans son centre de désintoxication alcoolique à Minneapolis, dans le Minnesota. Ce pionnier me fit découvrir une technique issue des travaux de Kenneth Blum chercheur en neurosciences permettant d'éliminer rapidement les fringales et qui lui avait permis d'augmenter son taux de succès de 20 à 80 % ! Il utilisait des acides aminés spécifiques, qui fournissent au cerveau dépendant exactement les protéines dont il a besoin pour combler son manque en neurotransmetteurs. La thérapie par les acides aminés révolutionna notre travail à la clinique. Nous aussi, nous vîmes nos taux de succès augmenter spectaculairement et rapidement avec nos patients alcooliques et toxicomanes. De plus, nous étions également en mesure de traiter des patients présentant d'autres sortes de dépendances. En fait, c'est même dans le domaine alimentaire que nous avons obtenu nos plus grands succès. Plus de *80 % des patients que nous avons traités avec les acides aminés étaient libérés de leurs fringales dans les quarante-huit heures.*

LES QUATRE PHILTRES DE BONNE HUMEUR

Quand, en dépit de l'aide psychologique qu'on a pu recevoir, on continue à manger pour des raisons « émotionnelles », à manger pour compenser de manière incontrôlable, il faut faire un bilan des quatre neurotransmetteurs qui déterminent nos humeurs. Ce sont :

• Les catécholamines ou « cats » (dopamine, adrénaline, noradrénaline), nos stimulants naturels qui nous donnent de l'énergie et nous permettent de nous concentrer.

• Le GABA (ou acide gamma-amino-butyrique), notre sédatif naturel, qui nous calme et nous apaise.

• Les endorphines, nos analgésiques naturels, qui apaisent nos douleurs morales et physiques et nous rendent joyeux.

• La sérotonine, notre antidépresseur naturel, qui stabilise nos humeurs, notre sommeil, et nous fait penser « positivement ».

Quand nous avons assez de chacune de ces substances, nos émotions sont stables, mesurées, et justifiées. Nous sommes tristes quand un malheur nous arrive, en colère face aux vraies injustices ou épuisées lorsque nous manquons de sommeil. En revanche, dès que l'un de ces neurotransmetteurs vient à manquer, on peut être sujet à des « pseudo-émotions » : on se met dans des colères noires pour de petites choses, on pleure en regardant des sitcoms, on est découragé ou distrait par la moindre mauvaise nouvelle... Ces fausses humeurs peuvent être aussi douloureuses et difficiles à vivre que les vraies, celles qui sont déclenchées par les évènements de la vie.

Les carences en neurotransmetteurs peuvent aussi nous conduire à manger trop. Chez certains d'entre nous, la nourriture, en particulier les sucres et les féculents, agissent comme des drogues en modifiant notre chimie cérébrale et en provoquant ainsi un sentiment passager de calme, d'énergie ou de bien-être. Agissant comme des drogues, ces aliments peuvent en fin de compte provoquer les mêmes dépendances. Dès lors, notre humeur et notre stabilité émotionnelle se mettent à dépendre de ce que nous mangeons. Et plus nous recourons à ces nourritures-drogues, plus nous affaiblissons la biochimie de notre cerveau et aggravons notre dépendance. C'est pourquoi substituer à ces aliments des compléments alimentaires d'acides aminés peut avoir des effets immédiats et spectaculaires.

L'HISTOIRE DE TONI

Toni, une Indienne d'Amérique de 26 ans, nous avait été envoyée parce qu'elle était déprimée, profondément anxieuse, épuisée, et souffrait d'un traumatisme indélébile du fait de la violence physique et émotionnelle qui régnait dans sa famille. Toni buvait de l'alcool et mangeait des sucreries pour tenir le coup. Elle se rendait à ses séances de thérapie avec assiduité mais n'arrivait pas à s'ouvrir à son thérapeute. Elle s'était proposée pour venir nous voir à Recovery Systems, prête à essayer une nouvelle approche. Toni avait déjà suivi trois programmes de long terme pour arrêter de boire. Sa motivation ne faisait pas de doute.

Vu la condition de Toni, nous décidâmes de lui donner des acides aminés immédiatement. Je lui demandai de me dire ce qu'elle ressentait de pire à ce moment. « Je suis si fatiguée », répondit-elle. Son corps affaissé, ses yeux éteints confirmaient ses dires. Nous allions traiter son manque d'énergie et sa dépression en augmentant ses niveaux de norépinéphrine, notre stimulant naturel. Nous lui donnâmes notre plus petite dose de L-tyrosine, 500 mg. En attendant le résultat, j'expliquai à Toni pourquoi et comment les acides aminés pouvaient l'aider.

Au bout de dix minutes, Toni dit : « Je ne suis plus fatiguée ». « Formidable ! » répondis-je, « Maintenant que vous avez plus d'énergie, que ressentez-vous de pire ? » Elle se tenait le ventre et dit : « Je suis vraiment crispée ».

Nous donnâmes à Toni notre plus petite dose de GABA, 100 mg. Le GABA est un calmant, un peu comme le Valium, que nous avons associé avec 300 mg de L-taurine. Nous espérions que ces deux compléments permettraient ensemble à Toni de se détendre, ce qui fut le cas. Elle s'étira, se leva, prit un verre d'eau, alla aux toilettes. Pendant ce temps, notre psychothérapeute vint nous informer de l'état de détresse émotionnelle de Toni, des mauvais traitements, de la violence et de l'alcoolisme dans sa famille. Tous les membres de sa famille devenaient méchants, vicieux et cruels quand ils buvaient. Et tous buvaient. Au retour de Toni, je lui proposai : « pourrions-nous vous donner quelque chose pour vous aider à supporter votre détresse émotionnelle ? ». Elle accepta, et je lui donnai un supplément contenant 300 mg de DL-phénylalanine, ou DLPA, et 150 mg de L-glutamine. La DLPA est l'acide aminé utilisé pour soulager les douleurs car il élève les taux d'endorphines. Dix minutes plus tard, je demandai à Toni comment elle se sentait. « Juste bien », dit-elle. J'avais du mal à y croire. Comment de si petites quantités pouvaient-elles avoir un effet aussi spectaculaire ? Nos clients d'origine européenne ont d'ordinaire besoin de doses de trois à quatre fois plus élevées pour obtenir des effets aussi spectaculaires. Je lui demandai si elle souhaitait plus des acides aminés qu'elle venait de prendre pour l'énergie, la relaxation et la gestion de la douleur. Elle me fit non de la tête : « Je me sens bien ».

À ce point, les yeux de Toni pétillaient. Quelques semaines plus tard, son thérapeute nous informait que, ayant continué à prendre ces acides aminés, Toni s'ouvrait enfin lors de ses séances, qu'on la félicitait à son travail, que les hommes la remarquaient pour la première fois, et qu'elle était restée à l'écart de l'alcool et du sucre.

DES ALIMENTS AUX ÉMOTIONS

Les quatre neurotransmetteurs déterminants pour nos humeurs et nos émotions sont constitués d'acides aminés. Il y a au moins vingt-deux acides aminés présents dans les protéines alimentaires. Les aliments riches en protéines, comme le poisson, les œufs, le poulet et le bœuf contiennent la totalité de ces vingt-deux acides aminés, y compris les neuf acides aminés essentiels dont le corps humain a besoin et qu'il est incapable de synthétiser. D'autres aliments, comme les céréales et les légumineuses, ne contiennent qu'une partie des ces neuf acides aminés essentiels, de sorte qu'ils doivent être soigneusement combinés entre eux pour procurer un apport complet en acides aminés indispensables (par exemple, du riz complet avec des haricots).

Si vous mangez trois repas par jour, chacun avec un apport suffisant en protéines (la plupart des gens qui ont des problèmes de poids ne font ni l'un ni l'autre), vous pouvez conserver un bon état émotionnel et échapper aux fringales. Mais la plupart des gens ont besoin d'un coup de main pour réparer la chimie de leur cerveau, et c'est ce que procurent certains acides aminés fondamentaux. Ce sont eux qui vous permettront de manger des protéines et des légumes plutôt que des pâtisseries et des glaces, et d'en être satisfait. Au bout de quelques mois, votre alimentation suffira à vous procurer tous les acides aminés dont vous avez besoin pour votre équilibre émotionnel, et les compléments alimentaires d'acides aminés ne vous seront plus utiles.

Réhabiliter votre chimie cérébrale peut apparaître de prime abord comme une vaste tâche. Mais trois des quatre neurotransmetteurs qui contrôlent vos humeurs ne sont constitués que d'un seul acide aminé chacun. Parce que ces acides aminés clés ont été identifiés par les biochimistes, il est facile de se les procurer lorsqu'ils font défaut. Sous forme libre, ils sont immédiatement bio-disponibles (en d'autres termes, ils sont prédigérés), à la différence des poudres de protéines à base de soja ou de lait, qui peuvent être difficiles à absorber. Des centaines d'études d'Harvard, du MIT* et d'autres

---

* *Massachussetts Institute of Technology*, une des universités américaines les plus renommées.

institutions (dont certaines remontent au début du XXe siècle !) ont confirmé l'efficacité de ces quelques acides aminés « précurseurs » des neurotransmetteurs essentiels pour nos humeurs. Grâce à ces travaux, nous sommes aujourd'hui en mesure de triompher de la plupart des cas de dépression, d'anxiété, de fringales, d'alcoolisme et même de toxicomanie.

LES ACIDES AMINÉS À LA RESCOUSSE DES « SUBSTITUTS DE REPAS »

Dans une étude publiée en octobre 1997[2], l'équipe de K. Blum, un chercheur à l'université du Texas, a suivi pendant deux ans deux groupes de personnes qui avaient pratiqué un jeûne médicalisé. Les patients avaient utilisé une boisson protéinée contenant des vitamines et des minéraux (*OptiFast*), comme substitut de repas, une, deux ou trois fois par jour. Après la « cure », un groupe (123 personnes) s'est supplémenté en acides aminés, et pas l'autre. On sait que, dans 90 % des cas, ces « régimes liquides en boîte » sont suivis d'une reprise de poids rapide et spectaculaire. Aux États-Unis, cela fut démontré par une enquête du Sénat en 1992, et médiatisé par la célèbre présentatrice Oprah Winfrey. Pourtant, *ce ne fut pas le cas* dans cette étude pour le groupe qui prenait des acides aminés. À la fin des deux ans, les chercheurs ont observé dans ce groupe :
- une division par deux du surpoids ;
- une diminution des fringales de 70 % chez les femmes et 63 % chez les hommes ;
- une diminution des épisodes boulimiques de 66 % chez les hommes et de 41 % chez les hommes ;
Le groupe supplémenté a repris en moyenne seulement 14,7 % du poids perdu durant le régime, contre 41 % pour le groupe contrôle.

POURQUOI AVEZ-VOUS DES CARENCES EN NEUROTRANSMETTEURS ?

Vu le nombre de personnes qui utilisent la nourriture, l'alcool, les médicaments ou la drogue pour traiter leurs angoisses, la carence en neurotransmetteurs n'est manifestement pas quelque chose de rare dans nos sociétés. En fait, plusieurs types de problèmes peuvent expliquer ces carences en neurotransmetteurs. Aucun n'est de votre faute ![3]

• *Vous avez peut-être hérité de certaines prédispositions.* Certains gènes programment le cerveau à produire des quantités données de neurotransmetteurs. C'est une des raisons pour lesquelles certaines caractéristiques émotionnelles et alimentaires semblent prédominer dans certaines familles. Si votre maman était toujours au bord de la crise de nerfs et avait un faible pour le chocolat, il ne serait pas surprenant que, vous aussi, vous ayez besoin de sucreries pour vous apaiser.

• *Le stress prolongé épuise nos réserves naturelles de calmants, de stimulants, d'antidouleurs et d'antidépresseurs.* C'est évidemment d'autant plus un problème que vous aviez déjà de faibles réserves au départ. Nous pouvons en effet épuiser nos réserves de ces précieuses substances si nous les utilisons continuellement pour faire face au stress de nos vies. Un jour ou l'autre, notre corps et notre cerveau ne peuvent plus suivre. C'est alors qu'on commence à les « aider » avec des nourritures de substitution, des ersatz de neurotransmetteurs.

• *La production naturelle de neurotransmetteurs peut être inhibée par la consommation régulière d'aliments de substitution, comme le sucre ou la farine, la consommation d'alcool ou l'usage répété de drogues ou de médicaments.* En effet, tous ces neurotransmetteurs se connectent dans le cerveau à des récepteurs dédiés. Quand votre cerveau sent que ces récepteurs sont saturés, il ralentit la production de neurotransmetteurs. On s'engage alors dans un cercle vicieux où plus d'alcool, de sucre, de farine, de drogues ou de médicaments sont nécessaires pour compenser les conséquences de la consommation d'alcool, de sucre, de farine, de

L'EFFICACITÉ DE LA L-TYROSINE ET DU GABA

Il y a quelques années, un jeune couple est venu me voir. La femme avait découvert que son mari utilisait de la méthamphétamine (une drogue de synthèse hautement addictive) tous les jours. Son père venait de mourir des conséquences de l'alcoolisme, et, au retour des funérailles, elle avait trouvé son mari devant ses pilules. Furieuse et affolée (elle était déjà d'un caractère assez agité), elle lui donna trois jours pour résoudre son problème ou faire ses bagages. Il jeta sa « meth » et prit rendez-vous avec moi. Il avait commencé à en prendre en tournée (il était artiste) pour faire face à ses baisses d'énergie. Après des années d'usage, il était tout le temps épuisé, sauf quand il prenait de la drogue. Il en prenait en secret tous les jours. Lors de ce premier rendez-vous, il n'avait pas pris de *meth* depuis deux jours, il avait du mal à garder les yeux ouverts et il avait des fringales de sucreries.

Ils étaient là tous les deux dans mon bureau, lui tristement affalé au fond de sa chaise, elle raide comme un piquet au bord de la sienne. Je les laissai pour aller consulter le nutritionniste, et revins avec 1 000 mg de L-tyrosine pour lui et 500 mg de GABA pour elle. Après vingt minutes, elle était assise confortablement, détendue et souriante, lui était redressé et alerte. Rééquilibrer leurs chimies cérébrales respectives a permis de remettre leur mariage sur pied. Lui partit le même jour pour une clinique de désintoxication que je lui avais conseillée. Elle rentra à la maison avec du GABA. Cinq ans plus tard, il n'a pas retouché à la drogue. Il est de retour sur scène, avec toute l'énergie dont il a besoin, en grande partie grâce à la L-tyrosine qu'il a utilisée pendant six mois pour reconstituer son énergie cérébrale. Sa femme prend du GABA pour se détendre quand elle en a besoin. Et aucun des deux ne mange trop !

drogues ou de médicaments. Rappelez-vous que les neurotransmet-teurs peuvent être des milliers de fois plus puissants que les drogues les plus dures. Un jour ou l'autre, les substances de substitution ne suffisent plus à compenser les carences en neurotransmetteurs. L'équilibre émotionnel, déjà perturbé, se détériore encore, et on se retrouve plus que jamais dépendant de sa drogue habituelle, sucre, alcool ou cocaïne et à la recherche de produits plus forts.

• *Il se peut que votre alimentation soit déficiente en protéines.* Si vous avez suivi des régimes à répétition, ou essayé de ne pas manger trop gras, c'est même très probable. Or les protéines, ou plutôt les acides aminés qui les constituent, sont les éléments à partir desquels votre corps fabrique les neurotransmetteurs. Si vous ne consommez pas suffisamment de protéines, votre corps n'est simplement pas capable de fabriquer les substances essentielles à votre stabilité émotion-nelle. Dans l'encadré page 123, je détaille les sources complètes et incomplètes de protéines, et ce qu'est une ration suffisante. Pour le dire simplement, l'équivalent de trois œufs, d'un blanc de poulet, ou d'un steak de poisson ou de tofu à chaque repas peut suffire à votre cerveau pour se maintenir en bon état émotionnel.

CHAPITRE 3

ÉTAPE 1 : REMETTRE LE CERVEAU EN ÉTAT

D ANS LE TABLEAU QUI SUIT, VOUS POURREZ FAIRE LE diagnostic de vos carences en neurotransmetteurs d'après vos symptômes classés en 5 grandes catégories. Vous pourrez ensuite apprendre de quels acides aminés vous avez besoin, à quels moments et dans quelles quantités. Je vous exposerai aussi d'autres manières de stimuler la chimie de votre cerveau. Dans le cadre de votre programme pour vous libérer des régimes, vous prendrez aussi d'autres compléments alimentaires. Ils sont détaillés au chapitre 18, page 299. Si les acides aminés et les autres compléments peuvent faire merveille en ce qui concerne la chimie du cerveau, l'alimentation est également cruciale (lire chapitre 19).

Vous voudrez peut-être confirmer le diagnostic basé sur les symptômes par des examens de laboratoire : j'ai donné des informations à ce sujet page 57. Pour finir, je vous expliquerai quand et comment vous pourrez arrêter les acides aminés et vous tenir à votre nouvelle façon de manger, avec quelques compléments alimentaires de base.

AVERTISSEMENT !

Tout le monde ne peut pas prendre tous les acides aminés et tous les compléments alimentaires sans restriction. Consultez l'encadré « Contre-indications de certains acides aminés » au chapitre 18, page 299. En cas de doute, consultez votre praticien de santé.

DÉTERMINEZ VOS CARENCES EN ACIDES AMINÉS

	A. MES SYMPTÔMES	B. MES DROGUE
I. Gluco-dépendance	• Fringales de sucré, des féculents ou d'alcool • Instabilité émotionnelle	• Sucreries • Féculents (pâtes, ri pain...) • Alcool
II. Douleur morale	• Forte sensibilité • Pleure facilement • Mange pour se récompenser, pour se sentir mieux, pour oublier la peine • Adore certains aliments, ne peut pas s'en passer et en mange jusqu'à exploser	• Sucreries • Féculents • Chocolat • Tabac • Héroïne • Marijuana • Alcool
III. Dépression et obsessions	• Dépression, négativité • Anxiété, soucis constants • Faible estime de soi • Comportement ou pensées obsessionnelles • Dépression hivernale • Syndrome prémenstruel • Rage, irritabilité • Intolérance à la chaleur • Phobies, panique • Fringales dans l'après-midi ou la soirée • Fibromyalgie, SADAM* • Noctambule, a du mal à s'endormir • Insomnies • Pensées suicidaires	• Sucreries • Féculents • Tabac • Chocolat • Ecstasy • Marijuana

*Syndrome algo-dysfonctionnel de l'appareil manducateur

MES ACIDES AMINÉS	D. LE NEUROTRANSMETTEUR OU CARBURANT CORRESPONDANT / SES EFFETS
utamine	**Carburant d'urgence pour l'ensemble du cerveau** Fonctionnement mental stable, calme et alerte
ohénylalanine nénylalanine	**Endorphines** Soulagement de la douleur mentale et physique Plaisir Sentiments d'amour/d'adoration Désensibilise
rptophane P	**Sérotonine** Stabilité émotionnelle Confiance en soi
atonine au moment oucher	Mélatonine (dérivée de la sérotonine) Bon sommeil

	A. MES SYMPTÔMES	B. MES DROGUE!
IV. Anxiété	• Muscles tendus et crispés • Stress général, épuisement • Incapacité à se détendre ou à se laisser aller	• Sucreries • Féculents • Tabac • Marijuana • Valium • Alcool
V. Fatigue	• Dépression • Manque d'énergie • Manque de motivation • Manque de concentration • Distraction générale	• Sucreries • Féculents (pâtes, p riz...) • Chocolat • Aspartam (Cander etc.) • Marijuana • Caféine (café, thé, Guronsan, cola, etc.) • Cocaïne • Tabac

Grâce à ce tableau, vous pouvez identifier vos carences vrai-semblables en neurotransmetteurs, et par conséquent vos besoins probables en acides aminés. Dans la suite du chapitre, je détaille les mécanismes de ces cinq types de carences, et surtout les moyens d'y remédier.

I• SE LIBÉRER DES « GLUCO-DROGUES »

C'est peut-être difficile à croire, mais vous pouvez mettre fin à vos envies de sucré avec juste un acide aminé. Toute absence de carbu-rant (de sucre) est en effet perçue par votre cerveau, à juste titre, comme une « alerte rouge ». Il envoie dès lors de très puissants messages biochimiques exigeant que vous palliiez immédiatement à ce manque en consommant un glucide raffiné comme le sucre

...MES ACIDES AMINÉS	D. LE NEUROTRANSMETTEUR OU CARBURANT CORRESPONDANT / SES EFFETS
...A	**GABA** Calme Détente Relaxation
...osine énylalanine	**« Cats » (dopamine, norépinéphrine, adrénaline...)** Énergie Excitation Concentration Motivation

(sucreries, chocolat...) ou la farine (féculents, viennoiseries...). Il n'y a que deux types de carburants qui peuvent apaiser cette alerte rouge et nourrir le cerveau :

• Le glucose qui est la forme sanguine du sucre issu des aliments sucrés, des féculents ou de l'alcool.

• La L-glutamine, un acide aminé présent dans tous les aliments riches en protéines, et disponible en complément alimentaire dans tous les magasins diététiques et parapharmacies.

La L-glutamine parvient au cerveau affamé en quelques minutes et, le plus souvent, met un terme aux envies de sucré même les plus impérieuses. Ne soyez pas intimidé par les effets spectaculaires de ce complément alimentaire. La L-glutamine est une substance alimentaire totalement naturelle ; c'est même l'acide aminé le plus abondant dans notre corps. Il est impliqué dans bien des fonctions fondamentales : il stabilise notre fonctionnement mental, nous maintient calmes mais actifs, et contribue à une bonne digestion[4].

En général, deux capsules de 500 mg trois fois par jour, entre les repas, suffisent à régler les problèmes liées à l'hypoglycémie. En cas d'urgence, de fringale pressante, faites fondre une gélule de 500 mg sous la langue. La L-glutamine pénètrera votre sang immédiatement, ce qui devrait en quelques minutes calmer le besoin en carburant de votre cerveau, et stabiliser votre humeur par la même occasion.

II• EN FINIR AVEC LES ALIMENTS RÉCONFORTANTS

Pour beaucoup de gens, manger trop est une manière de compenser un épuisement des anti-douleurs naturels, les endorphines. Sans ces tampons chimiques, les douleurs de la vie peuvent devenir insupportables. Certains d'entre nous (par exemple, ceux qui ont des familles d'alcooliques) sont peut-être nés avec une tolérance à la douleur naturellement faible. Ces personnes sont excessivement sensibles aux douleurs morales (et parfois physiques). Elles pleurent facilement, par exemple devant une sitcom ou un roman à l'eau de rose. Comme leurs parents alcooliques peut-être, elles ont besoin d'aide pour supporter la vie quotidienne, qui leur semble si pénible. D'autres peuvent avoir épuisé leurs réserves d'endorphines à force de stress et de traumatismes. Elles sont simplement à plat, en particulier si elles sont nées avec des réserves naturelles déjà faibles. Quand nous sommes à court de réconfortants chimiques naturels, beaucoup d'entre nous se tournent vers la nourriture, l'alcool ou la drogue.

Si vous utilisez la nourriture comme une petite récompense, ou pour apaiser vos angoisses, vous manquez probablement d'euphorisants naturels. Quand vous « adorez » certains aliments, c'est généralement parce qu'ils déclenchent chez vous une poussée d'endorphines. Ces substances sont mille fois plus fortes que l'héroïne. C'est pourquoi ces aliments que nous « adorons » sont puissamment addictifs. Les endorphines ne font pas qu'arrêter les douleurs, elles provoquent aussi une sensation de plaisir, comme dans l'activité sexuelle (« ce chocolat était à mourir de plaisir »). L'euphorie, la joie, le « second souffle » des coureurs sont des sentiments produits par les endorphines. Certaines personnes produisent naturellement tellement d'endorphines qu'elles sourient tout le temps et prennent beaucoup de plaisir dans les activités quotidiennes les plus banales. Bien sûr, nous traversons tous des moments difficiles. Mais, avec suffisamment d'endorphines, nous pouvons rebondir plus facilement et plus rapidement.

Chez les anorexiques et les boulimiques, l'inanition et les vomissements peuvent déclencher des poussées d'endorphines aux-quels elles deviennent dépendantes. Tous les traumatismes peuvent déclencher une poussée automatique d'endorphines. C'est le cas avec ces blessés qui ne ressentent aucune douleur plusieurs heures après l'accident, ou ces athlètes qui ont franchi « le mur ». (À ce point, ils sont allés trop loin[5]).

Pour les vrais « junkies alimentaires », c'est la D-phénylalanine (DPA) qui semble être l'acide aminé le plus utile. Il permet à notre corps de reconstituer ses réserves d'anti-douleur naturels. Plusieurs études ont démontré son efficacité : la DPA augmente la tolérance à la douleur en maintenant des niveaux d'endorphines élevés.

La plupart des compléments alimentaires qui contiennent de la D-phénylalanine contiennent la même quantité de L-phé-nylalanine, son jumeau (isomère) stimulant. Comme cette forme L est aussi utilisée par le corps pour fabriquer une autre sorte de substances anti-douleur, les enképhalines, la combinaison des deux formes de phénylalanine fonctionne en général bien, en particulier chez les patients qui ont aussi besoin d'un peu plus d'énergie. Pour les autres, ceux qui sont déjà un peu trop vifs ou agités, on peut, difficilement, se procurer la forme D isolément*. Si vos douleurs, physiques ou mentales, sont un gros problème, cela peut valoir la peine d'essayer.

Si vous mangez trop pour compenser, pour faire face à une souffrance, essayez une combinaison de DLPA (le mélange des deux formes de phénylalanine en quantités égales) et de L-glutamine trois fois par jour (au lever, en milieu de matinée, et en milieu d'après-midi). Il faudra aussi vous assurer de manger suffisamment de protéines, et peut-être de prendre un complément alimentaire qui mélange plusieurs acides aminés, car il faut plus d'acides aminés différents pour fabriquer des endorphines qu'il n'en faut pour fabriquer les trois autre neurotransmetteurs de la bonne humeur (si vous prenez déjà du DLPA et sentez que vous avez encore besoin d'énergie, ne prenez pas de L-phénylalanine, qui est déjà présente dans le DLPA, mais plutôt de la L-tyrosine).

III• REMONTER SON MORAL

La carence la plus facile à développer est la carence en sérotonine. Il y a en effet très peu d'aliments riches en tryptophane, le seul acide aminé à partir duquel le corps peut produire de la sérotonine. Selon une étude publiée en 1997 dans le *Lancet***, le tryptophane est l'un des premiers nutriments épuisés lors d'un régime amaigrissant. Si, en plus d'un régime, vous avez hérité de faibles niveaux de sérotonine, ou vécu beaucoup de stress, votre sérotonine se trouve peut-être à un niveau suffisamment bas pour déclencher un trouble du comportement alimentaire significatif ou des problèmes émotionnels sérieux.

L'importance de ce neurotransmetteur est telle que remonter votre niveau de sérotonine peut être une question de vie ou de mort. Suicides et crimes violents sont en effet étroitement associés avec des

* *Amino Health*, disponible par exemple sur amazon.com.
**Célèbre journal médical britannique, référence mondiale.

déficiences en sérotonine. Les obsessions, parfois fatales, et la haine de soi des boulimiques et des anorexiques sont aussi liées à de faibles niveaux de sérotonine. La carence en sérotonine peut aussi causer des obsessions. Les femmes avec lesquelles j'ai travaillé et qui présentent des troubles obsessionnels sont souvent également obsédées par leur corps et leur apparence physique ; les hommes tendent eux à être un peu maniaques et à se plaindre de fantasmes sexuels incontrôlables. Les anorexiques (qui ont peu de sérotonine) tentent d'avoir un contrôle total sur leurs apports alimentaires. Les peurs obsessionnelles, les phobies, sont courantes parmi les personnes qui manquent de sérotonine.

Vous avez peut-être du mal à admettre que les peurs, l'obsession du contrôle ou une faible estime de soi puissent être vues comme des problèmes biochimiques, plutôt que seulement psychologiques. Mais le succès de médicaments comme le Prozac nous a déjà ouverts à la nature biochimique de bien des symptômes supposément « psychologiques », mais que l'aide psychologique seule ne suffit pas à résoudre.

Les médicaments comme le Prozac sont des inhibiteurs sélectifs de la recapture de la sérotonine (ISRS), parce qu'ils maintiennent active la sérotonine que nous avons. Ils ne fournissent pas de sérotonine *supplémentaire*, et c'est pourquoi la plupart des gens qui utilisent des ISRS continuent à présenter des symptômes de déficit en sérotonine. Avant les ISRS, le L-tryptophane était couramment utilisé pour augmenter les niveaux de sérotonine des patients. Pendant plus de vingt ans, psychiatres et magasins diététiques l'ont recommandé avec enthousiasme, parce qu'il permet de combattre la dépression, les fringales, et de normaliser le sommeil sans aucun effet secondaire. Beaucoup de gens se débarrassaient de leurs symptômes en seulement quelques mois de prise de L-tryptophane.

En 1989, une série de lots de L-tryptophane contaminés a tué quarante personnes, et sévèrement handicapé beaucoup d'autres. Cet épisode a poussé l'Agence américaine du médicament, la FDA, à interdire toutes les ventes de L-tryptophane aux États-Unis, alors même que tous les lots contaminés provenaient du même fabricant japonais qui, on l'a su par la suite, avait éliminé trois filtres dans le système de production. Bien qu'aucun lot d'aucun autre fabricant n'ait jamais présenté le moindre problème, la FDA a, pendant des années, déconseillé l'usage du L-tryptophane comme complément alimentaire (étonnamment, la commercialisation des laits en poudre pour nourrissons, dont la plupart contiennent du L-tryptophane, n'a, elle, pas été suspendue[6]).

Faute de L-tryptophane, les médicaments comme le Prozac, Zoloft ou Redux sont devenus nos moyens privilégiés de lutte contre les effets paralysants de faibles niveaux de sérotonine. Malheureusement, ces médicaments ne présentent que des bénéfices temporaires et insuffisants, et ils ont souvent des effets secondaires désagréables, voire dangereux. Depuis 1998, plusieurs laboratoires proposent à nouveau du L-tryptophane, et une nouvelle version du tryptophane appelé 5-HTP (5-hydroxy-tryptophane) est disponible en vente libre, sans opposition de la FDA ou d'aucune autre agence nationale. Plusieurs laboratoires commercialisent le 5-HTP et le L-tryptophane en France, comme Now, Solgar (sous le nom Noxidrim), Smartcity, Health Spark ou Solaray...

Si votre niveau de sérotonine est bas, prenez entre 500 et 1000 mg de L-tryptophane, ou 50 à 100 mg de 5-HTP, en milieu de matinée, en milieu d'après-midi, et deux heures après le dîner (ou à l'heure du coucher, parce que la L-tryptophane se transforme en sérotonine, qui se transforme en mélatonine, qui aide à bien dormir).

Sous ses deux formes (L-tryptophane et 5-HTP), le tryptophane est plus efficace s'il est pris au moins une demi-heure après et avant des acides aminés antagonistes (tyrosine et phénylalanine), de la caféine, ou des aliments contenant des protéines. Ces produits peuvent en effet limiter la conversion de tryptophane en sérotonine, s'ils se trouvent en même temps dans l'estomac.

Chez certaines personnes, l'excès de tryptophane provoque une somnolence, même dans la journée. Si c'est votre cas, supprimez la dose du matin, essayez des dosages moins élevés (ils doivent toutefois rester efficaces), ou prenez votre tryptophane aux heures des repas. Vous pouvez varier votre dose de tryptophane en fonction de vos réactions, car des individus différents réagissent fort différemment à cet acide aminé (encore plus que pour les autres acides aminés). Chez certains, des doses très faibles (comme 10 mg de 5-HTP) sont plus efficaces.

Assurez-vous de bien prendre les compléments multivitamines et minéraux (« multis ») de votre plan de supplémentation de base (page 307) tant que vous prenez du tryptophane, ou n'importe quel acide aminé. Les vitamines B et le zinc sont essentiels parce qu'ils entrent dans le processus de fabrication des neurotransmetteurs à partir des acides aminés. Dans le cas du tryptophane, la vitamine B_3, ou niacine, est particulièrement importante car, quand elle vient à manquer, le corps en fabrique à partir de tryptophane, et la fabrication de sérotonine passe au second plan.

Il existe d'autres moyens pour augmenter vos niveaux de sérotonine : mettez l'accent sur les sources naturelles indiquées ci-dessous, limitez vos apports en glucides, passez du temps au soleil et faites de l'exercice.

Mangez des aliments contenant du tryptophane

La plupart des aliments riches en protéines contiennent moins de tryptophane que des autres acides aminés. Les aliments ci-après ont un contenu élevé de tryptophane, ou en tous cas ils contribuent à augmenter les niveaux de sérotonine, quelle qu'en soit la raison.
• Graines (de courge, de tournesol, de sésame)
• Amandes
• Porc
• Bœuf

- Gibier
- Crevettes
- Poulet
- Dinde
- Tempeh (soja fermenté)
- Tofu
- Kelp (algues)
- Bananes
- Lait (pour ceux qui le tolèrent)

Essayez le millepertuis

Cette plante augmente les niveaux de sérotonine. Des études américaines et européennes ont montré qu'elle est aussi efficace que le Prozac, avec beaucoup moins d'effets secondaires. Chez certaines personnes, c'est le mélange de millepertuis et de tryptophane qui fonctionne le mieux. D'autres sont plus réactives au millepertuis seul. Le millepertuis étant photosensibilisant (donc empêchant toute exposition au soleil pendant le traitement), il est plus simple de commencer par prendre du tryptophane, et d'ajouter du millepertuis ensuite si cela ne suffit pas – 300 mg, trois fois pas jour.

Bougez

Un peu d'exercice peut augmenter temporairement les niveaux de sérotonine. C'est une des raisons pour lesquelles beaucoup d'entre nous se sentent mieux après un peu d'exercice. Dans l'effort, les muscles absorbent les acides aminés antagonistes hors du flux sanguin, de sorte que le tryptophane passe facilement dans le cerveau. Attention cependant : 1/ quand l'exercice est le seul moyen utilisé pour augmenter les niveaux de sérotonine, une addiction à l'exercice peut en résulter et 2/ le bien-être après un exercice physique modéré, qui résulte de la hausse des taux de sérotonine dans le cerveau, ne doit pas être confondu avec l'euphorie du marathonien, ou des exercices longs et violents, qui résulte de la sécrétion d'endorphines une fois passé le « mur de l'effort ». Le premier indique les bienfaits de l'exercice, le second qu'on est allé trop loin.

Exposez-vous à la lumière

Si vous avez tendance à déprimer ou à trop manger l'hiver ou le soir, c'est probablement par manque de lumière ou de sérotonine. En fin d'été, le cerveau prend acte de la diminution de la durée du jour, et commence à réduire les niveaux de sérotonine au bénéfice de la mélatonine, le neurotransmetteur de « l'hibernation » et du sommeil. Avec l'arrivée de l'automne, puis de l'hiver, vos niveaux de sérotonine peuvent ainsi tomber trop bas – c'est en général l'origine de la dépression saisonnière, ou hivernale. L'exposition à une lumière d'intensité supérieure à 2000 lux permet de faire croire à votre cerveau que les beaux jours sont revenus, lui donnant ainsi le signal de produire plus de sérotonine. Pour fixer les idées, précisons qu'un lux, c'est l'intensité lumineuse d'une chandelle. 10 000 lux, c'est une journée ensoleillée. 2000 lux, c'est à peu près dix fois plus que l'éclairage moyen d'un bureau. Pour obtenir cette intensité avec des ampoules traditionnelles, il faudrait s'exposer à des niveaux de rayonnement ultraviolet inacceptables. La solution est donc de s'exposer soit à la lumière du soleil, soit à une lampe spéciale de luminothérapie. En utilisant la lumière pour maintenir votre sérotonine élevée, vous pourrez acquérir une immunité permanente contre la dépression hivernale. L'éclairage plein spectre, qui imite la lumière du jour, a bien d'autres avantages, comme de stimuler la synthèse de vitamine D, qui elle-même favorise l'absorption de la vitamine C, la fixation du calcium par les os, etc. Nous avons ainsi de nombreux patients qui traitent leur dépression hivernale par des visites d'urgence à la cabine de bronzage la plus proche.

Envisagez la prise d'antidépresseurs ISRS (Inhibiteurs sélectifs de la recapture de la sérotonine*)

Comme je le disais, augmenter les niveaux de sérotonine peut être une question de vie ou de mort pour les grands dépressifs, les anorexiques, les outre-mangeurs ou les boulimiques. Dans de telles situations, les antidépresseurs peuvent faire la différence. Comme les effets du tryptophane ou du 5-HTP se font sentir en une ou deux journées, autant les essayer d'abord. Mais s'ils ne provoquent pas un mieux-être significatif, consultez votre médecin et demandez-lui s'il ne devrait pas vous prescrire un ISRS comme le Prozac, le Zoloft, etc. Malheureusement, si ces médicaments améliorent la situation des patients déficients en sérotonine, ils n'éliminent pas totalement leurs symptômes. De plus, ils peuvent présenter des effets secondaires fâcheux, comme des tendances suicidaires, une incapacité à atteindre l'orgasme, l'insomnie, l'agitation, etc. Enfin, les prendre de manière permanente n'est pas sûr, mais leurs effets s'estompent en général rapidement quand on arrête le traitement. Heureusement, mes patients n'ont presque jamais besoin de prendre des ISRS pendant longtemps, parce que je les oriente vers des médecins qui les aident à rétablir leur fonction thyroïdienne. Selon notre expérience en effet, quand le tryptophane n'est pas aussi efficace que les ISRS, c'est en général à cause d'une faiblesse thyroïdienne.

Envisagez d'utiliser conjointement tryptophane et ISRS

Faites-le bien sûr avec l'aide et le suivi d'un médecin. Ainsi le Dr Eric Braverman, qui recommande l'usage conjoint de tyrosine et de Ritaline pour le traitement des troubles du déficit de l'attention (ADHD), cite-t-il plusieurs études qui démontrent l'efficacité de l'administration conjointe de tryptophane et d'ISRS. Si la plupart

* Par exemple Prozac®, Zoloft®, Seropram®, Floxyfral®, Seroplex®, Deroxat®, etc.

LA MÉLATONINE : UN SOMNIFÈRE NATUREL

Le cerveau commence à fabriquer son propre somnifère, la mélatonine, à partir de la sérotonine, tous les après-midi, quand le soleil commence à baisser. On ne peut pas bien dormir si on ne produit pas assez de mélatonine. Pour fabriquer de la mélatonine, le corps a besoin de tryptophane, qu'il transforme d'abord en sérotonine, puis en mélatonine. En fin de journée, le corps a besoin de plus de sérotonine afin de produire davantage de mélatonine. Ceux qui sont déjà déficients en sérotonine expérimentent alors des fringales de sucré ou de féculents, car l'ingestion de glucides (en particulier les sucres simples comme le sucre) peut déclencher une augmentation temporaire de sérotonine. Les fringales de milieu d'après-midi peuvent ainsi empirer au fur et à mesure que la soirée avance. On n'arrive pas à dormir, alors on mange plus de sucreries et de féculents, souvent avec des produits laitiers. La glace et les céréales de petit déjeuner sont des classiques de ce scénario.

Parce que la mélatonine peut rendre un peu vaseux, perturber les rêves, et même parfois aggraver la dépression chez ceux qui sont déjà déprimés, je ne recommande de prendre de la mélatonine pour calmer les fringales de fin de journée que pour ceux qui ont déjà essayé sans succès le tryptophane, le 5-HTP et le millepertuis. Contre l'insomnie, les réveils nocturnes et le noctambulisme, une dose de tryptophane entre 500 et 1 500 mg est généralement efficace (ou 100 à 150 mg de 5-HTP). Si vous vous réveillez encore après deux heures du matin sans arriver à vous rendormir, essayez de prendre entre 0,5 et 3 mg de mélatonine au coucher. C'est aussi un bon dosage pour vous adapter au décalage horaire lorsque vous voyagez.

des patients le supportent très bien, quelques sujets des essais initiaux du Prozac ont expérimenté de l'agitation et des soucis digestifs légers quand ils prenaient ensemble Prozac et tryptophane. La plupart des psychiatres avec lesquels je travaille combinent les deux approches sans problème, avec des résultats excellents (aucun problème n'a été signalé chez les patients prenant du tryptophane avec du Paxil ou du Zoloft). Quant à la compatibilité entre le millepertuis et les ISRS, on ne dispose encore d'aucune donnée.

Si vous obtenez de bons résultats avec une combinaison de médicaments et de tryptophane, vous pouvez essayer de réduire les doses de médicament. Par prudence, ne le faites qu'à la fin du printemps ou au début de l'été. À notre clinique, nous avons souvent collaboré avec des médecins pour réduire, voire supprimer les antidépresseurs pour nos patients. Souvent, le tryptophane ou le 5-HTP donne immédiatement de meilleurs résultats que les médicaments.

Si vous prenez aussi de la L-tyrosine ou de la DLPA avec le tryptophane

Rappelez-vous que ces acides aminés sont en concurrence avec le tryptophane, donc prenez la DLPA et la L-tyrosine à au moins une demi-heure d'écart du tryptophane. Si vous les prenez tous en même temps, ils seront moins efficaces. En général, nous recommandons de prendre la L-tyrosine et la DLPA au réveil et en milieu de matinée, le tryptophane ou le 5-HTP en milieu d'après-midi, en fin d'après-midi, et au coucher.

IV. DEVENIR MOINS ANXIEUX

Le GABA, ou acide gamma amino-butyrique, est notre calmant naturel. Il agit comme une éponge, absorbant l'excès d'adrénaline et d'autres produits du stress, aidant les cellules nerveuses à se mettre au repos, et nous permet ainsi de nous détendre. C'est comme si le

GABA évacuait la tension et la raideur des muscles crispés. Il peut même interrompre un processus d'attaque cérébrale quand il est en cours. Mon collègue Elliott Wagner, un spécialiste de la désintoxication des toxicomanes, m'a également appris que le GABA peut soulager les héroïnomanes en proie à l'anxiété profonde caractéristique des premiers temps de la désintoxication. Alors imaginez ce qu'il peut faire pour votre stress et votre tension « ordinaires » !

Si, dans le tableau des pages 40-41, vous avez coché des symptômes et des substances dans cette section « anxiété », essayez d'ajouter entre 100 et 500 mg de GABA à votre prise quotidienne d'acides aminés. Prendre du GABA tôt le matin n'est pas forcément idéal : vous risquez d'être trop détendu pour conduire ou pour commencer votre travail. Le GABA est disponible seul, ou en combinaison avec d'autres acides aminés comme la taurine et la glycine*. Chez certains patients, ces formules sont encore plus efficaces que le GABA pris isolément. La glycine et la taurine aident à détendre les muscles. La taurine, souvent sous forme liée au magnésium, contribue également à la détente cérébrale. Certaines formules contiennent également de la L-tyrosine, pour éviter que la détente ne tourne à la somnolence. Si aucune de ces formules ne suffit à vous détendre, il se peut que vos surrénales soient fatiguées (voir chapitre 8, page 131).

V. VAINCRE LA FATIGUE

Les « cats » sont nos stimulants naturels. Faute d'une quantité suffisante de ces stimulants naturels, on peut se trouver fatigué et ralenti et avoir des problèmes de concentration. On a du mal à finir ce qu'on fait et, parfois, on voudrait juste rester au lit. On a moins d'énergie. Souvent, on a du mal à lire des livres, on relit plusieurs fois le même passage ou on ne se souvient plus de ce qu'on vient de lire.

*Par exemple, *Calm Thoughts*, de *Source Naturals*, disponible sur amazon.fr.

La L-tyrosine est l'acide aminé qui permet au corps de produire des cats ainsi que des hormones thyroïdiennes, et vous remet ainsi d'attaque. Comme la L-glutamine, la L-tyrosine agit en quelques minutes. Si vous avez toujours besoin d'un petit coup de fouet pour vous concentrer et vous mettre au travail, qu'il s'agisse de café, de cigarette, ou d'un édulcorant, c'est probablement que le système énergétique de votre cerveau a besoin d'être remis à niveau. Dans de tels cas je commence toujours par recommander la L-tyrosine. Si ça ne suffit pas, ou si la L-tyrosine vous rend énervé et agité, vous pouvez essayer un autre acide aminé à l'action similaire, la L-phénylalanine. Utilisez ces deux acides aminés jusqu'à retrouver votre concentration et votre énergie naturelles. S'ils ne suffisent pas, cela signifie probablement que vos glandes régulatrices de l'énergie (les surrénales et la thyroïde) ont besoin d'un coup de main. Si elles fonctionnent trop mal, il se peut même qu'une intervention médicale soit nécessaire avant que vous puissiez profiter pleinement des bienfaits de ces acides aminés (voir le chapitre 8, page 131, à propos de l'épuisement des surrénales, et le chapitre 9, page 151 sur les problèmes la thyroïde).

En cas de déprime, de dépression, de difficultés à vous concentrer ou de sentiment de fatigue générale, prenez entre 500 et 2000 mg de L-tyrosine trois fois par jour (au réveil, au milieu de la matinée et au milieu de l'après-midi). La L-tyrosine étant un acide aminé stimulant et énergisant, elle peut l'être trop. Si, par exemple, elle vous empêche de dormir, réduisez les doses, en particulier celle de l'après-midi.

VOS COMPLÉMENTS ALIMENTAIRES

Cochez au crayon, dans le tableau qui suit, les acides aminés que vous devriez prendre, d'après le tableau de la page 38 et son explication dans ce chapitre et dans le précédent. Je vous conseille de faire des photocopies de ce tableau pour un usage futur, car il est vraisemblable que vos besoins en acides aminés évolueront dans le temps et en fonction de vos réactions. Quand je propose plusieurs dosages possibles, commencez par le plus faible et observez votre réaction. Pour optimiser l'effet de vos compléments d'acides aminés, il est important de prendre également les vitamines, les minéraux et autres compléments décrits au chapitre 18, page 299.

	L	P	MM	DÉJ.	MA	DÎN.	C*
• L-glutamine, 500 mg Pour se détendre et contrôler les fringales de sucré, de féculents et d'alcool	1 à 3		1 à 3		1 à 3		
• GABA, 100 à 500 mg, ou GABA avec taurine et glycine, 100 à 300 mg de chaque Pour se relaxer et détendre les muscles			1		1		1
• L-tyrosine, 500 mg Pour l'énergie et la concentration	1 à 4		1 à 4		1 à 4		
• DLPA ou DPA, 500 mg Pour réduire les douleurs et se sentir plus à l'aise et joyeux	1 à 2		1 à 2		1 à 2		
• L-tryptophane, 500 mg ou 5-HTP, 50 mg Pour améliorer l'humeur, le sommeil, et les fringales de l'après-midi et du soir			1 à 2		1 à 2		2

	L	P	MM	DÉJ.	MA	DÎN.	C*
• Millepertuis, 300 mg (dont 900 μg d'hypéricine) Pour augmenter les niveaux de sérotonine			1		1		1
• Complément d'acides aminés** essentiels, 500 mg Ajoutez un complément d'acides aminés si : 1. Vous n'arrivez pas à manger suffisamment de protéines 2. Vous avez été victime de malnutrition sévère (anorexie, boulimie, alcoolisme, régimes à répétition, etc.) 3. Vous semblez très carencé en endorphines (voir section IV du tableau page 40) 4. Vous tendez à avoir des problèmes d'hypoglycémie	1 à 2		1 à 2		1 à 2		2

* L= Au lever, P=Au petit déjeuner, MM=Milieu de matinée, Déj.=déjeuner, MA=En milieu d'après-midi, Dîn.=Au dîner, C=Au coucher

** Votre mélange d'acides aminés doit contenir au moins les neuf acides aminés essentiels. Ce sont : la lysine, la phénylalanine, la leucine, la thréonine, l'isoleucine, le tryptophane, la méthionine, l'histidine et la valine.

LES ACIDES AMINÉS DANS L'ALIMENTATION

Les protéines sont la seule source d'acides aminés. Un adulte normal doit manger au moins 20 g de protéines à chaque repas. Pour pouvoir arrêter les compléments d'acides aminés dans un délai de trois à douze mois, il est donc essentiel d'avoir suffisamment de protéines dans son alimentation. Au chapitre 18, page 299, nous vous aiderons à déterminer combien de protéines vous avez exactement besoin, et, de manière générale, quels sont les aliments que vous devriez favoriser. Mais dans tous les cas, n'oubliez pas que les muscles et les neurotransmetteurs ne peuvent se fabriquer qu'avec des protéines.

TESTER SES NIVEAUX D'ACIDES AMINÉS

Certaines personnes préfèrent confirmer l'analyse de leurs symptômes avec un examen de laboratoire. Elles peuvent demander à leur médecin des examens de sang ou d'urine, avant de commencer à prendre les compléments et au bout de trois mois. Il se peut que les examens montrent qu'elles ont beaucoup d'acides aminés, alors que leurs symptômes pointent vers une déficience. C'est simplement que les besoins en acides aminés et en autres nutriments sont individuels. Certaines personnes ont besoin de plus d'acides aminés que d'autres. Les examens de laboratoire peuvent vous aider à décider quand arrêter les compléments. Ils peuvent aussi indiquer des problèmes avec d'autres acides aminés que ceux mentionnés ici, mais dont la carence peut causer des désagréments supplémentaires.

ARRÊTER LES ACIDES AMINÉS

À la différence des compléments alimentaires de base (page 300), vous n'aurez besoin des compléments alimentaires d'acides aminés que pendant un temps limité. Comment savoir qu'on n'en a plus besoin ?

• Quand se manifestent des symptômes négatifs : maux de tête, fatigue, agitation...

• Quand on arrête de les prendre et que les fringales ou les problèmes d'humeur ne reviennent pas.

Quand peut-on essayer de réduire les acides aminés pour voir si on en a encore besoin ? Au bout d'un à trois mois, commencez à oublier volontairement une dose d'un acide aminé de temps en temps, et observez votre réaction. Faites ce test avec un seul acide aminé à la fois, ne les arrêtez pas tous à la fois. Si vous n'êtes pas prêt à arrêter un acide aminé, réessayez le mois suivant, et ainsi de suite jusqu'à ce que vous soyez prêt. Même quand vous aurez arrêté de prendre des compléments d'acides aminés régulièrement, gardez-les à portée de main pour gérer une fringale ou une saute d'humeur occasionnelle.

PLAN D'ACTION

1• Étudiez vos symptômes à partir du tableau page 38.

2• Essayez les compléments d'acides aminés qui correspondent à vos symptômes, sans oublier les compléments de base détaillés au chapitre 18, page 300.

3• Mangez suffisamment de protéines (voir chapitre 19, page 327, et encadré page 123).

4• Si les symptômes de carence en sérotonine persistent :
   - Essayez la luminothérapie.
   - Bougez.
   - Consultez votre médecin pour essayer les antidépresseurs.

5• Suggérez à votre médecin de faire tester vos niveaux d'acides aminés, avant de commencer et après trois mois de traitement.

6• Diminuez, puis arrêtez vos compléments alimentaires d'acides aminés progressivement au cours des douze mois suivants.

CHAPITRE 4

LES RAVAGES
DES RÉGIMES

HAQUE FOIS QU'UN PATIENT PRÉSENTE UN DES HUIT
déséquilibres physiques discutés dans ce livre, j'explore
le rôle des régimes basses calories dans la genèse de ses
problèmes. En effet, en plus des ravages qu'ils font par eux-mêmes,
les régimes peuvent déclencher ou aggraver les sept autres déséquilibres, en particulier les perturbations de la chimie cérébrale,
les problèmes de glycémie, de thyroïde, les carences en acides gras
essentiels et les perturbations hormonales.

Certaines personnes sont capables de récupérer des ravages des
régimes simplement en décidant d'y mettre un terme définitif. Mais
beaucoup ont besoin de rééducation et de soutien pour retourner à
une alimentation saine, sans régimes, qui leur permette de réparer
leur appétit et leur humeur, souvent en très peu de temps.

Grâce à de meilleurs aliments, à une supplémentation simple
et appropriée, et à un peu d'éducation, on peut éliminer rapidement ses fringales et en finir une fois pour toutes avec les angoisses
à propos de son poids. De là, on peut profiter au quotidien d'une
alimentation saine et sans frustration, avec un poids et des humeurs
normalisés, et sans les nombreux effets indésirables de cette forme
de malnutrition qu'on appelle « régime ».

Le questionnaire du premier chapitre (page 15) est la première
étape pour déterminer si vous êtes une de ces victimes des régimes,
ce nouveau chapitre constitue la seconde et dernière étape. Mais si

vous sentez déjà que vous êtes concerné, reportez-vous immédiatement au chapitre 5, page 89, pour commencer tout de suite à guérir des régimes.

LES CALORIES EN QUESTION

Avez-vous déjà fait un régime ? Vous arrive-t-il de sauter des repas ? Vous efforcez-vous de manger moins de 2 500 calories par jour ? Si c'est le cas, il se pourrait bien que vous souffriez de malnutrition. Les États-Unis suivent un régime mortel. L'Europe, y compris la France, les suit de près. Des centaines de millions d'Occidentaux sacrifient bien plus que des calories pour essayer de se conformer au culte de la minceur. Dans la durée, 98 % échouent, et pourtant les régimes continuent à exercer un pouvoir d'attraction irrésistible. On fait des régimes de plus en plus jeune, de plus en plus souvent, et ils sont de plus en plus radicaux. Un sondage Harris de 1964 montrait que, aux États-Unis, 15 % des adultes étaient alors au régime. En 1992, ce pourcentage avait atteint 70 % des femmes, 50 % des hommes, et 80 % des filles en classe de cinquième ![1]

Malheureusement, les régimes basses calories ne se traduisent pas par une perte de poids durable, mais par une faim et une malnutrition permanente. Votre corps ne fait pas la différence entre les repas allégés tout prêts et une famine causée par une sécheresse. Les conséquences de l'inanition sont toujours les mêmes, que celle-ci soit ou non volontaire.

Si vous avez été « sérieux » dans vos régimes, il se peut que votre apport quotidien ait été inférieur à ce qu'on donnait aux prisonniers du camp nazi de Treblinka : 900 calories par jour. Les lycéennes auxquelles je donne ce chiffre sursautent souvent : elles trouvent que 900 calories, c'est déjà généreux ; et que 2 500, c'est carrément dégoûtant. Qu'en pensez-vous ? Les Autorités de santé de par le monde, à commencer par le ministère américain de l'Agri-

QUELQUES CONSÉQUENCES
DES RÉGIMES SUR LA SANTÉ

• Calculs biliaires, qui requièrent l'ablation de la vésicule biliaire, dus aux jeûnes liquides et aux régimes à moins de 800 calories par jour (25 % de ceux qui suivent des régimes liquides ont des calculs et doivent se faire enlever la vésicule)

• Risque accru de diabète

• Libido affaiblie

• Déclin intellectuel (QI en baisse, pertes de mémoires, manque de concentration)

• Attaques cérébrales, causées par les pilules amaigrissantes

• Réduction de l'espérance de vie[2]

culture (USDA), considèrent en général 2 500 calories comme un *minimum* pour que des adolescentes ou des adultes n'aient pas de carences en nutriments fondamentaux, comme le fer ou le zinc. Les hommes ont besoin d'au moins 2 800 calories par jour du fait de leur plus grande masse musculaire et de leur métabolisme plus élevé. Mais évidemment, ce n'est pas qu'une question de calories. 2 500 ou 2 800 calories de malbouffe, même en ajoutant des pilules de vitamines, ne permettent pas non plus d'échapper à la malnutrition. Pour fonctionner correctement, votre corps a besoin de vrais aliments : des légumes, des fruits, de la viande, du poisson et du bon gras.

Je ne crois pas qu'il existe des recommandations caloriques justifiées, uniformes et incontestées. Dans la littérature, je n'ai jamais trouvé d'explication, par exemple, du fameux niveau de 2 000 calories par jour. Vous noterez pourtant que les références à cet apport journalier sont omniprésentes, à commencer sur les étiquettes alimentaires. Pourquoi calculer les AJR (Apports journaliers recommandés) sur une base de 2 000 calories par jour ? On ne sait pas.

L'Organisation mondiale de la santé (OMS), en réunissant des données venues de tous les pays du monde, a déterminé que *la malnutrition commence en-dessous de 2 100 calories par jour*. C'est sur la base de ce chiffre que ses experts déterminent la nécessité de l'aide alimentaire d'urgence pour un pays, une région ou une population. Il y a malgré tout deux choses sur lesquelles les experts en nutrition sont tous d'accords :

1• La malbouffe n'apporte que des calories vides.

Le sucre, la farine, les graisses de mauvaise qualité (en particulier les graisses *trans* issues des huiles hydrogénées ou chauffées) contiennent beaucoup de calories mais ils sont nocifs pour la santé car, au lieu de répondre aux besoins de notre organisme, ils ne font que créer des carences. Dans la vie moderne, ils représentent malheureusement l'essentiel de notre apport calorique. Pourtant, ils ne nous nourrissent pas : ils ne nous apportent aucun des nutriments essentiels dont nous avons besoin. La malbouffe est de ce fait la cause première du surpoids.

2• Les femmes occidentales ne mangent pas assez.

La moitié des Américaines mangent moins de 1 600 calories par jour, un chiffre que tous les experts considèrent comme insuffisant. Plus nous mangeons, plus nous brûlons rapidement nos calories (à moins d'un problème de thyroïde). Sautez-vous des repas ? Cherchez-vous à limiter vos calories ? Un sandwich ou une pizza vous font-ils souvent office de repas ? Il n'en faut pas plus pour vous retrouver en situation de malnutrition. Comme la plupart d'entre nous, vous vous trouvez probablement trop pressé pour préparer de la vraie cuisine à partir d'aliments frais. Mais, comme nous le verrons au chapitre 19, c'est à la fois crucial et moins difficile qu'on ne le croit.

Les aliments préparés et emballés, pour pratiques qu'ils soient, ont peu de valeur nutritive. La plupart des vitamines et des minéraux ont été détruits dans le processus de fabrication (comme le raffinage du sucre ou de la farine), et ce ne sont pas quelques « enrichissements » en vitamines qui suffiront à y remédier.

RÉGIMES ET DROGUES

Ceux qui ont fait des régimes connaissent le pouvoir de la faim, la douleur qu'elle peut engendrer. Au lieu d'écouter leur corps, ils décident souvent de faire taire ces douleurs avec des drogues plutôt qu'avec de la nourriture. Certaines de ces drogues ont l'air bénin ; mais la dépendance peut s'installer rapidement et de plus en plus profondément. Depuis bien des années par exemple, on connaît le pouvoir de la cigarette pour aider à moins manger. La caféine aussi est populaire parmi les adeptes des régimes – qu'elle soit dans le café, dans le cola (light, bien sûr...) ou dans des pilules. Les amphétamines aussi ont d'aguichantes propriétés coupe-faim.

Et puis parfois, on se laisse aller aux drogues pour modifier son humeur, ses perceptions, pour se décoincer, pour se sentir mieux dans sa peau, ou parce qu'on a besoin d'un petit coup de fouet (besoins qu'on ressent d'autant plus souvent qu'on mange mal). On parle d'usage « récréatif » , « de loisir », ou « intermittent », et on ne se soucie pas de leur impact sur le corps, moins encore de l'établissement d'une dépendance. Si vous utilisez l'une de ses drogues, j'espère de tout cœur que vous n'êtes pas dépendant. Demandez-vous :

- Est-ce que je bois de plus en plus de caféine (café, thé ou soda) ou d'alcool pour satisfaire un besoin alimentaire ?
- Ai-je jamais utilisé des drogues plus dures que la caféine, l'alcool ou la cigarette pour apaiser une douleur due à la faim ?
- Est-ce que j'utilise de plus en plus de médicaments ou de compléments alimentaires pour contrôler mon poids ou mon appétit ?

Si vous avez répondu oui à une de ces questions, vous êtes en territoire dangereux. Si vous devenez dépendant, vous aurez besoin d'aide pour vous en sortir. Il faudra consulter. Vous devriez aussi lire le chapitre sur les déséquilibres de la chimie du cerveau.

Nous avons tous besoin de vrais aliments, de calories « pleines », riches en nutriments. On peut en manger beaucoup sans prendre de poids superflu. Arrêtez de compter les calories, les grammes, les graisses. Suivez le programme de *Libérez-vous des fringales*, grâce auquel vous pourrez manger facilement ce qui vous fait vous du bien, et tout ira bien. Vous perdrez vos kilos en trop et atteindrez votre vrai poids idéal. Au chapitre 19 (page 319), nous expliquerons comment choisir des calories *de qualité*. Mais leur nombre ne compte pas. Je n'ai jamais vu un patient qui avait un problème parce qu'il mangeait trop d'aliments sains. Seulement des clients qui avaient des problèmes parce qu'ils en consommaient trop peu. La triste vérité est que les régimes basses calories sont étonnamment dangereux et nuisibles. Dans ce chapitre, j'expliquerai comment les régimes basses calories, pauvres en graisses, et même végétariens, peuvent vous avoir abîmé, et je vous proposerai des moyens de vous réparer au chapitre suivant, page 89.

L'HÉRITAGE DES ANNÉES 1960 : LA MALNUTRITION

Les *baby-boomers*, ces personnes nées après la Deuxième Guerre mondiale, sont emblématiques de la malnutrition occidentale contemporaine. Ayant grandi dans une abondance de nourriture, et avec un accès aux aliments enrichis et aux vitamines en tous genres, les femmes de cette génération n'avaient pas à craindre le type de malnutrition qui mène au béri-béri (carence en vitamine B_1), ou au pellagre (carence en vitamine B_3) : des dangers qui avaient été des menaces très réelles pour les générations précédentes, tuant ou handicapant des millions de personnes de par le monde. C'est peut-être pour ça que ces baby-boomers se sont laissées séduire par les modèles de minceur extrême. Tout d'un coup, la femme fine, « garçonne » était à la mode, et les généreuses courbes féminines n'étaient plus dans le coup. S'affamer – pardon, suivre un régime basses calories – devint furieusement dans le vent, sophistiqué et glamour. C'est à partir de là que le régime est devenu une industrie, mortellement sérieuse et extrêmement profitable. *Aujourd'hui, plus de la moitié des femmes américaines consomment moins de 1 600 calories par jour.* De plus en plus d'hommes ont aussi été entraînés dans ce mouvement hypocalorique, en particulier les jeunes et les homosexuels.

C'est la malnutrition sous-jacente qui rend les régimes si dangereux. Ainsi, selon les travaux de l'USDA (ministère américain de l'Agriculture), en 1965 les ménages américains étaient surtout déficients en vitamines A, C et B_6. En 1990, les carences étaient généralement constatées non seulement en ces trois vitamines, mais également en vitamines B_1 et B_2, en acide folique (vitamine B_9), en calcium, en fer, en magnésium, en zinc, en cuivre, en manganèse et en chrome ![3]

Des maladies de la malnutrition qu'on croyait disparues réapparaissent, comme le scorbut, résultat d'une carence sévère en vitamine C. Cette maladie a ainsi été diagnostiquée chez une jeune fille de 15 ans à Détroit en 1993. Elle souffrait, littéralement, et très gravement, de malbouffe : elle ne mangeait que des hamburgers, des frites, des milk-shakes, des bonbons et des sodas.

Dans des livres comme celui de l'expert britannique Mervat Nasser, *Culture and Weight Consciousness*[4], ou dans des films comme *Food Inc* ou *Supersize me*, on montre les effets du fast-food à l'américaine dans le monde entier. Des nourritures de mauvaise qualité, extrêmement addictives, causent une épidémie de surpoids partout. Les régimes apparaissent comme la conséquence naturelle de la malbouffe. Ils aggravent en fait la situation et mènent au cycle infernal régime/prise de poids (l'effet yoyo) et à des troubles du comportement alimentaire.

ANOREXIE ET BOULIMIE : LES CONSÉQUENCES DIRECTES DES RESTRICTIONS ALIMENTAIRES

Les enfants et les adolescentes sont les premières touchées

Les premiers enfants des baby-boomers, nées dans les années 1960, ont atteint la puberté dans les années 1980. C'est alors qu'une conséquence tragique et inattendue des régimes est apparue : une nouvelle vague de troubles du comportement alimentaire, en lien direct avec les régimes. L'anorexie, la boulimie et l'hyperphagie ont pris, dans les années 1990, des dimensions d'épidémie. Une étude de 1991[5] montre ainsi que le premier facteur de risque pour le développement d'un trouble du comportement alimentaire (hyperphagie, anorexie ou boulimie en particulier) est d'avoir suivi des régimes et d'être né après 1960.

Je suis toujours particulièrement inquiète pour ceux qui ont commencé à suivre des régimes dès l'enfance. Un rapport de 1981 démontrait que les jeunes filles entre 15 et 18 ans qui suivaient un régime étaient carencées en onze nutriments essentiels sur les douze testés. Pourquoi ? Parce que, depuis les années 1960, les jeunes filles sont devenues des adeptes du régime à répétition. Peut-être, comme tant d'entre elles, avez-vous fait votre premier régime parce que vous étiez terrorisé par la prise de poids parfaitement normale qui accompagne la puberté ? Les corps des filles pré-pubères ne contiennent en général que 10 à 15 % de graisse de plus que les garçons, mais sont programmés pour doubler ce pourcentage dans leurs seins, leurs hanches, leurs cuisses et leur ventre. Régime et privations sont-ils devenus votre ordinaire quand votre corps a développé ces saines rondeurs ?

Quand les enfants et les ados sont au régime, les cellules qui stockent leurs graisses (les adipocytes) deviennent plus nombreuses et deux fois plus grosses. Leur production de gras, déjà significative, peut ainsi doubler, et les mettre, sans nécessité, sur la voie d'une vie entière de régimes à répétition et de fluctuations de poids.

MIRANDA OU COMMENT PASSER EN DEUX MOIS DE LA PLEINE SANTÉ À LA BOULIMIE

L'anorexie comme la boulimie ont leurs racines dans la mentalité du régime. L'histoire de Miranda est, hélas, tristement caractéristique. Superbe jeune femme dotée d'un corps de rêve, Miranda se trouvait à 24 ans proche de la limite supérieure du poids recommandé en fonction de sa taille, parce qu'elle était athlétique (le muscle est plus lourd que la graisse). Elle n'avait jamais suivi un régime de sa vie. Puis elle partit pour une formation d'hôtesse de l'air. À l'école, elle remarqua que la plupart des autres filles étaient des habituées des régimes. On ne servait que du fast-food à la cantine, à tous les repas : Miranda ne put donc, pendant les deux mois de la formation, suivre son régime ordinaire, qui était très sain. L'emploi du temps et les locaux de l'école ne lui permirent pas non plus de faire autant d'exercice que d'habitude. Par peur de dépasser le poids maximal autorisé pour devenir hôtesse, Miranda commença à sauter des repas. Elle avait donc très faim, et s'empiffrait en conséquence. Elle en vint rapidement à se faire vomir. À la fin de sa formation, seulement deux mois plus tard, elle avait développé d'incontrôlables envies de sucré, s'empiffrant et se faisant vomir au moins une fois par jour. Même une fois rentrée chez elle, ayant repris son programme d'exercice habituel et son régime sain, elle ne pouvait se débarrasser de ces fringales. Sa boulimie progressa. À 27 ans, Miranda vint nous voir, malheureuse et tourmentée, s'empiffrant et se faisant vomir trois à cinq fois par jour. Je suis heureuse de pouvoir vous dire que, grâce aux compléments et aux méthodes présentées dans ce livre, Miranda et bien d'autres boulimiques ont pu retrouver leur santé, leur poids, et leur liberté alimentaire.

Les lycéennes et les étudiantes qui viennent à mes conférences me disent qu'une grande majorité des filles de leurs écoles s'empiffrent, font vomir ou s'affament de manière régulière. Elles en parlent ouvertement, et l'anorexie, loin d'être stigmatisée, est *souhaitée*. Ces filles sont déçues quand elles n'arrivent pas à se faire vomir et à devenir boulimiques. Dans une étude de 1995 à l'université du Michigan, au début de l'année universitaire, 86 % des jeunes filles de première année suivaient un régime ; 3 % d'entre elles étaient boulimiques. Au bout de six mois, 19 % de plus étaient devenues boulimiques. L'étude n'allait pas plus loin, mais on peut aisément supposer que cette tendance se prolonge dans le temps et qu'encore plus de cas d'anorexie et de boulimie sont apparus parmi ces étudiantes.

Au bout de quelques mois de son premier régime, Courtney, 14 ans, se mit à présenter la plupart des symptômes de l'anorexie totale. Elle était tout le temps malade, n'avait plus de règles, et était trop faible pour pratiquer quelque forme d'exercice que ce soit. Elle ne sortait plus avec ses amis et restait à la maison toute la journée. Elle était très perturbée sur le plan émotionnel, oscillant entre irritabilité, hystérie et insomnie. S'affamer lui devint rapidement très facile, et elle pouvait se contenter d'une pomme par jour pour toute nourriture.

Les symptômes de Courtney sont des signes classiques de malnutrition. Dans les camps de concentration, les prisonniers aussi faisaient durer leurs petites rations toute la journée. Comment s'en sortent ces affamés ? Comment les anorexiques tiennent-ils le coup quand ils passent des heures chaque jour à s'épuiser dans leur salle de sport, tels des esclaves ?

L'inanition *fait planer* la plupart des anorexiques avec lesquels j'ai travaillé. S'affamer déclenche chez eux le même genre d'état interne que les drogues opiacées comme l'héroïne. Nous le savons parce que, si nous donnons aux anorexiques des médicaments qui bloquent l'action des opiacés, ils entrent immédiatement en crise de manque violente, comme les héroïnomanes. Le fait de s'affamer chez les anorexiques, comme le fait de s'empiffrer et de vomir chez les boulimiques, est une expérience traumatique qui réveille un mécanisme de survie ancestral : la libération d'endorphines. Ces opiacés naturels font plaisir, effacent les douleurs et aident à gérer le stress : ce sont les *trips* d'endorphine. Une fois le corps devenu dépendant de ces opiacés naturels, normaliser son comportement alimentaire déclenche une réaction de manque. Les singes de laboratoire préfèrent toujours tirer le levier qui leur donne de l'héroïne à celui qui leur donne à manger et à boire, jusqu'à ce que mort s'en suive. De la même façon, une anorexique défendra férocement son droit à ne pas manger, pour les mêmes profondes raisons biochimiques. Ce comportement obsessionnel est en fait causé par des déficiences nutritionnelles que, fort heureusement, nous savons désormais identifier et traiter.

Comment des carences en vitamines et en minéraux peuvent mener à l'anorexie

Nous ne considérerons ici que deux exemples de carence et leur impact sur l'anorexie : la vitamine B_1 et le zinc.

La vitamine B_1 ou thiamine

Les réserves de thiamine du corps sont rapidement épuisées lors d'un régime basses calories. Le corps ne peut pas synthétiser cette vitamine, de sorte qu'elle doit forcément provenir de l'alimentation, et au premier chef d'aliment que les obsédés du régime et les anorexiques évitent le plus souvent : les légumineuses, les céréales complètes, les graines, la viande et les légumes.

Symptômes les plus courants d'une carence en thiamine :
• Perte d'appétit
• Perte de poids
• Inconfort dans la région abdominale

- Constipation
- Douleurs dans la poitrine
- Anxiété
- Sommeil perturbé
- Fatigue
- Mal-être
- Dépression
- Irritabilité

À un certain point de votre régime, vos niveaux de vitamine B_1 ont peut-être baissé dangereusement. Vous étiez toujours la même personne, mais d'un jour à l'autre, vous n'aviez plus assez de vitamine B_1, et les symptômes de l'anorexie ont commencé à apparaître aussi inexorablement que les plaies du scorbut sur la peau de ceux qui sont fortement déficients en vitamine C. Quand la carence en B_1 diminue ou éteint votre appétit, vous mangez moins. Si vous êtes en train de suivre un régime, cela devient tout à coup facile. Vous n'avez plus à combattre un appétit normal, vous l'avez perdu avec vos stocks de B_1. Vous êtes, très littéralement, ce que vous ne mangez pas. Dans un régime, vous ne contrôlez pas ce que vous perdez. Il y a certes du gras, mais aussi des muscles, des tissus osseux et même cérébraux. Au scanner, on voit des espaces vides dans les cerveaux des anorexiques : elles ont fait fondre même leur cerveau.

Le zinc

Le zinc est un métal peu présent dans l'alimentation, même quand on ne fait pas de régime. La viande rouge, les jaunes d'œuf, et les graines de tournesol sont riches en zinc. Mais ce sont des nourritures grasses, et la viande rouge a mauvaise réputation. Ils sont, de ce fait, rares dans la plupart des régimes amincissants et dans l'alimentation de beaucoup de gens. Selon le spécialiste des troubles du comportement alimentaire Alex Schauss, les études des universités de Stanford, du Kentucky, et de Californie-Davis, la plupart des anorexiques et des outre-mangeurs présentent une carence en zinc. La perte d'appétit est un symptôme classique de la carence en zinc[6]. En l'absence de quantités suffisantes de zinc, notre corps ne reconnaît que les saveurs extrêmement douces, salées ou épicées. Les aliments simples et sains sont perçus comme fades et deviennent sans attrait. Chez les anorexiques, l'appétit est peu ou prou supprimé. D'autres symptômes classiques de la carence en zinc sont l'apathie, la léthargie, une croissance retardée et une interruption du développement sexuel. Une étude, menée sur cinq ans par le Dr Schauss a montré un étonnant taux d'amélioration de 85 % chez les patients anorexiques auxquels étaient prescrits des compléments de zinc. Il concluait : « la supplémentation en zinc a permis de reprendre du poids, d'améliorer les fonctions corporelles, et d'améliorer le pronostic ». À la clinique Recovery Systems aussi, nous avons connu de grands succès en utilisant le zinc (avec d'autres nutriments) pour contrôler les fringales des boulimiques et de ceux qui ne peuvent s'empêcher de manger trop, aussi bien que pour rendre l'appétit aux anorexiques. Nos patients nous disent, après qu'ils aient commencé à prendre du zinc, que les aliments malsains perdent de leur attrait, et que les sucreries deviennent « trop sucrées ».

Il est particulièrement important pour les adolescentes d'avoir un apport suffisant en zinc. Pendant la puberté, le développement sexuel est intense, et le rôle du zinc est aussi crucial pour les fonctions reproductives qu'il l'est pour l'appétit, l'immunité et la clarté mentale. Si des régimes diminuent l'apport en zinc et en autres minéraux essentiels à ce stage critique de la croissance de l'individu, on peut constater non seulement un perte de l'appétit, mais une interruption des règles, et une diminution des fonctions cérébrales. Le terrain est alors mûr pour l'apparition d'un trouble du comportement alimentaire. Chez les garçons, le zinc est un composant essentiel du sperme, renforce l'immunité et protège contre les problèmes de prostate.

Heureusement, ces carences sont faciles à traiter par l'alimentation et la supplémentation. Au chapitre suivant, nous vous proposerons des suggestions précises pour vous aider si vous êtes anorexique ou boulimique.

Y a-t-il un poids idéal ?

Je sais bien que la quête du poids idéal est un tourment pour bien des femmes, et de plus en plus d'hommes. Comment accepter un corps que la société désapprouve ? Je trouve navrant que tant de personnes soient prises dans ce dilemme. D'un côté, l'industrie alimentaire nous pousse à manger des aliments malsains, qui sont addictifs et nous empêchent de maintenir notre poids optimal. De l'autre, les industries de la mode et du régime nous tourmentent avec des images de corps que la plupart d'entre nous ne devraient ni avoir, ni souhaiter avoir, et qu'on ne peut de toute façon arborer qu'en s'affamant ou se charcutant (par la chirurgie esthétique).

Il y a autant de poids idéaux qu'il y a d'individus. Bien des études mettent en garde contre un poids trop faible autant que contre un poids trop élevé. Dans son livre *Big Fat Lies*[7], Glen A. Gaesser, un professeur de physiologie du sport, explique clairement que la santé et la forme n'ont que peu à voir avec le poids.

En mettant au point votre propre plan pour en finir avec les régimes, gardez en tête que, les femmes en bonne santé, entre 20 et 50 ans, mesurent en moyenne 1,62 m, pèsent 66 kg, dont presque 29 % de graisse. L'homme en bonne santé a en moyenne 11 % de graisse à 20 ans et 26 % à 60. Les fameux « indices de masse corporelle » ne sont pas non plus une bonne mesure du poids idéal : les chiffres dans ces tables ont toujours fluctué en fonction des polémiques sur ce qu'est un poids « normal ».

Alors, combien devriez-vous peser ? C'est à votre corps de le déterminer, en fonction de son programme génétique. C'est à vos risques et périls que vous essaierez de changer ce poids naturel.

Les chercheurs de l'Institut Rockfeller ont ainsi suivi d'anciennes obèses des Outre-mangeurs Anonymes*. Elles avaient bien atteint des poids « normaux », mais présentaient les symptômes classiques de l'*anorexia nervosa* : leurs cellules grasses étaient anormalement réduites, leurs règles étaient perturbées, leur pouls et leur tension artérielle anormalement faibles, et elles avaient toujours froid. Cruelle ironie, leur métabolisme consommait 25 % de calories en moins. Ces femmes étaient littéralement en état de malnutrition, et y restaient afin de maintenir un poids socialement acceptable[8].

Rien ne fait autant grossir que les régimes

Jusqu'à 83 % de ceux qui suivent un programme d'amaigrissement l'abandonnent pour une de ces trois raisons : (1) ils n'arrivent pas à s'arrêter de manger ; (2) ils ne perdent pas de poids ; (3) ils continuent à prendre du poids même en suivant le programme ! Au départ, plus de 60 % des gens qui suivent un régime pour la première fois ne mangent pas trop et ne sont pas trop gros[9]. Ceux qui ne peuvent pas s'empêcher de manger trop, les *outre-mangeurs,* savent qu'ils finissent toujours par perdre le contrôle après un jeûne ou un régime. Plus de 95 % des gens qui suivent un régime reprennent le poids qu'ils ont perdu dans les deux ans qui suivent la fin du régime. La plupart reprennent plus qu'ils n'ont perdu. En somme, ceux qui suivent des régimes, typiquement, deviennent à terme de plus en plus gros, plus que s'ils n'avaient jamais suivi de régime. Êtes-vous entré dans le cycle infernal de la prise de poids et des régimes à répétition ? Ce cycle a-t-il dégénéré en un trouble du comportement alimentaire ?

*Organisation semblable aux Alcooliques Anonymes, mais pour ceux qui présentent un désordre alimentaire. Dans ces réunions régulières, les membres peuvent, en toute discrétion et anonymat, échanger leurs expériences et se soutenir mutuellement dans leur lutte pour réguler leur consommation alimentaire. Voir http://oainfos.org.

COMMENT LES RÉGIMES NOUS ABÎMENT

Régime et métabolisme

Une des raisons pour lesquels les régimes amaigrissants font souvent grossir à terme, c'est qu'ils ne contiennent ni assez de protéines, ni assez de calories pour permettre au corps de conserver ses muscles. Au lieu d'utiliser la nourriture qu'il ne reçoit pas comme carburant, le corps commence à brûler ses propres muscles, un peu comme on en viendrait à brûler les meubles pour se chauffer dans une maison isolée en plein hiver. Bien sûr, « ça marche », et on perd du poids, mais on ne peut pas appeler cela un succès. Ce sont les muscles qui maintiennent un métabolisme élevé et brûlent les calories que nous consommons, et donc quand nous perdons du muscle, nous ralentissons notre métabolisme. De ce fait, une plus grande part des calories que nous consommons se transforme en graisse, puisqu'il y a moins de muscles pour les brûler. C'est pourquoi il est important de maintenir un bon tonus musculaire, en bougeant suffisamment, sans pour autant s'épuiser à la gym.

La perte de masse musculaire n'est pourtant pas la seule raison pour laquelle on reprend du poids après un régime. Le régime est un traumatisme pour votre corps, qui ne le distingue pas d'un épisode de famine. Dès que vous remangez à votre faim, votre corps s'empresse de reconstituer, en priorité, des réserves de gras en prévisions des famines (ou régimes) à venir. Il le fait en ralentissant votre métabolisme : les niveaux de l'hormone thyroïdienne T3, le thermostat de notre métabolisme, chutent dans les heures qui suivent une privation de calories, et continuent à diminuer jusqu'à ce que le corps reçoive suffisamment de calories. C'est la loi de la nature : le corps, « sachant » qu'il est en situation de pénurie alimentaire, réduit sa consommation pour survivre plus longtemps dans cet environnement hostile. En laboratoire, les rats qui ne peuvent manger que deux heures par jour sont 30 % plus gros que ceux qui peuvent manger librement toute la journée, autant qu'ils le veulent.

Francine, une caissière de 40 ans, vint à notre clinique cinq ans après le début d'un programme de jeûne médicalisé : 400 calories par jour, plus une heure d'exercice. En un an de ce régime, elle était passé de 136 à 68 kg. Trois ans plus tard, elle pesait 226 kg ! Avant le jeûne, prendre 68 kg lui avait donc pris trente ans. Mais à cause du jeûne, elle avait repris 159 kg en seulement quatre ans ! En fait, elle reprit même le jeûne à deux reprises durant cette période, sans aucune perte de poids. Francine, comme beaucoup de gens qui se mettent au régime, avait déjà un métabolisme lent au départ. Enfant, elle était plus grosse et moins énergique que ses sœurs. Sa thyroïde était faible. Par des examens médicaux, des médicaments, et un soutien nutritionnel appropriés, nous avons ravivé sa flamme métabolique, de sorte qu'elle commença à brûler ses calories à un rythme plus normal, et perdit naturellement et définitivement du poids.

Le régime crée la dépendance

Nous savons que près des deux tiers de ceux qui commencent un régime pour la première fois ne sont pas des outre-mangeurs, y compris ceux qui ont effectivement un problème de poids. Mais les autres ? Plus d'un tiers de ceux qui se mettent au régime mangent de manière compulsive. Il se peut qu'ils aient développé des fringales aussi fortes que les dépendances des alcooliques ou des toxicomanes.

Certains sont des mangeurs obsessionnels depuis l'enfance. Les mettre au régime risque de les pousser vers l'hyperphagie ou la boulimie. D'autres au contraire n'ont probablement jamais connu une vraie fringale jusqu'à qu'ils se mettent au régime. Ils n'avaient jamais caché ou volé de nourriture avant de commencer à s'en priver. Mais, suite à un régime, ils ont découvert un autre mécanisme par lequel le corps cherche à maintenir son poids idéal. Le corps peut non seulement ralentir le métabolisme, mais il peut aussi créer un besoin impérieux de nourriture capable de déborder la volonté la plus forte. Or, ces fringales insatiables ne s'arrêtent pas nécessairement un fois qu'on a repris le poids perdu. C'est pourquoi je parle souvent du régime comme d'une roulette russe. Nous ne savons pas quel régime déclenchera des fringales qui ne s'arrêteront plus. Dans le chapitre 2, page 25, j'explique que la chimie cérébrale de l'outremangeur est semblable à celle du toxicomane ou de l'alcoolique. Les glucides raffinés, en particulier, peuvent stimuler un sentiment passager d'euphorie. Parfois même, les dépendances alimentaires sont déclenchées par un régime, et on ne consommait même pas de l'aliment malsain avant de se mettre au régime.

Une de mes patientes, Sharon, une kinésithérapeute de 49 ans, avait d'incontrôlables fringales, apparues subitement quatre ans plus tôt, après le premier des six jeûnes médicalisés qu'elle avait suivis. Sharon avait arrêté de fumer parce qu'elle courait, passant alors de 77 à 102 kg. Lors du premier jeûne, elle perdit 45 kg, qu'elle reprit dans les six mois. Dans l'année qui suivit ce jeûne, elle développa un cancer et dût subir l'ablation de la vésicule biliaire. L'année suivante, Sharon commença un autre jeûne. Au fil des jeûnes et des années , Sharon développa de plus en plus de fringales et prit de plus en plus de poids. Elle pesait 113 kg quand elle est venue me voir. Avant les jeûnes, Sharon n'avait jamais eu de problèmes pour réguler son alimentation. Elle n'avait jamais non plus perdu beaucoup de poids rapidement. Fort heureusement, ses fringales et sa prise de poids cessèrent au bout d'une semaine de suivi de notre programme.

Régime et épuisement des surrénales

Vous savez maintenant que le régime ralentit votre métabolisme. Mais les régimes à répétition peuvent aussi épuiser les sentinelles de votre santé, les glandes surrénales, qui protègent du stress et aident la thyroïde à réguler votre poids. Tout ce qui vous menace stimule les surrénales, de sorte que trop de stress peut, à terme, les épuiser. Les deux grands facteurs d'épuisement des surrénales sont en particulier :

• **La faim** : sauter des repas, ne pas manger assez, jeûner.

• **Les sucres raffinés et les féculents** : ce que nous mangeons entre les régimes, ou que nous nous accordons comme récompense quand nous avons été « bien sages » toute la journée, comme une pâtisserie, du pain, des biscuits, des pâtes ou de la glace.

(Pour plus d'information sur la fatigue des surrénales, voir le chapitre 8, page 131).

Risques des régimes pauvres en gras

Les régimes basses calories ne font pas seulement grossir. Ils peuvent aussi causer des carences majeures, qui mènent à la surconsommation de sucre, au diabète, à la dépendance aux édulcorants de synthèse et à des drogues comme le tabac ou les médicaments coupe-faim.

Peut-être évitez-vous les aliments suivants, qui sont pourtant fort sains, à cause de leur contenu en gras ?

• les œufs
• le poisson
• la peau du poulet
• la viande rouge
• les abats (foie, ris, langue, tripes, etc.)
• les oléagineux (amandes, noisettes, noix, etc.)
• les graines (tournesol, lin, sésame, etc.)
• le fromage
• les avocats
• le beurre, la crème, etc.

Si c'est le cas, regardez-y de plus près. Ces aliments santé sont devenus suspects à cause de la phobie du gras. En jetant ainsi le bébé avec l'eau du bain, on risque des carences en protéines et en acides gras essentiels (lire paragraphe suivant).

Carences en acides gras essentiels

On ne pense pas toujours au gras comme un nutriment parce que, depuis des années, nous avons appris à y voir un danger pour la santé. En vilipendant le gras, on a oublié à quel point il est essentiel à notre santé. Voici quelques faits à ce sujet :

• Une étude de l'université de Harvard portant sur 40 000 infirmières a montré que les 20 % qui mangeaient le *moins* gras avait la plus forte incidence de cancers.

• Les Esquimaux ont, depuis des milliers d'années, des niveaux de cholestérol normaux, alors que leur alimentation est constituée à 75 % de gras d'origine animale.

• Les peuples du bassin méditerranéen, qui sont notoirement épargnés par les maladies cardiaques, ont une alimentation constituée de gras à 40 %* (largement du fait de l'huile d'olive).

• Du fait de leur régime traditionnel à base de poissons, les peuples d'origine scandinave ou celtique, et les Indiens d'Amérique des zones côtières ont des besoins élevés en gras pour des raisons génétiques. La dépression et l'alcoolisme sont couramment rencontrés parmi ces peuples depuis que leur alimentation est beaucoup plus pauvre en poissons et en graisses.

• Les vitamines A et E sont essentielles à notre survie. Elles jouent un rôle fondamental dans le système immunitaire, pour nos yeux, et nous protègent contre le cancer et les maladies du foie. Or ces vitamines sont liposolubles, c'est-à-dire qu'elles ne se trouvent que dans des aliments gras.

• Chaque cellule du corps est entourée d'une fine couche de gras, essentielle à son bon fonctionnement.

• Le cerveau est constitué à 60 % de graisse.

* La convention aux États-Unis consiste à mesure les pourcentages des macronutriments dans le régime en termes de *calories,* et non de poids comme on le fait en France et en Europe. Comme un gramme de graisse représente neuf calories, contre quatre pour un gramme de protéines ou de glucides, l'équivalent en poids est 23 %, c'est-à-dire que si 40 % des calories proviennent des graisses, cela signifie que les lipides, ou graisses, représentent 23 % du poids de ce que l'on mange.

Le fait est que les graisses (les acides gras, comme disent les chimistes) jouent un rôle fondamental dans toutes nos fonctions corporelles, de sorte que la phobie du gras a eu bien des conséquences néfastes sur notre santé.

RÉGIMES SANS GRAS : L'EXPÉRIENCE GRANDEUR NATURE A ÉCHOUÉ

Les années 1970, sous l'impulsion de Nathan Pritikin et de son Institut, ont vu se développer la passion du « sans gras ». Avant qu'aucune étude sur le long terme ait pu être menée, l'approche de Pritikin était omniprésente, et on croyait dur comme fer que manger sans gras protégerait contre les maladies chroniques, en particulier les maladies cardiovasculaires. C'est de là que s'est passionnément développée en Occident la phobie du gras.

Ancienne nutritionniste du programme Pritikin, Louise Gittleman nous confirme dans son livre *Beyond Pritikin* que les personnes suivant ce programme perdaient en effet du poids et étaient en meilleure santé dans les premiers mois. Mais, au bout de quelques années, la plupart des patients avait regagné le poids perdu et retrouvé les mêmes problèmes de santé – arthrite, infections chroniques, syndromes pré-menstruels aggravés. Le tout, apparemment, du fait même de leur régime sans gras. Au niveau des États-Unis dans leur ensemble, l'expérience grandeur nature d'un régime pauvre en gras a produit les mêmes effets : si la consommation en gras des Américains a baissé au cours des dix dernières années (elle représente en moyenne 34 % de leur apport calorique[10]), leur poids a lui augmenté, et avec lui les maladies dégénératives comme le cancer, le diabète ou les maladies cardiovasculaires. Pour des millions de gens qui n'avaient pas de problème cardiaque, les régimes pauvres en gras furent en définitive une malédiction.

La carence en gras provoque des envies de gras

Même si beaucoup de nos patients essayent d'éviter les aliments gras, les remplaçant par des sucres et des féculents, beaucoup d'autres sont en fait « accros » à des nourritures grasses comme le fromage, le beurre, les cacahuètes ou les chips. Quand nous ajoutons certains acides gras essentiels à leur régime, leur intérêt excessif pour ces nourritures trop riches s'évanouit, et ils maigrissent. Les régimes pauvres en gras appauvrissent notre organisme en nutriments gras *essentiels*, ce à quoi notre corps réagit en nous demandant de manger plus gras. Malheureusement, la qualité des graisses vers lesquels nous avons tendance à nous tourner est mauvaise. Les frites, aussi grasses qu'elles soient, ne peuvent pas satisfaire nos besoins en acides gras essentiels. La graisse de la malbouffe ne nous fait pas seulement pas grossir : elle aggrave nos carences (si vous vous sentez concernée, reportez-vous au chapitre 16, page 273 pour déterminer si vous avez une carence en acides gras essentiels).

Les aliments gras comme les avocats, le saumon ou les olives, mais aussi le beurre, l'huile de coco, la graisse de canard, sont profondément nutritifs et sains. Une poignée de noix, d'amandes ou de noisettes par jour *diminue* votre risque de crise cardiaque.

Carences en protéines

Manger peu gras signifie souvent manger peu de protéines. Or, seules les protéines permettent de fabriquer et de renouveler les muscles. Et, parce que les messagers chimiques du cerveau ne peuvent être faits qu'à partir de protéines, la santé émotionnelle et mentale se détériore rapidement quand on ne consomme pas assez de protéines. Beaucoup de personnes inquiètes de leur poids, d'anorexiques, de boulimiques et d'outre-mangeurs comptent leurs calories avant tout. De ce fait, ils évitent un grand nombre d'aliments riches en protéines parce qu'ils sont aussi riches en graisses*. Ils préfèrent

---

* Un gramme de lipides contient neuf calories, contre quatre pour un gramme de glucides ou de protides.

« utiliser » leur quota de calories pour des glaces que pour un steak. Or, comme tous les aliments sains, les bonnes sources de protéines ne génèrent pas de fringales incontrôlables, de sorte qu'elles ont tendance à passer à la trappe, au profit d'aliments plus addictifs et moins nutritifs.

Les carences en protéines causent des « pannes de cerveau »

Au fur et à mesure que diminue l'activité du cerveau au cours du régime, la stabilité émotionnelle et mentale peut se détériorer, voire s'effondrer (on reconnaît un déséquilibre de la chimie du cerveau à ses symptômes spécifiques : dépression, anxiété, irritabilité, obsessions et faible estime de soi). Tous mes patients qui ont fait des régimes depuis longtemps, ou qui ont des troubles du comportement alimentaire, présentent aussi des problèmes d'humeur causés avant tout par des carences alimentaires en protéines. Les quatre substances chimiques qui régulent nos humeurs sont toutes dérivées de protéines (voir chapitre 2). Même ceux qui ne font pas de régime particulier mais qui ne mangent pas assez de protéines peuvent souffrir des symptômes d'un cerveau carencé en protéines, donc en neurotransmetteurs.

La carence en tryptophane : la porte ouverte aux troubles alimentaires et de l'humeur

La sérotonine est probablement la plus connue des quatre principales substances chimiques cérébrales, ou neurotransmetteurs, qui régulent nos humeurs. Le corps la synthétise à partir d'un acide aminé : le L-tryptophane. Peu d'aliments contiennent des quantités significatives de L-tryptophane, de sorte que c'est souvent un des premiers nutriments dont on vient à manquer lorsqu'on réduit son apport alimentaire. Une étude récente a montré que les taux de sérotonine peuvent tomber trop bas en seulement sept heures, faute d'un apport suffisant de tryptophane.

Dans son livre *Listening to Prozac*, le Dr Peter Kramer[11] explique comment de faibles niveaux de sérotonine nuisent à l'estime de soi, quelles que soient par ailleurs nos performances et nos réussites. Ainsi, le manque d'estime de soi peut-il être le résultat d'un régime trop pauvre en protéines pour maintenir la sérotonine à des niveaux suffisants. « Je m'aimerai mieux quand je serai mince à nouveau ! ». C'est hélas souvent le contraire qui se passe : le processus d'amaigrissement, non le poids, est la cause réelle d'une image de soi dévalorisée. Le régime extrême est en fait la plus mauvaise façon de se réconcilier avec soi-même, car il ne fait qu'aggraver les déséquilibres de la chimie du cerveau, rendant le patient de plus en plus prompt à l'autocritique et à la haine de soi. Partout dans le monde, de plus en plus de personnes font l'expérience de ce triste effet secondaire des régimes amaigrissants.

La carence en sérotonine est également un terrain favorable aux obsessions, qu'il s'agisse de pensées dont on n'arrive pas à se libérer, ou de comportements incontrôlables. De même que certaines personnes atteintes de Troubles obsessionnels compulsifs (TOC) peuvent se laver les mains cinquante fois par jour, un régime amaigrissant peut conduire certaines personnes à l'obsession de l'alimentation et du poids. Elles deviennent obsédées par la réduction des calories, les moyens de manger moins, et la supposée laideur de leur corps. En mangeant moins, elles font encore baisser leur niveau de sérotonine, augmentant par là-même leurs obsessions. Alors que leurs réserves de zinc et de vitamine B s'effondrent également, elles finissent par perdre leur appétit. C'est un scénario biochimique courant pour l'anorexie.

Thérapeutes et autres praticiens de santé ne cessent de constater que les comportements obsessionnels-compulsifs apparaissent en cas de carence en tryptophane (donc en sérotonine) aussi sûrement que le scorbut apparaît en cas de carence en vitamine C. Bien sûr, il peut y avoir des facteurs psychologiques. Mais le vrai problème est qu'un cerveau déficient en sérotonine n'est simplement pas en mesure d'y faire face.

On ne sait pas vraiment pourquoi, mais parmi ces personnes au régime, dont les taux de sérotonine sont faibles, et qui développent des obsessions et un manque d'estime de soi, certaines *ne perdent pas* leur appétit. Au contraire, elles ont de plus en plus faim. En fin d'après-midi et en soirée, en particulier l'hiver ou, pour les femmes, avant les règles (une période de faible sérotonine pour toutes les femmes), elles deviennent insatiables et se gavent de sucreries et de féculents.

Dans une étude où des boulimiques étaient privés de tryptophane, leur comportement se détériorait rapidement. Ils avalaient, et vomissaient, 900 calories de plus par jour en moyenne[12]. Réciproquement, une autre étude montrait que les épisodes de boulimie réduisaient et que les humeurs se stabilisaient si on renforçait l'apport alimentaire en tryptophane. Plus récemment, un chercheuse de l'université d'Oxford, Katherine Smith, a montré que, même après des années de rémission, d'anciennes boulimiques peuvent replonger en quelques heures si elles sont privées de tryptophane. « Nos résultats soutiennent l'hypothèse qu'une carence chronique en tryptophane peut être un des mécanismes par lesquels des régimes répétés peuvent conduire au développement de troubles du comportement alimentaire chez des individus vulnérables »[13], concluait-elle.

La plupart des outre-mangeurs ne se font pas vomir. Mais les régimes n'en font pas moins baisser leurs niveaux de sérotonine, ce qui déclenche la même haine de soi et les mêmes fringales incontrôlables que chez les boulimiques.

En suivant ainsi ce qui se passe dans le cerveau quand un seul nutriment, le tryptophane, vient à manquer, on voit une fois de plus que les régimes à répétition conduisent aisément à développer des troubles du comportement alimentaire. Qu'on considère un moment combien de nutriments viennent à manquer lors d'un régime hypocalorique, et on aura une idée plus complète des dangers des régimes.

Nous venons de faire un tour des nutriments qu'on *perd* quand on suit des régimes sans gras (acides gras essentiels, protéines, tryptophane, zinc, vitamine B...). Parlons maintenant un peu de l'effet de ce qu'on mange en général le plus quand on est au régime : les glucides.

Les régimes riches en glucides conduisent aux dépendances alimentaires et au diabète

Quand vous suivez un régime pauvre en graisses, il y a de fortes chances que les pâtes, le riz et le pain deviennent la base de votre alimentation. Vous risquez aussi de consommer beaucoup de choses sucrées, en particulier les produits « allégés en gras ». Certes les céréales complètes contiennent quelques protéines, vitamines et minéraux et acides gras essentiels ; et certains sucres naturels, comme ceux des fruits, contiennent des nutriments de qualité. Mais nous consommons en général les formes raffinées de ces glucides : la farine et le sucre blancs. Or, un chercheur spécialiste des dépendances, le Dr Forrest Tennant, a fait le parallèle entre les effets de ces sucres raffinés et ceux de l'alcool ou de la cocaïne[14]. De même, une étude de l'université de Bordeaux[15] a démontré que le sucre avait un pouvoir addictif supérieur à celui de la cocaïne.

Quand nous demandons à des « accros » des sucreries, à des junkies des féculents, comment leur nourriture préférée affecte leur humeur, is nous disent, comme les alcooliques, que leur « drogue » leur donne de l'énergie, les réconforte, ou les détend. Avec le temps, il faut des quantités de plus en plus importantes de la substance incriminée pour produire cet effet, de sorte que les fringales se multiplient et s'amplifient, et avec elles le gain de poids. Comme ils se font vomir, les boulimiques peuvent aller encore plus loin dans cette voie et tomber encore plus dans la spirale de la dépendance. D'autres alternent périodes où ils boivent et périodes où ils mangent. Quand on suit un régime pauvre en graisse, on court les mêmes risques que ceux qui mangent gras, plus un : le diabète de type 2. La plupart des gens ont peur du diabète mais ne comprennent pas que la majorité des cas de diabète ou d'hyperglycémie sont causés par une consommation excessive de glucides. Aux États-Unis, le diabète a cru avec le poids moyen des individus au cours des dix dernières années, au moment où la consommation de gras *diminuait* tandis que la consommation de glucides *augmentait*.

Les sucres et les féculents raffinés (sucreries, pâtes, pain, riz, etc.) font monter rapidement les niveaux d'insuline, et c'est pourquoi leur consommation régulière fatigue le pancréas qui produit l'insuline, ce qui en fin de compte peut causer le diabète. Les carences en minéraux sont un autre facteur important du développement du diabète. En effet, la digestion et l'assimilation du sucre entament nos réserves de minéraux, en particulier le chrome, qui est très important pour la régulation du sucre sanguin. Le chrome nous protège contre les fringales et l'hyperphagie qui peuvent apparaître quand le taux de sucre sanguin sang tombe trop bas.

Le diabète de type 2 est le trouble du comportement alimentaire suprême, et il résulte le plus souvent des régimes sans gras. Les diabétiques dépendants ne peuvent s'empêcher de manger des sucreries, alors même que cela les tue, littéralement.

Le piège des édulcorants de synthèse

Billie aimait se servir plusieurs tasses de thé d'une charmante petit théière faite main, assise sur sa terrasse face à son jardin. Elle mettait dans chaque tasse plusieurs comprimés de Canderel (un édulcorant de synthèse à base d'aspartame). Mangeuse compulsive, elle pensait qu'un édulcorant de régime était un bon choix pour sa santé. Quand je lui demandai d'arrêter le thé à cause de sa teneur en caféine, elle pleura. Je me radoucis donc et lui dit : « d'accord, gardons le thé pour cette semaine, mais sans Canderel », ce à quoi elle consentit joyeusement. Deux jours plus tard, elle m'appela pour déclarer : « je déteste le thé ! ». Elle venait de réaliser que ce n'était pas au thé qu'elle était accro, mais au Canderel. Sans même s'en rendre compte, elle avait développé au fil des années une dépendance à l'aspartame, et son processus de désintoxication fut long et pénible : pendant des mois, elle ne put se satisfaire d'aucun liquide, parce que son corps était cruellement en manque d'aspartame.

La plupart de ceux qui suivent un régime, et même une grande partie des autres, ont recours aux boissons et nourritures « light » pour éviter de consommer trop de sucre. Les patients qui viennent me voir boivent souvent des litres de soda allégé par jour, parfois pour « faire glisser » pizzas ou pâtes. Pour certaines personnes, les édulcorants de synthèse contribuent à manger trop. Peut-être avez-vous remarqué que vos envies de sucré et de gras, et avec elles votre poids, ont augmenté avec votre usage d'aspartame. Plusieurs études ont confirmé ce fait ironique, chez les animaux comme chez les humains[16].

La phénylalanine, un acide aminé à la base de l'aspartame, peut être un puissant stimulant, en particulier quand il est combiné à la caféine. Les composants de l'aspartame bloquent la conversion du tryptophane en sérotonine, qui rend lucide et d'humeur positive. C'est de cette manière notamment que l'aspartame est nuisible à la guérison des boulimiques, des anorexiques et des outre-mangeurs, même quand ils recommencent à manger normalement. Les édulcorants de synthèse peuvent aussi faire se sentir gros et ballonné, ce qui n'encourage pas à manger sainement, mais incite au contraire à éviter les aliments sains, ou à se faire vomir.

À ce jour, plus de dix mille consommateurs d'aspartame ont signalé environ une centaine d'effets négatifs, réunis par l'Agence américaine du médicament (FDA). Ils vont des perturbations des règles au gain de poids et aux migraines, en passant par les dépressions sévères, l'insomnie et les crises d'angoisse.

L'aspartame n'est pas le seul édulcorant de synthèse à éviter. La saccharine, qui, à très hautes doses, est associée au cancer, peut aussi causer une augmentation de la consommation de sucreries[17].

RISQUES SPÉCIFIQUES POUR LES VÉGÉTARIENS

Les régimes végétariens peuvent causer des états de malnutrition et, en fin de compte, des troubles du comportement alimentaire, même quand ils ne visent pas à la perte de poids. Les chairs animales – viande, volaille ou poisson – sont d'excellentes sources de protéines contenant tous les acides aminés essentiels (c'est-à-dire ceux que l'organisme ne peut pas fabriquer seul et qui doivent donc impérativement être apportés par les aliments). On risque, en évitant ces aliments, d'affaiblir plusieurs organes cruciaux, à commencer par les muscles et le cerveau, qui ont absolument besoin de protéines pour fonctionner normalement. Il est possible d'avoir un apport suffisant de protéines en mangeant végétarien, mais pour cela il faut faire très attention et s'organiser soigneusement. Bien des végétariens ne mangent en fait presque que des glucides. Nombreux sont les végétariens « accros » aux sucreries.

Mais c'est peut-être le fer qui est le plus difficile à se procurer en quantités suffisantes quand on est végétarien. 20 % des femmes sont carencées en fer. C'est un problème encore plus courant parmi les athlètes. Les niveaux de fer sont étroitement liés à la santé mentale et émotionnelle. Quand l'alimentation contribue à les réduire, on se retrouve dans l'état de confusion mentale et émotionnelle si caractéristique des troubles du comportement alimentaire. La carence en zinc présente de même des symptômes très proches, et elle menace aussi particulièrement les végétariens. La viande rouge est un des rares aliments qui soit à la fois riche en fer et en zinc et facile à digérer (le zinc et le fer qu'on trouve dans les raisins, le chou ou les épinards sont plus difficile à métaboliser).

50 % des anorexiques sont végétariens. Une de mes collègues préférées, le Dr Loosli, traite beaucoup de jeunes athlètes végétariennes. Elle dit que ces jeunes filles souffrent souvent d'absence de règles, de diminution de la masse osseuse, de fractures, d'un état de faiblesse générale et d'une endurance diminuée. Nombre d'entre elles présentent des troubles du comportement alimentaire[18].

Beaucoup de mes patients végétariens ont obtenu de bons résultats avec des compléments alimentaires de zinc et de fer, et en augmentant leur apport de protéines végétales. D'autres ont, à contrecœur, commencé à manger du poisson plusieurs fois par semaine, et s'en trouvent beaucoup mieux. D'autres encore ont dû accepter que leur corps n'était pas fait pour un régime végétarien, et ont ajouté de la viande et de la volaille à leur alimentation. Au chapitre 19, page 345, vous trouverez des indications sur les façons d'être végétarien sans être carencé en fer, en zinc ou en protéines (c'est presque impossible).

Quels que soient les problèmes que vous avez développés par suite de restrictions alimentaires, lisez le chapitre suivant, *Guérir des régimes*, pour commencer tout de suite à traiter vos besoins nutritionnels les plus urgents. À partir de la page 299, nous vous aiderons à mettre sur pied une approche complète pour utiliser la nourriture, les compléments alimentaires, l'exercice physique et d'autres ressources afin de guérir des conséquences des régimes hypocaloriques et d'atteindre tout naturellement *votre poids de santé*.

CHAPITRE 5

ÉTAPE 2 :
GUÉRIR DES RÉGIMES

D ANS CE CHAPITRE, VOUS TROUVEREZ DES SUGGESTIONS POUR vous défaire de la mentalité du régime et pour réapprendre ce qu'est une alimentation raisonnable, tant en termes de qualité que de quantité. Je proposerai des protocoles de supplémentation pour tous les traumatisés des régimes, y compris les anorexiques et les boulimiques.

RÉPUDIER LE CULTE DES RÉGIMES

Après des années de régimes intermittents et d'oscillations de poids d'une amplitude d'environ dix kilos, une jeune femme est venue nous consulter à notre clinique, Recovery Systems. Elle mangeait des barres chocolatées l'après-midi, et de la glace dans la soirée. En passant en revue son régime avec elle, le problème est rapidement apparu : elle ne prenait pas de petit déjeuner. Nous n'avons même eu pas besoin de compléments alimentaires pour la remettre sur le bon chemin : dès qu'elle a commencé à prendre tous les jours un petit déjeuner riche en protéines, ses envies de malbouffe de l'après-midi et de la fin de journée ont disparu. En peu de temps, elle mangeait trois repas équilibrés par jour, et son poids se stabilisait pour la première fois depuis des années.

Vous aussi, il vous suffira peut-être de revenir à trois repas équilibrés par jour pour en finir avec les mauvaises habitudes alimentaires et les problèmes de poids. Malheureusement, beaucoup ont trop peur de prendre du poids et ne veulent pas même essayer de manger des quantités normales de nourriture. Comme vous l'apprendrez dans ce chapitre, il n'y a aucune raison d'avoir peur de manger bien.

VOTRE POIDS « IDÉAL »

D'où vient l'idée que l'on est « gros »? Comme nous l'avons vu précédemment (page 72), les tables et les normes sont variables et trompeuses. La mesure du pourcentage de graisse corporelle n'est pas non plus une bonne indication de la santé humaine. On peut être en parfaite santé avec un pourcentage de graisse corporelle élevé. Plus que la quantité, c'est la localisation des graisses qui a des conséquences : des réserves de graisses excessives au niveau de l'abdomen peuvent causer des problèmes de santé (notamment sur le plan cardiovasculaire), mais pas celles nichées dans les hanches et les cuisses que, pourtant, les femmes redoutent tant.

Malheureusement, nous sommes nombreux à être influencés par l'image médiatique du corps « idéal ». Bien des livres ont décrit et dénoncé l'effet de ces images déformées du corps de la femme. De nos jours, les médias nous présentent des idéaux corporels qui ne sont ni possibles, ni souhaitables, même pour les hommes. Voici quelques exercices de rééducation de vos yeux et de votre esprit sur ce sujet :

• Arrêtez de vous peser. Jetez votre balance. Même chez le médecin, n'acceptez d'être pesé que si vous êtes en sous-poids (et pour tous ceux qui ont un problème d'obsession, ne vous faites peser que dos à la balance, sans que le praticien ne vous informe de votre poids). Ne laissez personne utiliser votre poids pour vous injurier.

• Choisissez un jour par semaine cours duquel vous n'accepterez aucune conversation à propos du poids de qui que ce soit, et surtout pas le vôtre. Puis augmentez ce nombre de jours par semaine pour atteindre sept le plus vite possible.

• Référez-vous au corps de vos ascendants. Si vous n'avez pas connu vos grands-parents ou vos arrières grands-parents, ou vos grands-oncles et tantes quand ils étaient jeunes, avant les régimes, procurez-vous des photos et étudiez-les. Remontez aussi loin dans le temps que vous le pourrez, au moins avant les années 1970 et l'émergence des régimes. Vous y trouverez probablement votre « double » génétique, et il y a de fortes chances qu'il ait le poids et l'embonpoint idéaux pour *votre* corps. Plus vous remonterez dans le temps, plus vous verrez les effets d'un régime sain et de standards réalistes. Dans mon cas, mon corps est très semblable à celui de ma grand-mère paternelle, et à personne d'autre dans la famille. Vous aimeriez peut-être avoir les yeux verts de votre tante ou les longs cils de votre oncle, mais vous savez que ce n'est pas possible. Il en va de même pour votre silhouette.

• Mettez en doute les messages familiaux à propos du poids et de la nourriture. Peut-être votre maman vous disait-elle « j'espère que tu n'auras pas mes cuisses », ou bien « ne mange pas autant, ou tu finiras comme l'oncle Benjamin » ? Il est triste que ces types corporels héréditaires puissent nous êtres présentés comme quelque chose que nous devrions, ou même que nous pourrions, éviter. Si seulement nous grandissions au son de messages comme « je pense que tu auras la même constitution que ta merveilleuse tante Jeanne », sans connotation négative attachée à un type corporel donné...

• Regardez des anciennes photographies ou peintures. Allez au marché aux puces et fouillez les anciens magazines, les vieilles revues coquines. Allez au musée d'art ou à la boutique du musée et admirez les modèles de Rubens, de Michel-Ange, de Botticelli. Regardez les hanches solides, les bras généreux des pinups des années 1940. Voyez les photos polissonnes du début du siècle. Notez les jolies bedaines des stars masculines du passé. Rappelez-vous que Marilyn Monroe faisait un solide 42, et que Mae West était un sex-symbol. Vous pourriez même vous acheter des posters ou des cartes postales de ces beautés passées et les accrocher à votre mur pour vous rappeler que les standards corporels ont changé énormément, sans bonne raison.

• Arrêtez de lire les magazines de mode et de regarder les sitcoms aux starlettes émaciées et aux rôles masculins bodybuildés. Gardez à l'esprit que la télévision, les magazines et les films ne nous montrent jamais d'image de corps normaux. Qui plus est, la plupart des photos des magazines sont carrément retouchées par ordinateur pour créer des images parfaitement impossibles (on allonge les jambes, on gonfle les seins, etc.). Tout ce qui contribue à toute forme de haine de son corps doit disparaître. Comme toutes les émotions négatives, la haine de son propre corps contribue à une prise de poids superflue en déclenchant des envies de bâfrer et des réactions hormonales adverses.

• Rappelez-vous des faits essentiels suivants :

- Seuls 5 % d'entre nous ont des gènes « maigres ».

- Au niveau mondial, les femmes en bonne santé entre 20 et 50 ans ont en moyenne 28 % de graisse corporelle.

- La femme américaine moyenne taille du 44.

- Si Barbie était une personne, elle aurait tellement peu de gras qu'elle n'aurait pas de règles.

- *Aucune* étude n'a montré de manière convaincante que le surpoids était une *cause* de problèmes de santé.

- Les femmes pré-ménopausées qui sont médicalement « obèses » ont 40 % de chances en moins d'avoir un cancer du sein.

- Parmi les femmes âgées, les plus minces ont une mortalité 50 % supérieure à celles qui ont un poids moyen.

- Dans une étude portant sur 17 000 anciens élèves d'Harvard, publiée dans le célèbre *New England Journal of Medicine*, les hommes qui avaient le plus de chances de vivre le plus longtemps étaient ceux qui avaient pris le plus de poids tout en restant physiquement actifs[19].

Il est bien entendu exact qu'une obésité grave peut poser de gros problèmes de santé. Mais il suffit de perdre un peu de poids pour y remédier. La perte de poids, même dans les rares cas où le surpoids cause de graves problèmes de santé, doit toujours être approchée avec la plus grande prudence. De nombreuses études de par le monde ont démontré que la perte de poids, chez les hommes comme chez les femmes, est associée à une réduction de l'espérance de vie. Dans la célèbre étude Framingham* par exemple, les personnes dont le poids fluctuait fréquemment ou beaucoup présentaient un risque de maladie cardiaque de 50 % supérieur à celui du reste de la population[20].

Hélas, beaucoup de mes patients repensent avec nostalgie au poids qu'ils pesaient avant leur premier régime. « C'était bien comme poids » me disent-ils, « C'est vrai que je n'étais pas maigre, mais je m'en contenterais bien aujourd'hui ». Souvent, c'était en fait leur poids idéal, et ils n'avaient en fait aucune raison de commencer un régime. Ils se sentaient forts, pleins d'énergie, positifs sur le plan émotionnel. Ce sont les régimes qui ont sapé leur énergie, perturbé leur humeur, et qui leur ont fait perdre leur équilibre pondéral naturel. Si vous faites des régimes, vous oscillez probablement autour de votre vrai poids depuis des années. Parfois une maladie, une blessure, un déséquilibre comme une faiblesse thyroïdienne héréditaire, vous empêche de trouver votre vrai poids (bien sûr, les régimes ne font que ralentir encore plus la thyroïde).

Heureusement, quelle que soit la raison qui lui a fait perdre le fil, le corps peut retrouver son poids naturel, si on le lui permet. Comme votre voix naturelle revient après un mauvais rhume, votre poids naturel peut réapparaître après une période de sous-nutrition ou de malnutrition.

---

* L'étude Framingham est une étude de long terme, commencée en 1948 et toujours en cours, sur des habitants de cette petite ville du Massachusetts (l'effectif de départ était de plus de 5 000 sujets). Elle vise à identifier l'influence de divers facteurs sur le risque cardiovasculaire.

LE REPAS « IDÉAL »

Pour manger sainement, vous allez devoir réapprendre ce à quoi ressemble un vrai repas. Pour commencer, oubliez les calories. Concentrez-vous sur de nouvelles manières de voir la nourriture. Par exemple, qu'est-ce qu'une portion saine de poulet ? 100 g ? 150 g ? Qu'est-ce qu'un repas « équilibré » ?

Je mange en général au moins 3000 calories par jour. Je fais près d'1,80 m, et je ne sais pas ce que je pèse, mais je sais que je me sens bien la plupart du temps. Un jour, un voisin, qui court régulièrement mais qui était alors quand même en surpoids, a voulu comparer nos apports caloriques respectifs. Je fais un petit peu d'exercice léger, trois à quatre fois par semaine. Mon voisin trouve que mon poids est idéal, mais il était très surpris de mon apport calorique quotidien. Lui se limitait à moins de 1 600 calories par jour, et se bourrait de Coca light à longueur de journée. Il mangeait mal : céréales au petit déjeuner, des chips et un sandwich au déjeuner, et au dîner, une salade. Sur mes conseils, il a ajouté des protéines, des légumes et des fruits dans son alimentation, et supprimé les boissons allégées. Il a augmenté son apport en calories et fait baisser son poids. Quand il a remplacé le pain et les pâtes par du riz et des haricots, il a perdu encore plus, même si son apport calorique journalier s'est mis à largement dépasser 3 000 calories par jour.

Voici de quoi sont faites mes 3 000 calories quotidiennes :

• Au petit déjeuner, en général un ou deux fruits, une poignée de graines et de noix, un peu de poudre de protéines et de levure mixés dans un smoothie ; ou bien trois œufs brouillés avec des légumes, des haricots noirs, un avocat et une ou deux tortillas de maïs.

• Au déjeuner, je prends souvent une grande salade de légumes crus, avec 120 g de saumon, des pois cassés ou des pommes de terre sautées.

• Au dîner, je mange typiquement une grande assiette de légumes sautés avec du tofu ou un fromage de chèvre ou de brebis, comme de la féta, et un bol de riz complet.

• Dans la journée, mes encas se composent de fruits frais ou séchés, de noix, et de fromage.

VÉGÉTARISME

Êtes-vous un de ces végétariens aux joues roses, vigoureux et en pleine forme ? Ou bien êtes-vous très fatigué et un peu pâle ? Entre les deux, peut-être ? Les végétariens sont souvent carencés en certains nutriments car non seulement ils ont un apport calorique diminué, mais en plus ils ont tendance à faire l'impasse sur toute une catégorie de nutriments – les protéines. Outre les protéines, les régimes végétariens sont le plus souvent carencés en fer, en zinc, en vitamine B_{12}, et en L-carnitine (un acide aminé essentiel), bref en tous les nutriments dont la viande rouge est souvent la principale source. Si vous êtes végétarien, faites tester régulièrement vos niveaux de fer et de ferritine, et faites faire un hémogramme pour vérifier que nous n'avez pas de problème d'anémie. Le cas échéant, parlez à votre médecin des meilleures façons de reconstituer vos stocks de B_{12}, de fer, de zinc ou d'acide folique.

OUBLIEZ LES ÉDULCORANTS

Beaucoup d'adeptes des régimes sont devenus « accros » à l'aspartame (Canderel®, NutraSweet®). Peut-être avez-vous du mal à vous passer de vos sodas et aliments allégés ou de vos sucrettes ? Plutôt que d'essayer de les remplacer par d'autres édulcorants potentiellement moins nuisibles et moins addictifs, il vaudrait mieux éliminer les boissons et les aliments que vous ressentez le besoin « d'édulcorer ». Demandez-vous plutôt pourquoi vous ressentez ce besoin, et suivez les indications de ce livre pour vous en libérer. Par exemple, si vous êtes « accro » aux sodas caféinés, ou au café au Canderel, remplacez-les par de la L-tyrosine (entre 500 et 1 500 mg), de préférence entre les repas. Cela devrait apaiser rapidement votre besoin de caféine. Si au contraire vous êtes un amateur de boissons décaféinées, chaudes ou froides, essayez la DLPA (500 à 1 000 mg) à la place de votre déca ou de votre cola sans caféine. S'il vous semble que ce sont la caféine *et* l'édulcorant qui vous manquent, essayez L-tyrosine et DLPA ensemble, au lever et entre les repas. Vous vous désaccoutumerez sans peine*.

Vous n'aurez pas besoin de prendre ces compléments d'acides aminés pendant longtemps. S'ils commencent à vous rendre un peu trop agité, ou après deux semaines sans fringale, arrêtez de les prendre. Si les fringales d'aspartame ou de caféine reviennent, reprenez une dose plus légère pendant une bonne semaine, puis réessayez d'arrêter. Recommencez jusqu'à ce que vous soyez totalement libéré de vos fringales. Vous aimerez peut-être encore le cola light ou le café, mais vous ne ressentirez plus le besoin impérieux d'en consommer.

Que boire à la place ? C'est toujours une bonne idée de boire chaud, en particulier le matin et par temps froid, après huit heures de sommeil et de jeûne. L'eau pure est délicieuse, un trait de citron n'y fait pas de mal. Mais attention à ne pas abuser des boissons pétillantes : le phosphore ajouté par le processus de carbonation tend à nous dépouiller de notre calcium. Les tisanes et les thés sans caféine, théine ou maté sont une autre option satisfaisante.

ÉCOUTEZ VOTRE CORPS

Si, en suivant le programme de ce livre, vous vous retrouvez à vouloir régulièrement un café, un soda ou du chocolat, c'est un signal important que vous envoie votre corps : vous avez un problème nutritionnel

---

* Certaines addictions ne sont vraiment maîtrisées que lorsqu'on commence à traiter leur cause profonde. Voir par exemple le cas de Julien dans l'encadré page 197.

qu'il faut traiter. Tenez un carnet de bord de votre alimentation et de vos humeurs, afin de pouvoir mettre en relation votre alimentation et votre état général, et de repérer d'éventuels problèmes (lire page 354). Vous verrez qu'en général, une fringale réapparaît parce que vous avez sauté un repas, oublié un complément alimentaire, ou que vous avez mangé des aliments qui vous fatiguent, ou que vous n'avez tout simplement pas mangé assez. Quoiqu'il en soit, n'ignorez pas les signaux que constituent les fringales.

Il peut aussi être utile de revisiter le test du chapitre 1. On peut en effet être atteint d'un des déséquilibres, sans que son score soit élevé. Quelques symptômes particulièrement significatifs peuvent suffire à indiquer un déséquilibre. Par exemple, si vous avez tendance à avoir les pieds ou les mains froids, ou si vous n'avez jamais pris votre température le matin, comme expliqué au chapitre 9, page 151, vous devriez envisager la possibilité que votre fonction thyroïdienne soit ralentie ou perturbée.

LES 8 COMMANDEMENTS ANTI-RÉGIMES

1• Ne sautez pas de repas. Mangez trois repas substantiels et équilibrés tous les jours. Tous doivent contenir des protéines, des graisses et des glucides. Sauter le petit déjeuner en particulier ralentit le métabolisme, et pousse à trop manger en favorisant les fringales de la fin d'après-midi et du soir.

2• Prenez un petit déjeuner solide. Il devrait représenter au moins un quart de votre apport calorique quotidien. Le petit déjeuner est le seul repas qui puisse augmenter le métabolisme. Ajouter un petit déjeuner conséquent et protéiné (au moins 20 g de protéines) peut suffire à résoudre tous les troubles du poids et du comportement alimentaire.

3. Mangez suffisamment. Le Dr Wayne Calloway, expert des troubles du comportement alimentaire et de la malnutrition dans les pays du Tiers Monde décrit des patients qui, à force de régimes ou de sous-alimentation, grossissent même avec un régime à 700 calories par jour. En augmentant leur apport calorique à 1 500 calories par jour, dont un quart au petit déjeuner, ils perdaient enfin du poids, tout en gagnant de l'énergie. Mes patients, pour leur part, prospèrent et perdent du poids à 2 500 calories ou plus.

4• Commencez votre repas avec beaucoup de protéines (du poisson, de la viande, de la volaille, du tofu, des œufs...). Il suffit de 20 g de protéines pour que votre intérêt pour les calories vides des gluco-drogues s'estompe, et que votre énergie et votre lucidité s'améliorent.

5• Mangez des légumes verts sans modération. Et d'autres légumes colorés, mais pauvres en glucides (par exemple, les poivrons sont pauvres en glucides, mais les petits pois ne le sont pas).

6• Aux encas, mangez vos fruits ou vos légumes avec des protéines (par exemple du fromage, des noix, des graines) plutôt qu'avec des sucreries ou des féculents (comme du chocolat ou du pain).

7• Assurez-vous de manger des bonnes graisses à chaque repas. Elles sont nécessaires à votre santé et à la régulation de votre appétit. Consommez des noix, des graines, de l'huile d'olive, des avocats... N'ayez pas peur d'utiliser le beurre, les œufs, les viandes, abats et graisses animales de bonne qualité.

8• Arrêtez de compter les calories. Si vous mangez selon les principes de ce livre, vous n'aurez pas besoin de faire de comptabilité pour être en bonne santé. Mangez à votre faim, en prêtant attention aux réactions de votre corps.

COMPLÉMENTS ALIMENTAIRES ANTI-RÉGIMES

En plus de suivre les 8 commandements précédents, il vous faudra prendre les vitamines, minéraux et autres nutriments recommandés au chapitre 18 page 299. Si vous avez un trouble du comportement alimentaire, vous devrez prendre des compléments supplémentaires. C'est ce que nous allons voir maintenant.

Boulimie et anorexie

Si vous êtes boulimique ou anorexique, combinez les conseils nutritionnels qui suivent avec des consultations régulières chez des professionnels de santé. Il faut travailler avec votre médecin, qui pourra contrôler votre santé et suivre vos progrès. Il faudra faire particulièrement attention à faire vérifier régulièrement l'état de votre cœur et vos niveaux en sels minéraux (électrolytes).

Il faut aussi parler à votre médecin de la possibilité d'ajouter des nutriments qui augmentent les niveaux de sérotonine (comme le 5-HTP, le tryptophane, ou le millepertuis) aux antidépresseurs ISRS que vous prenez peut-être déjà. Pour en finir avec les comportements compulsifs et les sautes d'humeur, il est en effet souvent nécessaire, dans les premiers mois, de prendre les deux (antidépresseurs et nutriments) en même temps. Si vous vomissez, il se peut que votre docteur vous prescrive un anti-vomitif approprié le temps que vous retrouviez la capacité de conserver votre bol alimentaire.

Si vous êtes boulimique depuis moins de 10 ans, votre réponse à ce programme devrait être rapide, à l'exemple de centaines de nos patients. Si votre problème est sévère et dure depuis plus longtemps, soyez patient. Il vous faudra du temps pour vous stabiliser totalement, mais vous êtes sur la bonne voie.

Compléments alimentaires anti-boulimie

En général, les principaux compliments alimentaires pour aider les boulimiques à guérir incluent la pulpe d'aloé vera (pour réparer la paroi intestinale et remettre les intestins en mouvement) ; le chrome (pour limiter les envies de sucré et stabiliser le taux de glucose dans le sang) ; le calcium, le magnésium et le potassium pour le soutien du cœur (le magnésium aidant aussi pour la constipation). Les vitamines B (la B$_5$ en particulier) et C aident réduire le stress et à retrouver de l'énergie. La L-tyrosine combat la dépression et promeut l'énergie. La L-glutamine élimine les envies de sucré et a un effet apaisant (mais le GABA a un effet apaisant supérieur). Les capsules d'huile de poisson permettent de contrôler les envies de gras et d'alléger les syndromes prémenstruels. Le 5-HTP ou le tryptophane et le millepertuis permettent d'augmenter les niveaux de sérotonine, et ainsi de mettre fin aux obsessions, à l'irritabilité, à la négativité et aux insomnies (si vous prenez des antidépresseurs, parlez à votre médecin de la possibilité de les conjuguer avec ces nutriments, et consultez le tableau page 313).

Pour se débarrasser de cet affreuse sensation d'avoir « trop mangé » même quand ce n'est pas le cas, il peut être très utile, au début, de ne manger que des aliments mous ou mixés, tout en prenant des enzymes digestives et du jus d'aloé vera. Si cela ne suffit pas et que vous vomissez dès que vous mangez, il faudra avoir recours à des médicaments anti-vomitifs jusqu'à ce que votre estomac puisse à nouveau se vider normalement, dans votre intestin. Le fait que l'estomac tarde à se vider est doublement problématique. D'abord, parce qu'il faut longtemps pour bénéficier des nutriments qu'on a ingéré, et qu'entretemps, on peut se retrouver avec un taux de sucre sanguin très bas, et les fringales incontrôlables qui vont avec. Ensuite, parce que les aliments stagnant dans l'estomac fermentent, ce qui renforce la sensation de ballonnement et de dégoût, et pousse au vomissement.

Soulager le stress spécifique à la boulimie

S'empiffrer et se faire vomir à répétition, tout en faisant trop d'exercice met les glandes surrénales, qui doivent déjà gérer tous les stress de la vie ordinaire, à rude épreuve. À force, elle peuvent se mettre à dysfonctionner gravement. Cela perturbe même les hormones qui ne sont pas produites par les surrénales, en particulier les hormones sexuelles (estrogènes, progestérone et testostérone). C'est une des raisons pour lesquelles les syndromes prémenstruels des femmes boulimiques peuvent être particulièrement éprouvants. C'est aussi une des raisons pour lesquelles les boulimiques sont souvent trop stressés et facilement dépassés par les évènements.

Je recommande fortement aux boulimiques de faire contrôler leurs niveaux d'hormones cortico-surrénales avec un test de salive. Beaucoup de boulimiques continuent à avoir des niveaux anormaux de cortisol (une des hormones surrénales) longtemps après qu'ils aient arrêté de s'empiffrer et de se faire vomir, ce qui fait que, même en cours de guérison, ils sont stressés et anxieux. Voyez le chapitre 8, page 131 au sujet de l'épuisement des surrénales et des moyens d'y remédier.

Les tests de salive pour les hormones sexuelles sont aussi une bonne idée pour toutes les femmes qui ont de sévères syndromes prémenstruels. Une fois qu'on sait de quels déséquilibres hormonaux on souffre, on peut y remédier de manière beaucoup plus efficace (voir à ce sujet le chapitre 13, page 227).

Le stress spécifique de l'anorexie

Note : il est essentiel de travailler avec un médecin spécialiste si vous êtes anorexique ou en cours de guérison. Ne vous contentez pas des suggestions contenues dans ce livre.

Quand on teste les réactions des animaux de laboratoire au stress, une des techniques consiste à les affamer. On peut aussi les exposer au froid. Les anorexiques souffrent en général des deux — autrement dit, ils sont très stressés. Il est important de faire contrôler ses fonctions surrénales quand on est ou a été anorexique, parce que le stress de la maladie peut épuiser ces petites glandes*. Grâce aux nutriments appropriés, vous pourrez commencer à les réparer et, dès lors, à gérer le stress beaucoup mieux. De la vitamine B_1 et de la vitamine B_5 en plus de votre complexe de vitamines B habituel,

* Voir le chapitre 8, page 131 pour le diagnostic et le traitement de l'épuisement des surrénales.

ainsi que de la vitamine C avec des sels minéraux sont tout indiquées. Typiquement, les surrénales des anorexiques sont hyperactives et leurs niveaux de cortisol (hormone du stress) sont très élevés. Tester le niveau de cortisol et, si nécessaire, le ramener à un niveau raisonnable, est absolument indispensable pour les anorexiques. Cette puissante hormone surrénale favorise la fonte des muscles, des os et du cerveau dans son effort pour vous protéger de la malnutrition. Faute de traitement, les surrénales peuvent rester hyperactives même une fois qu'on a guéri de l'anorexie.

Compléments alimentaires pour les anorexiques

En plus du zinc, il vous faudra un complément multivitamines et multi-minéraux, et un apport complémentaire en vitamine C et en complexe de vitamines B. En cas de constipation, prenez du jus d'aloé vera et/ou augmentez les doses de magnésium. Pour les anorexiques qui sont constipés, qui vomissent ou qui utilisent des laxatifs, le jus d'aloé vera est merveilleux : il stimule la digestion tout en favorisant la cicatrisation et la guérison du tube digestif. Prendre des enzymes digestives à chaque repas aide le corps à digérer et à utiliser au mieux les aliments. Elles sont particulièrement importantes pour ceux qui se sont faits vomir, car leurs capacités digestives sont amoindries.

Le GABA vous aidera à contrôler vos angoisses ; la L-tyrosine vous rendra votre énergie en restaurant votre fonction thyroïdienne. Le L-tryptophane ou le 5-HTP, en particulier en combinaison avec le millepertuis, vous aideront à mieux dormir, et à vous débarrasser de vos sautes d'humeur et de vos obsessions. L'huile de poisson améliorera les problèmes de peau et de cheveux secs ainsi que votre fonctionnement hormonal. La DL-phénylalanine (DLPA) vous permettra de retrouver du plaisir dans l'existence, augmentera votre vitalité, et, si vous êtes « accro » aux sodas light, aux chewing-gums ou à la caféine, vous aidera à décrocher. Si la DLPA vous stimule à l'excès, procurez-vous de la DPA. Dans l'anorexie, l'inanition provoque la sécrétion d'endorphines. C'est pourquoi il est important, quand on reprend une alimentation normale, de reconstituer rapidement ses stocks d'endorphines grâce à la DLPA ou à la DPA, pour ne plus éprouver le besoin de s'affamer (la forme D augmente les niveaux d'endorphines ; la forme L est stimulante). Un complément alimentaire d'acides aminés « sous forme libre » permet également de reconstituer rapidement les stocks d'acides aminés essentiels dans les muscles, le cerveau, et les autres organes vitaux. Il faut le prendre pendant au moins trois mois, au lever, en milieu de matinée, et en milieu d'après-midi.

Chez les professionnels de santé

Lors de vos interactions avec les professionnels de santé, rappelez-vous des règles suivantes :

1• Sauf si vous êtes en *sous*-poids, ne permettez pas qu'on vous pèse, et surtout pas qu'on vous insulte à propos de votre poids.

2• Si vous avez besoin de plus d'aide que vous n'en recevez, trouvez un praticien holistique qui pourra vous conseiller sur les compléments alimentaires et vous aider à trouver les nourritures saines qui vous conviennent, sans restriction calorique.

3• Ne permettez pas qu'on vous prescrive des jeûnes, des régimes hypocaloriques, des substituts de repas, ou des régimes pauvres en gras, sauf si vous êtes très malade et que les techniques naturelles telles que celles qui sont présentées dans ce livre ne suffisent pas.

4• Avant de vous engager avec un psychothérapeute, demandez-lui sa position sur le poids, l'image du corps, et les régimes.

5• Participez à un groupe de soutien comme les *Outre-mangeurs anonymes*, même si ceux-ci ne sont pas encore aussi répandus qu'il le faudrait.

6• Rappelez-vous que tous les professionnels de santé ont leurs propres défauts. Personne n'a toutes les réponses !

PLAN D'ACTION

1• Déprogrammez-vous des régimes. Arrêtez de vous peser et de compter vos calories. Ne vous bercez plus de l'illusion que la restriction calorique vous aidera à contrôler votre poids. Au contraire, moins manger fait grossir.

2° Rejetez les messages malsains à propos du corps et de la graisse. Utilisez les suggestions dans ce chapitre (page 90) pour vous rappeler qu'il y a de nombreux poids idéaux.

3• Mangez au moins :
- 3 repas pas jour,
- 4 portions de légumes colorés, pauvres en glucides (principalement verts) par jour. Autant que possible, mangez vos légumes de préférence crus.
- un quart de votre ration quotidienne au petit déjeuner
- 2 portions de fruits par jour
- des bonnes graisses, comme de l'huile d'olive de première pression à froid dans vos salades, du beurre, de l'huile de coco, de la moelle…
- pour les aliments sains riches en glucides (haricots, riz, maïs…), mangez-en à votre faim *une fois* que vous avez mangé assez de légumes, de protéines et de bonnes graisses.

4• Tenez un carnet de bord de vos émotions et votre alimentation : notez-y ce que vous mangez (ou ne mangez pas) ainsi que comment vous vous sentez : en forme, plein d'énergie, sans fringale, ou le contraire (voir page 354).

5• Utilisez les compléments alimentaires de base décrits page 300 pour éliminer les fringales et les carences dues aux régimes.

6• Consultez un professionnel de santé et un psychothérapeute, en particulier si vous présentez un trouble du comportement alimentaire.

CHAPITRE 6

LA DÉPENDANCE AUX GLUCIDES

D ANS CE CHAPITRE, J'EXPLIQUERAI LES MÉCANISMES DE LA dépendance au sucre sous toutes ses formes – non seulement les bonbons et les gâteaux, mais aussi les pâtes, le pain et les jus de fruits. J'explique à partir de la page 115 comment stabiliser son sucre sanguin. Mais, comme les excès de sucreries sont une cause majeure d'épuisement des surrénales, je détaille aussi au chapitre 8 les symptômes de ce problème, qu'il soit causé par l'alimentation ou par le stress (les deux, le plus souvent), et les façons d'y remédier (à partir de la page 142).

LE SUCRE EST UNE DROGUE

Vous savez déjà que les glucides de la malbouffe, comme les bonbons, les barres chocolatées, le pain blanc et les biscuits, sont, au mieux, sans aucune valeur nutritionnelle. Vous avez peut-être aussi découvert qu'ils étaient puissamment addictifs. Si vous pouviez vous arrêter d'en manger facilement et pour toujours, vous ne seriez probablement pas en train de lire ce chapitre. Vous avez essayé la simple « force de volonté » face à vos sucreries ou vos féculents préférés : ça ne marche pas. Peut-être avez-vous été capable de vous en passer pendant quelques temps, l'espace d'un régime, mais seulement pour y revenir de plus belle. Je veux ici vous aider à vous en débarrasser *facilement et pour toujours*. Il ne s'agit pas de les remplacer par des versions supposément plus saines de la même chose, comme des barres chocolatées aux céréales complètes ou des biscuits au miel. Même si ces sucreries prétendument « saines » contiennent quelques vrais nutriments, ce sont avant tout des blocs de sucre.

Certaines personnes arrivent à se défaire progressivement des sucreries, en les remplaçant peu à peu par des aliments sains. Mais se sevrer ainsi du sucre prend généralement des années, même quand ça marche. Bien des gens sont si sensibles aux glucides concentrés qu'ils n'en sont simplement pas capables. Ils ne peuvent pas plus arrêter de manger des fruits secs que d'autres ne peuvent arrêter les Petits Écoliers. Comme le sucre blanc, le sucre brun, le miel et les fruits peuvent être des drogues.

Pour se défaire de son goût des sucreries, il y a plus rapide, plus facile et plus sain. En fait, la plupart d'entre vous peuvent se libérer de leurs envies de sucré en moins de vingt-quatre heures.

LE MÉTABOLISME DU SUCRE

Votre corps et votre cerveau sont faits de protéines, de graisses, d'eau, de minéraux et de vitamines. De même que les pièces d'une voiture doivent absolument être faites avec les bons matériaux, les pièces de votre corps – les muscles, les hormones, les nerfs, les os – ne peuvent être fabriquées qu'avec de l'eau et des aliments solides qui contiennent des protéines, des minéraux et des graisses. Sans ces nutriments, votre corps n'a pas de quoi se construire ou se renouveler. Les glucides ont, eux, une fonction très différente : ils sont le carburant qu'utilise votre corps. Ils ont certes un rôle important, mais on ne peut pas plus faire du muscle ou des hormones avec du sucre qu'on ne peut fabriquer un moteur avec de l'essence. Imaginez une voiture dont on ne changerait jamais les pneus ou l'huile. Au bout d'un moment, ajouter de l'essence ne servirait plus à rien.

Votre corps a sans doute besoin d'un « carburant » de haute qualité, mais seulement en proportion de ce que vous vous en servez. Les athlètes et ceux qui ont un métabolisme élevé ont probablement besoin de plus de glucides que les inactifs, et il leur faut sans doute de préférence des glucides *de grande qualité*, comme des légumes, des légumineuses ou du riz complet. Au contraire, les glucides de piètre qualité, comme le pain blanc, les sucreries, les pâtes, sont transformés en sucre dans votre bouche en quelques secondes. Si vous êtes un « junkie » du sucré ou des féculents, vous êtes fréquemment à court de glucose dans votre sang.

Le glucose est le carburant dérivé des glucides qu'utilise votre corps, et surtout votre cerveau, pour fonctionner. Mais si le glucose est fait à partir des glucides, et que vous mangez tant d'aliments riches en glucides, comment se fait-il que vous veniez à en manquer ? Paradoxalement, c'est *parce que* vous mangez tant d'aliments riches en glucides que vous venez à en manquer. Votre corps ne peut pas gérer la quantité de glucides raffinés qui se trouve dans les biscuits, les sucreries, les pâtisseries et les jus de fruits, en particulier si vous n'y associez pas de grandes quantités de protéines, de fibres et de graisses. À tout prendre, il vaut mieux manger votre baguette avec du jambon, du beurre et de la salade. Si vous mangiez un steak de saumon ou une tranche de foie de veau avec chaque sucrerie, ça irait sans doute. Peu de gens le font. Quand bien même, certaines personnes sont si sensibles au sucre que, quoi qu'elles mangent avec, une fois passé le premier moment de plaisir, les sucreries les mettent de mauvaise humeur ou leur font mal à la tête.

Qu'arrive-t-il donc à tous les féculents et les sucres que vous mangez ? Ils se transforment en glucose en quelques secondes, sous l'effet de votre salive, et de là ils passent directement dans votre système sanguin, créant le choc et l'alarme. « Il faut s'en débarrasser rapidement ! » hurle votre corps face à l'afflux de glucose dans votre sang. Votre pancréas se précipite à la rescousse et produit de l'insuline à partir de n'importe quelle protéine qu'il peut trouver. L'insuline ouvre les vannes de vos cellules, en particulier toutes celles qui vont absorber ce glucose et le transformer en gras, stocké autour de vos muscles et de vos organes. Au fur et à mesure que vous engraissez de cette façon, l'insuline devient moins efficace, de sorte qu'il vous en faut de plus en plus pour nettoyer votre sang du glucose issu des sucreries ou des féculents que vous mangez. À terme, c'est le pancréas qui s'épuise à essayer de satisfaire une demande croissante et ce d'autant plus que vous ne consommez pas assez de protéines. Au bout de ce chemin, il y a souvent le diabète.

LES SURRÉNALES À LA RESCOUSSE

Avant d'en arriver là cependant, quand vous avez encore toute l'insuline qu'il faut, le problème réside dans le fait que votre sang a été si bien nettoyé du glucose que vous n'en avez souvent *plus assez*. C'est alors que votre équipe de secours, les glandes surrénales, est mobilisée. Quelques minutes de glycémie trop faible, et c'est le coma, parce que votre cerveau est particulièrement vulnérable à l'absence de sucre dans le sang. Les surrénales interviennent donc pour éviter que le taux de sucre ne tombe trop bas, et mobilisent des réserves de secours qu'on appelle le glycogène.

Si ce scénario d'urgence se répète trop souvent, les surrénales seront débordées. Il faut dire qu'elles gèrent en même temps tous les autres stress qui peuvent arriver à l'intérieur et à l'extérieur de vous. Un jour ou l'autre donc, elles ne seront plus en mesure de rattraper la situation aussi bien qu'à l'habitude. C'est là que vous commencerez à vous sentir moins bien après une sucrerie ou un plat de pâtes. Votre taux de sucre dans le sang étant trop faible, vous ressentirez le besoin impérieux de vous précipiter à la boulangerie la plus proche. Ce faible taux de sucre, ou alerte hypoglycémique, est

SYMPTÔMES COURANTS D'UNE HYPOGLYCÉMIE

Du plus au moins fréquent[1] :

- Envies de sucré
- Nervosité
- Épuisement
- Vertiges, sueurs froides
- Désespoir
- Somnolence
- Maux de tête
- Perturbations digestives
- Oublis
- Insomnie
- Souci constant, anxiété soudaine
- État de confusion mentale
- Tremblement interne
- Palpitations cardiaques, pouls rapide
- Douleurs musculaires
- Engourdissement
- Comportements asociaux ou agressivement antisociaux
- Crises de larmes
- Panne de libido (chez les femmes)
- Allergies
- Manque de coordination
- Crampes dans les jambes
- Manque de concentration
- Vision trouble
- Tics et tressautements musculaires
- Démangeaisons, fourmis
- Soupirs et bâillements
- Évanouissements

de loin le problème le plus courant que nous rencontrons dans notre clinique. Pour en savoir plus sur la fatigue surrénale et les moyens d'y remédier, lisez le chapitre suivant (page 115).

VOTRE SUCRE SANGUIN EST-IL EN TRAIN D'AUGMENTER ?

Aux premiers stades de ce cycle infernal des hypoglycémies, votre pancréas est encore généralement vaillant. Il peut cependant commencer à donner des signes de fatigue, car il est conçu pour gérer des chocs occasionnels, pas des overdoses de sucre à répétition.

Tôt ou tard, le pancréas n'arrive plus à suivre et à produire toute l'insuline nécessaire. C'est alors que le taux de sucre dans le sang commence à être trop élevé, trop souvent, et pendant trop longtemps. On devient diabétique. Tous ceux qui ont le diabète de type II, le plus courant, ont commencé par des phases d'hypoglycémie occasionnelles, puis sont devenus des « junkies » du sucre ou des féculents, jusqu'au moment où leur pancréas a jeté l'éponge.

Tous nos patients diabétiques ou pré-diabétiques voudraient gérer leur glycémie en utilisant seulement le régime et l'exercice physique. Mais ils n'y arrivent pas. Ils ne peuvent pas manger sainement parce qu'ils sont trop lourdement dépendants des glucides. Il faut traiter leur envies incontrôlables de sucré ou de féculents avant qu'ils puissent réellement commencer à manger mieux et à bouger plus.

LE DIABÈTE[2]

Comment sait-on qu'on est diabétique ? D'abord, on a plus de chances de l'être quand il y a des antécédents familiaux de diabète. Les symptômes les plus courants sont la soif et la miction (le fait d'uriner) excessives, des problèmes de vue, et de la fatigue. Si vous présentez certains de ces symptômes, parlez-en à votre médecin.

SYMPTÔMES CLASSIQUES DU DIABÈTE

- Faible résistance aux infections
- Furoncles et varices
- Cicatrisation lente
- Embonpoint
- Envies de sucré, mais manger du sucre ne soulage pas les symptômes
- Sucre dans les urines, dans le sang
- Acidité systémique élevée
- Démangeaisons sévères
- Perte de poids rapide
- Faim permanente
- Cholestérol élevé[3]

COMMENT ÊTES-VOUS DEVENU UN « GLUCO-DROGUÉ » ?

La plupart des problèmes de sucre sanguin sont causés par une dépendance aux sucreries ou aux féculents. Comment est-ce arrivé ? Cela a pu commencer avec n'importe lequel des problèmes que je discute dans ce livre : un déséquilibre de la chimie cérébrale, des régimes à répétition, une allergie alimentaire, une perturbation hormonale, une prolifération de levures, et même, comme nous le verrons au chapitre suivant, un excès de stress.

Mais votre premier problème est peut-être de vivre dans un pays industrialisé. Les problèmes liés à la dépendance aux sucreries sont pour ainsi dire inconnus dans les pays trop « primitifs » pour produire leur propre malbouffe pré-emballée. Aux États-Unis, nous consommons plus de 150 g de sucre par jour et par habitant en moyenne ; en France, près de 100 g. C'est beaucoup, et c'est de pire en pire. Qui plus est, ces chiffres n'incluent pas les féculents du pain, des pâtes, des biscuits, des viennoiseries, des céréales du petit déjeuner, etc., que notre corps ne sait pas distinguer du sucre.

Les Pima, des Indigènes des États-Unis et du Mexique, sont parmi les peuples les plus vulnérables du monde aux « gluco-drogues », comme je les appelle. Ceux des États-Unis, qui ont un accès virtuellement illimité à la malbouffe, ont le taux d'obésité et de diabète le plus élevé au monde. Mais ceux qui vivent au Mexique et consomment encore du maïs, des haricots, des légumes, des fruits, des œufs, du poulet et de la viande, ne connaissent pas le diabète.

Presque tous les populations immigrantes aux États-Unis (à part les Anglais, le seul peuple à manger aussi mal que les Américains) voient leur santé décliner, à la première et surtout à la deuxième génération, du fait de leur exposition au « régime » américain. C'est que nous autres Américains ne mangeons presque plus de vrais aliments, et presque exclusivement des gluco-drogues. Les produits à base de gluco-drogues sont disponibles partout, ne coûtent presque rien, et sont hautement addictifs. Il n'y a donc rien d'étonnant à ce qu'ils soient consommés si largement. Une fois « accro », il est presque impossible de s'arrêter par la seule force de volonté. Certains, comme les Pima, deviennent dépendants plus facilement que d'autres (fort heureusement, ce qui rend les Indiens d'Amérique très sensibles au sucre, à la farine et à l'alcool, les rend également très sensibles aux acides aminés et aux autres compléments alimentaires).

Un membre d'une tribu indigène de Californie est ainsi venu me trouver. À 47 ans, son diabète était si grave qu'il était devenu impuissant et sa femme l'avait quitté. Il avait si peu d'énergie qu'il pouvait à peine se lever le matin, ou rester éveillé après le dîner pour voir ses enfants. Pire encore, il était en train de perdre la vue. Il savait qu'il était urgent de faire quelque chose. Je lui ai proposé deux doses d'un mélange multivitamines conçu pour limiter les fluctuations de sucre sanguin (riche en chrome et en vitamines B). Le soir il resta alerte jusqu'à dix heures (alors qu'il piquait habituellement du nez dès sept heures*). Le lendemain, il se réveilla en forme (du jamais vu !), et se sentit bien toute la journée (très rare aussi). Au bout de deux mois, il n'était plus impuissant. Pour être honnête, je n'ai jamais vu de réponse aussi rapide et spectaculaire dans d'autres groupes ethniques. Mais cette approche marche avec tout le monde. Simplement, c'est plus souvent une question de jours qu'une question d'heures.

VOUS NE CROYEZ PAS À L'ADDICTION AU SUCRE ?

Bien des clients me disent qu'ils sont devenus « accros » la première fois qu'une glace, un soda ou un gâteau les a fait planer. Pour ma part, je pense que le sucre raffiné est une drogue. Quand il fut introduit en Europe au XVIe siècle, il était gardé sous clé. Il valait son poids en argent, et on l'appelait même « crack ». Le fait que le sucre soit légal, peu onéreux et facilement disponible ne signifie pas qu'il ne soit pas destructeur. Rappelez-vous que la cocaïne était un des ingrédients de base du Coca-Cola d'origine.

Une étude récente, menée à l'université de Bordeaux[4], a d'ailleurs montré que des rats qui ont le choix entre cocaïne et sucre choisissent... le sucre.

Si vous avez des problèmes d'hypoglycémie, ou si vous êtes diabétique, maintenir une alimentation saine avec un peu d'exercice peut faire des miracles. La glycémie se régule parfois rapidement et la santé, l'énergie et le poids peuvent s'améliorer rapidement. Le seul fait de rester à l'écart des aliments sucrés peut suffire à faire disparaître immédiatement des symptômes comme les maux de tête, les vertiges ou l'irritabilité.

* Les Américains dînent typiquement vers 18 h.

CHAPITRE 7

ÉTAPE 3 : STABILISER LE SUCRE SANGUIN

L E PROBLÈME DES DIABÉTIQUES ET DES HYPOGLYCÉMIQUES, c'est donc qu'ils combattent un pouvoir biochimique beaucoup plus puissant qu'eux. Ils sont pris dans les griffes d'un monstre qui exige qu'ils continuent à manger des gluco-drogues. Heureusement, il est facile de neutraliser ce monstre. En général, il suffit d'un minéral, d'un acide aminé, et de quelques vitamines. Ces substances entièrement naturelles peuvent transformer en quelques minutes le monstre en chaton. Grâce aux compléments alimentaires, il vous sera facile de vous tenir au programme alimentaire que nous préconisons : augmenter les protéines, diminuer les glucides, et consommer beaucoup de légumes pauvres en glucides.

La plupart de nos clients n'ont « que » des problèmes de régulation de la glycémie, mais nous avons aussi travaillé avec de nombreux diabétiques de type I et quelques diabétiques de type II. Nous avons pu les aider. Mais s'ils sont diabétiques, que leur pancréas a été trop abîmé, ou que leurs surrénales sont épuisées, une bonne stratégie alimentaire et une bonne supplémentation ne suffit pas : ils ont besoin d'une aide médicale.

TESTER VOTRE TAUX DE SUCRE

Les symptômes de l'hypoglycémie sont des marqueurs fiables. Pour ceux qui ont un taux de sucre trop bas, le test classique de tolérance au glucose est toujours une expérience pénible (pendant trois à six

NOTE POUR LES DIABÉTIQUES

Avant d'utiliser les techniques présentées dans ce chapitre, vous devez être conscient qu'elles abaisseront votre glycémie. Il est donc impératif que vous vous teniez toute la journée à proximité de votre glucomètre et que vous vous assuriez que votre glycémie n'est pas dangereusement basse. Il faudra également consulter votre docteur pour être prêt à ajuster votre traitement à votre taux de sucre diminué.

Ainsi une de nos patientes, qui était « accro » au sucre et à l'alcool, ne croyait pas qu'elle pourrait s'en décrocher si facilement. Quand elle perdit subitement tout intérêt pour l'un comme pour l'autre, elle n'était pas préparée, et elle se retrouva évacuée de son bureau sur un brancard, victime d'un choc hypoglycémique. Désormais, elle contrôle scrupuleusement son taux de sucre dans le sang et, en accord avec son docteur, a diminué ses doses d'insuline.

Je recommande vivement à toutes les diabétiques qui lisent l'anglais de suivre les recommandations du Dr Richard K. Bernstein[5] données dans son livre, *The Diabetes Solution*. Nous avons vu des centaines de patients diabétiques améliorer considérablement leur condition grâce à son régime riche en protéines et pauvre en glucides. Non seulement leur taux de sucre diminuait, mais leur cholestérol faisait de même.

heures, on ne consomme que de l'eau sucrée, en commençant le matin à jeun). À notre clinique, nous n'avons jamais regretté d'avoir abandonné ce test, d'autant plus qu'il est notoirement peu fiable pour détecter les problèmes d'hypoglycémie. Mais si vous suspectez que vous êtes atteint de diabète, consultez votre médecin pour faire tester vos niveaux d'insuline et de sucre.

LE RÔLE DES COMPLÉMENTS ALIMENTAIRES

Les vitamines B, C et le chrome sont les premiers nutriments à disparaître quand on consomme du sucre et de la farine blanche.

L'importance du chrome

Les États-Unis ont le douteux privilège d'être un des pays du monde dont les habitants sont les plus carencés en chrome (90 % des Américains[6]). Le chrome est pourtant essentiel pour la stabilité du taux de sucre sanguin et, de ce fait, pour éviter les fringales de sucré. Qui plus est, l'excès de sucre, de farine et d'alcool bloque l'absorption du chrome, et contribue ainsi à aggraver les fringales et les fluctuations de sucre dans le sang. Ainsi une de nos patientes mangeait beaucoup de légumes, beaucoup de bon gras, entre 110 et 220 g d'aliments protéinés (viande, poisson, fromage, noix...) à chaque repas, et évitait toutes les céréales et autres nourritures riches en glucides. Elle se sentait beaucoup mieux et avait bien meilleure mine, mais elle était encore minée par un hypoglycémie récurrente, qui se manifestait en particulier par des maux de tête. Le problème, c'est qu'avant de suivre cet excellent régime, elle avait été très longtemps « accro » à la malbouffe, ce qui, entre autres méfaits, avait profondément épuisé ses réserves de chrome. Avec 200 µg de chrome trois fois par jour, elle mit un terme à ses migraines immédiatement et reconstitua rapidement ses réserves.

Quand on arrive au point où on est profondément carencé en un nutriment, l'alimentation seule peut ne pas suffire pour reconstituer nos réserves. Mais les compléments alimentaires peuvent faire une différence immédiate. Les compléments de chrome ont aidé beaucoup de nos patients à mettre à terme à leurs fringales de sucré et aux autres symptômes d'hypoglycémie. En fait, plusieurs études ont démontré l'efficacité du chrome pour la normalisation de la glycémie, que ce soit chez les sujets souffrant d'hypoglycémie ou les diabétiques de type II[7]. Le chrome aide aussi le corps à renforcer les muscles, à brûler les graisses, et à normaliser le cholestérol[8]. Toutes le formes de chrome (picolinate, GTF et autres) semblent présenter la même efficacité. Au chapitre 18, page 300, nous discuterons en détail les recommandations pour la supplémentation en chrome.

Biotine et sucre sanguin

Nous avons commencé à recommander Glucobalance* à nos patients il y a des années. C'est un complexe de vitamines et de minéraux qui vise en particulier à stabiliser le sucre dans le sang. Glucobalance s'est avéré un des « multis » les plus utiles que nous ayons jamais utilisés. Trois doses par jour apportent 1 000 µg de chrome et 3 000 µg de biotine, un des éléments du complexe de vitamines B. La recherche a démontré que la biotine permet de stabiliser le sucre sanguin et d'éliminer les fringales de sucré chez les patients qui présentent un faible taux de sucre dans le sang, comme chez ceux qui présentent une glycémie élevée. Un de nos consultants, le Dr Williams Timmons, considère que la biotine est plus efficace que le chrome pour certains patients au taux de sucre trop faible.

BIOTINE ET DIABÉTIQUES

Lors d'une étude[9] portant sur des diabétiques prenant entre 9 et 16 mg par jour de biotine (entre trois et six fois les doses que nous utilisons), les taux de sucre des diabétiques de type I et II baissèrent très rapidement. Si vous êtes diabétique et prenez de la biotine, il est impératif d'en parler à votre médecin pour adapter votre traitement quand votre taux de sucre sanguin baissera.

* Glucobalance est difficile à trouver en France, mais on peut répliquer sa formule avec un bon « multi » comme VM-75, de Solgar et un complément de certains minéraux, en particulier le chrome. Voir pages 301 et 307) *True Balance*, de Now, est également un excellent « multi », en particulier pour la régulation du sucre sanguin, car il est aussi riche en vitamines B et en chrome.

Comme pour le chrome, les réserves de thiamine (ou vitamine B_1) sont durement sollicitées par un régime riche en sucre ou en caféine. C'est un autre nutriment essentiel dont le rôle est crucial pour l'énergie cellulaire, la régulation du sucre sanguin, et la protection contre le stress.

L'acide aminé contre les fringales de sucré

Une autre arme essentielle dans votre combat contre les gluco-drogues est l'acide aminé nommé L-glutamine, qui peut mettre un terme aux envies de sucré, de féculents ou d'alcool instantanément. Il empêche en effet le cerveau de passer en état d'alerte rouge, il-faut-manger-un-bonbon-ou-boire-un jus-d'orange-immédiatement, quand le taux de sucre dans le sang diminue, car le cerveau peut brûler de la L-glutamine à la place du glucose. Le premier biochimiste qui a synthétisé la L-glutamine s'est vite rendu compte de ses effets remarquables sur les alcooliques. Elle permet d'éliminer les fringales de sucré ou de féculents aussi miraculeusement que le besoin d'alcool. La L-glutamine agit plus rapidement quand on la laisse fondre sous la langue.

Autres nutriments contre les gluco-drogues

Les nutriments suivants sont d'autres puissantes armes anti-sucre, dont nous détaillerons l'usage au chapitre 18, page 299. Ainsi un apport complémentaire en vitamines B est-il nécessaire pour les personnes dont la glycémie est problématique. Certaines vitamines B, le zinc, la vitamine E, les oméga-3 sont autant de nutriments qui aident à stabiliser le sucre sanguin et à éliminer ainsi les besoins impérieux de sucre ou d'alcool. La supplémentation en zinc permet également de restaurer le goût pour les « vrais » aliments plutôt que pour les saveurs exagérément sucrées. Le zinc est consommé lors de la digestion du sucre, et les diabétiques sont en général très carencés en zinc. Il est aussi crucial que le chrome pour réguler la glycémie.

La niacine (de préférence sous forme de niacinamide pour éviter les réactions digestives et/ou les dommages au foie) et la thiamine sont deux éléments du complexe vitamines B qui sont eux aussi essentiels à la stabilisation du taux de sucre dans le sang, ainsi qu'à la normalisation du cholestérol. La vitamine B_5 (ou acide pantothénique) est particulièrement utile pour revitaliser des glandes surrénales épuisées par les excès de sucre et de stress (voir chapitre 8). La vitamine E est importante parce qu'elle améliore l'efficacité de l'insuline. La population occidentale est généralement carencée en magnésium, mais c'est pire chez les diabétiques. Les oméga-3 d'origine naturelle (naturellement présents dans les légumes verts à feuille, les poissons gras, les graines de lin) augmentent le métabolisme, favorisent la combustion des graisses, et améliorent la sensibilité à l'insuline. Dans une étude portant sur des sujets obèses et pré-diabétiques, la seule supplémentation en oméga-3 (sous forme d'huile de poisson) faisait baisser à la fois le poids et l'insuline. Au contraire, le groupe qui suivait une alimentation pauvre en graisses et riche en glucides alla moins bien[10].

Programme de supplémentation pour réguler le sucre sanguin

	L	P	MM	DÉJ.	MA	DÎN.	C*
• Biotine 1000 µg		1		1		1	
• L-glutamine 500 mg	1-3		1-3		1-3		1-3
• Vitamine B_1, 100 mg**		1				1	2

* L= Au lever, P=Au petit-déjeuner, MM=Milieu de matinée, Déj.=déjeuner, MA=En milieu d'après-midi, Dîn.=Au dîner, C=Au coucher

** Si vous avez plus d'un déséquilibre qui requiert que vous preniez des doses supplémentaires de vitamine B_1, ne dépassez pas 300 mg par jour, en doses de 100 mg.

SE DÉSINTOXIQUER
D'UN RÉGIME RICHE EN GLUCIDES

Quand on arrête de consommer des sucreries et des produits à base de farine blanche, il arrive que l'on expérimente fatigue et maux de tête lors des trois ou quatre premiers jours. Ces symptômes sont dus à l'acidification du milieu intérieur. Il existe quelques ruses pour rendre cette désintoxication moins pénible : les minéraux dans les légumes et les fruits peuvent aider à neutraliser l'acidité ; les minéraux des compléments alimentaires permettent également d'accélérer le processus de désintoxication anti-acide. L'Alka-Seltzer ou d'autres eaux alcalines comme l'Hydroxydase (en magasins diététiques) et les bains chauds aux sels peuvent également aider.

QUE MANGER ?

Une fois que ces nutriments vous auront libéré de vos fringales incontrôlables, vous serez enfin libre de manger ce que vous voulez, et en particulier des aliments qui vous permettront de rester indéfiniment libre des fringales. En d'autres termes, vous pourrez manger autant d'aliments sains et pauvres en glucides que vous le désirez, et la quantité de glucides complets qui vous convient. Par exemple, si vous n'avez pas le temps de vous préparer un bon petit déjeuner, vous pourrez vous préparer des smoothies protéinés, ou bien un fromage blanc avec des fruits et des graines ou des noix. Mais vous pouvez également consommer des œufs ou des charcuteries de qualité (attention à leur contenu en sucre, en produits dérivés du blé, en additifs et conservateurs en tous genres), de l'avocat, des haricots. Je vous promets que les Frosties ne vous manqueront pas.

Note aux diabétiques : il se peut que vous deviez réduire ou éliminer les fruits et autres aliments riches en glucides en même temps que les gluco-drogues comme les confiseries ou le pain blanc, car ils sont parfois tout aussi déstabilisants pour votre métabolisme, du moins dans un premier temps. Au moins au début, préférez un régime riche en protéines, en bonnes graisses, et en légumes pauvres en glucides.

Je ne recommande pas d'essayer de suivre les recommandations alimentaires officielles. Les nutritionnistes avec lesquels que je travaillais dans les années 1980 recommandaient cette approche pauvre en graisses et riche en glucides complexes comme le riz complet. Bien sûr, elle est préférable à un régime basé sur le sucre blanc et la farine. Mais même les glucides complexes agissent comme le sucre au niveau métabolique : une augmentation brutale du sucre dans le sang (en quelques minutes) suivie d'un écroulement brutal quand l'insuline est libérée. Tant qu'on suit un régime constitué en majorité de glucides, on a peu de chances d'en finir avec les fringales de sucré et l'enfer des fluctuations de la glycémie.

Pour nos patients, ce qui fait une différence, c'est d'éviter toutes les nourritures riches en glucides. Alors, que mangent-ils ? Beaucoup de salades et de légumes verts, comme des asperges, des brocolis, du chou, des épinards... le tout agrémenté de beaucoup de citron, de bon beurre, d'huile d'olive vierge, de crème... Ils ne limitent pas leur apport en gras, mais ils évitent les nourritures frites et les graisses transformées, industrielles ou rances comme celles des margarines, des plats cuisinés ou des huiles végétales des supermarchés. Leur apport en protéines est généreux : poulet, agneau, bœuf, abats, crabe, saumon., maquereau, etc. Leur apport en glucides de qualité est limité et dépend de leurs besoins personnels et de leur tolérance propres : fruits, céréales complètes, pommes de terre, maïs, haricots... Ils apprécient tous ces aliments mais n'en mangent pas à l'excès, car ils n'en ressentent plus le besoin ou l'envie. Ils perdent rapidement tout intérêt pour leur ancienne façon de manger.

Au fil des ans, nous avons appris que certaines personnes, après une période de désintoxication, ont besoin de réintroduire des quantités significatives de glucides, en particulier si elles sont physiquement très actives. Nous accompagnons nos clients dans la réintroduction du riz complet et des pommes de terre. Si ces féculents déclenchent un retour des fringales, nous leur recommandons de diminuer à nouveau leur apport, voire de renoncer à ces aliments.

SUFFISAMMENT DE PROTÉINES, C'EST COMBIEN À CHAQUE REPAS ?

- Trois œufs (24 g de protéines)
- Une demie à une boîte de thon (22 à 45 g)
- Au moins 150 g de fromage blanc (20 g)
- Une tasse de haricots secs avec 2 à 4 cuillères à soupe de graines de tournesol, d'amandes, etc. (5 à 10 g)
- 120 g de viande, volaille ou poisson, soit un morceau environ de la taille de la paume de votre main (20 g de protéines)

Les protéines aident à stabiliser le sucre dans le sang

Il vous faudra expérimenter jusqu'à ce que vous trouviez la composition des repas qui vous fait vous sentir le mieux. Au fur et à mesure, vous apprendrez à préserver cette stabilité de votre sucre sanguin que vous avez conquis de haute lutte. Vous verrez que les aliments qui sont les plus utiles pour cette stabilité sont les protéines.

Les aliments riches en protéines déclenchent une sécrétion de glucagon, une hormone qui agit au contraire de l'insuline, en favorisant la combustion des graisses plutôt que leur stockage, en empêchant la surproduction de cholestérol par le foie, et en s'opposant à la rétention d'eau, entre autres bienfaits. C'est la consommation de protéines, ou de protéines avec du gras, qui déclenche la production de glucagon. La consommation de glucides, au contraire, déclenche la production d'insuline, donc la conversion des glucides en graisses, et provoque une baisse du sucre dans le sang. Mais ne vous fixez pas sur le glucagon : votre objectif doit être de *réguler* le sucre dans le sang, pas de le minimiser. Lorsque votre production d'insuline *et* votre production de glucagon sont normalisées, votre sucre sanguin est stabilisé.

Le gras est innocent...

La consommation de gras, par elle-même, n'augmente pas la production d'insuline. La prise de poids n'a, la plupart du temps, rien à voir avec le fait de manger gras. Les graisses peuvent être transformées en sucres si nécessaire, mais à un rythme lent, sans stimuler à l'excès la production d'insuline. Au contraire, le gras dans votre repas, en retardant l'assimilation des glucides, limite les chocs de sucre dans le sang. Les graisses assurent aussi la satisfaction et la satiété, de sorte qu'on sait quand s'arrêter de manger.

Si vous croyez encore qu'un régime gras fait grossir, permettez-moi, avec le Dr Richard Bernstein, auteur de trois livres sur le traitement du diabète (et lui-même diabétique depuis 50 ans), de vous diriger vers une étude publiée dans le *Journal de l'Association Médicale Américaine* (JAMA) dans lequel deux hommes sains passèrent une année à l'hôpital. Tous deux consommaient 2 500 calories par jour, dont 75 %* sous forme de gras, 25 % sous forme de protéines, et aucun glucide. À la fin de l'année, ils avaient tous les deux perdu 3 kg et fait baisser leur taux de cholestérol. (L'un des deux hommes, un explorateur, s'était porté volontaire pour l'expérience après avoir observé que les Equimaux se portaient fort bien avec un régime similaire).

Mangez du gras à tous les repas. Cela aide à contrôler les envies de sucré. Il n'est pas nécessaire de s'en gaver (dans notre programme, il représente environ 35 % des calories consommées), mais mettez de l'huile d'olive vierge dans vos salades, du guacamole avec vos crevettes, du beurre dans les épinards.

* En termes de calories, i.e. 57 % en termes de poids.

...et parfois très bénéfique

Certaines graisses sont plus utiles que d'autres en ce qui concerne la stabilité du sucre dans le sang. Comme les glucides, elles peuvent être brûlées pour produire de l'énergie, mais à un rythme plus lent et régulier, de sorte qu'on ressent une énergie plus régulière. Il ne s'agit pas des acides gras à longue chaine comme on les trouve dans les huiles végétales des supermarchés, mais des acides gras courts comme ceux qu'on trouve dans le beurre et surtout dans l'huile de noix de coco vierge, non hydrogénée.

Si vous êtes allé en Thaïlande, vous avez sans doute remarqué comme on se sent bien quand on mange des plats riches en graisse de noix de coco. Consommer ces graisses ne fait pas grossir, mais donne énormément d'énergie. La recherche montre également que l'huile de coco est un anti-stress puissant, parce que ses acides gras à courte chaîne évitent les hypoglycémies qui nous font manger des sucreries. L'huile de coco est aussi suffisamment stable pour la cuisson. Nos patients qui utilisent de l'huile de coco dans leur smoothie du matin peuvent passer toute la journée sans une seule chute de leur sucre sanguin (bien sûr, ils mangent un bon déjeuner et un bon dîner). Ces graisses peuvent augmenter le métabolisme jusqu'à 50 %, de sorte qu'elle favorisent bien plus la perte que la prise de poids.

Détendez-vous et utilisez l'huile d'olive, le beurre, l'huile de coco, la moelle, la graisse de rognons autant que vous le désirez. Lisez les paragraphes sur les bienfaits du gras, pages 277, 278 et 279. Si toutefois vous avez des fringales de gras (vous vivez dans l'attente de votre prochaine portion de frites), référez-vous au chapitre 16 (page 273).

Observez vos propres réactions au fur et à mesure des changements dans votre régime alimentaire. Quand vous vous sentirez en forme entre les repas, vous saurez que vous avez trouvé le ratio qui vous convient entre protéines, gras et glucides. À moins que vous ne soyez diabétique, manger de cette façon devrait vous convenir (les diabétiques doivent parfois limiter sévèrement leur apport en glucides).

Les légumes sont essentiels

À côté des protéines et des graisses, l'importance des légumes ne doit pas être sous-estimée. Ils doivent devenir votre première source de glucides. Même les légumes verts à feuille contiennent des glucides qui sont assimilés lentement, ne provoquent pas de pic d'insuline, et créent la satiété *si vous en mangez suffisamment*. Bien sûr, cela implique qu'il faut préparer les légumes : les laver, les couper, les cuire, les assaisonner. Votre objectif doit être de quatre portions de légumes par jour.

Les légumes ne contiennent pas seulement des vitamines et des fibres, mais aussi des minéraux essentiels, et, surtout quand ils sont crus, des enzymes qui aident à la digestion et à l'assimilation. Si vous souffrez d'hypoglycémie depuis plusieurs années, vous êtes forcément carencé en ces quatre catégories de nutriments.

SUFFISAMMENT DE LÉGUMES, C'EST COMBIEN CHAQUE JOUR ?

Assez pour remplir un carton de lait d'un litre. Pensez poivrons, concombres, courgettes… Attention, les salades comptent pour la moitié de leur volume.

Suggestions pour les repas

Petit déjeuner

Si vous ne prenez pas un bon petit déjeuner, votre taux de sucre dans le sang continuera de diminuer jusqu'à ce que vous vous précipitiez à la pâtisserie la plus proche. Mettez un terme au « jeûne » de la nuit avec un repas riche en protéines (œufs, charcuterie de qualité, tofu, fromage…), et assurez-vous que ce soit un gros repas. Il doit représenter au moins un quart de votre apport calorique de la journée. Essayez de petit-déjeuner moins d'une heure après vous être levé.

Déjeuner

Si vous tolérez le blé (gluten), un sandwich plein de protéines (thon, viande, œufs durs, fromage par exemple) peut faire l'affaire. Sinon, préférez une grande salade avec du poulet, des crevettes, des haricots secs, des légumes, des noix, des avocats, et une vinaigrette de qualité. Les fast-foods proposent maintenant des *wraps* ou des *pita* qui permettent de limiter l'apport en glucides. Des crêpes à base de sarrasin, de riz ou de maïs peuvent aussi convenir pour ceux qui ne tolèrent pas bien le blé (attention, les crêpes en vente dans le commerce contiennent souvent du blé). Enfin, il est toujours possible (même si parfois un peu fastidieux) de ne pas manger le pain d'un sandwich ou d'un hamburger (attention au sucre caché dans les sauces et parfois même dans les viandes !)

Dîner

Pourquoi pas un morceau de viande ou de poisson avec des légumes et une pomme de terre ? Ou bien un plat de légumes sautés avec de la viande ou des crevettes, et un petit peu de riz ? Ou des sushis avec une salade et un bol de soupe miso (pour ceux qui ne tolèrent pas le blé, attention à la sauce soja et au miso) ?

Encas

Si votre glycémie a tendance à faiblir, vous aurez besoin de petites collations au cours de la matinée et de l'après-midi. Elles doivent être riches en protéines et en bonnes graisses : par exemple des amandes, des noix ou des noisettes ; du fromage avec des fruits ; une tranche de viande ou de poisson ; un smoothie protéiné.

Légumineuses

Essayez d'augmenter la quantité de légumineuses (lentilles, haricots secs, pois chiches, etc.) dans votre alimentation. Si vous les digérez bien (sans excès de flatulences), elles constituent une bonne source de glucides complexes. Ce sont les aliments les plus riches en fibres, et elles contiennent également beaucoup de protéines et d'autres nutriments. Utilisez-les dans les salades, les soupes, les garnitures de sandwichs ou de crêpes. En association avec les céréales, les légumineuses apportent tous les acides aminés essentiels. Pour les diabétiques les plus atteints, les légumineuses peuvent ne pas convenir : surveillez votre glucomètre.

Fruits

Parce que nous les mangeons le plus souvent crus, les fruits sont une riche source de fibres, de vitamines, de minéraux et d'enzymes. Rappelez-vous que la cuisson détruit une grande partie des nutriments contenus dans nos aliments. Mais les fruits sont aussi plein d'un sucre qu'on appelle le fructose, et, pour certains, la plupart des fruits sont simplement trop sucrés et déclenchent des pics d'insuline. Si vous vous trouvez fatigué, ou si vous avez une fringale de sucré peu après avoir mangé un fruit, assurez-vous d'y associer des noix ou du fromage la fois d'après. Voire, évitez les fruits pour un moment, jusqu'à ce qu'ils vous réussissent mieux.

Ne sautez pas de repas

Jamais. Si vous le faites, votre taux de sucre va s'écrouler, et vous mangerez un gâteau.

N'oubliez pas de bien prendre vos compléments

Si vous avez une soudaine envie impérieuse de glace, il y a bien des chances que vous ayez oublié de prendre votre L-glutamine. Ou votre dernier repas.

Liquides

Les sodas *et les jus de fruits* sont monstrueusement sucrés. Même les sodas allégés sont des pièges à insuline (et à dépendance). Buvez donc en priorité de l'eau, éventuellement additionnée d'un trait de citron. Explorez les thés et tisanes. Le thé à la goyave, en particulier, est utilisé par les Chinois pour maintenir des taux de sucre convenables. Attention aux boissons pétillantes qui contiennent souvent trop de phosphore, ce qui bloque l'absorption du calcium.

PLAN D'ACTION

1• Si vous suspectez que vous êtes diabétique, faites contrôler vos niveaux d'insuline et de sucre, et consultez votre médecin. Si vous suspectez que vous souffrez d'hypoglycémie, c'est probablement le cas, et il n'est pas indispensable de faire tester votre glycémie pour le confirmer.

2• Prenez vos compléments alimentaires de base (page 307), ainsi que les compléments supplémentaires présentés dans ce chapitre page 120.

3• Mangez comme il faut pour maintenir vos niveaux de sucre à un niveau acceptable tout au long de la journée :

- Ne sautez pas de repas.
- Évitez les sucreries et les produits à base de farine blanche. Pour toujours.
- Mangez au moins trois vrais repas par jour.
- Ne passez pas plus de quatre heures sans rien manger. Des encas protéinés de vrais aliments (fromage, noix...) seront peut-être nécessaires en milieu de matinée, d'après-midi ou en fin de soirée.
- Prenez un petit déjeuner substantiel (au moins un quart de votre apport alimentaire de la journée).
- Restez à l'écart des sucres raffinés, des féculents, de l'alcool, de la caféine et du faux sucre (ça devrait être *facile* grâce à vos compléments alimentaires).

4• Si vous avez des symptômes de fatigue des surrénales (voir page 133), consultez un professionnel de santé compétent et faites tester vos niveaux d'hormones. Faites faire des tests de salive pour mesure votre niveau de cortisol et de DHEA. Si vous avez des problèmes hormonaux ou suivez un traitement hormonal, faites aussi contrôler vos niveaux d'hormones sexuelles : estrogènes, progestérone et testostérone.

5• Réduisez puis éliminez vos compléments réparateurs (mais pas les compléments de base) au fur et à mesure que vous n'en avez plus besoin.

6• Revenez-y si vous en avez besoin, dans les moments difficiles.

CHAPITRE 8

SUCRE ET STRESS : L'ÉPUISEMENT DES SURRÉNALES

À ma clinique, nous sommes habitués aux problèmes d'hypoglycémie, puisque presque tous les patients qui viennent nous voir sont concernés. Il nous a quand même fallu des années pour réaliser que les symptômes de l'hypoglycémie sont identiques à ceux de l'épuisement des surrénales.

Comme je l'ai expliqué au chapitre précédent, les surrénales sont notre équipe de défense contre le stress. En cas d'urgence, comme par exemple une hypoglycémie suite à l'ingestion d'un Twix, ou – moins fréquemment – l'attaque d'un tigre, les surrénales secrètent de l'adrénaline. C'est pourquoi manger des sucreries peut vous rendre nerveux, agité et irritable. Le coup de fouet que vous donne l'adrénaline est censé vous permettre de vous sortir d'une situation difficile en libérant une réserve d'énergie auxiliaire qu'on appelle le glycogène. Mais cela demande à chaque fois beaucoup d'efforts de la part des glandes surrénales. Si vous mangez trop sucré, en particulier sans un apport suffisant en protéines, vous finirez par les épuiser. Votre corps ne connaît pas de plus grand danger qu'une mort imminente, et c'est exactement de cette façon qu'il interprète un régime hypocalorique (les surrénales sont extrêmement actives dans l'anorexie). Mais *n'importe quel stress extrême ou prolongé* les met à contribution à l'excès.

LES PHASES DE L'ÉPUISEMENT DES SURRÉNALES

Quelle que soit la quantité de stress que nous traversons, nous n'avons que deux petites glandes pour y faire face. Dans les moments de grand stress – un divorce, une addiction, un régime hypocalorique, un trouble du comportement alimentaire, une grave maladie, une blessure – nos surrénales sont extrêmement actives. Quand ce stress se prolonge, elles peuvent rester « coincées » dans ce mode de fonctionnement, ordonnant à tout notre corps d'être en permanence en situation d'alerte maximale, prêt à fuir un lion ou à combattre un ennemi. Les substances chimiques secrétées par les surrénales pour faire face à ces stress sont l'adrénaline et le cortisol : l'adrénaline aide à mobiliser un surcroît d'énergie pour une courte durée (quand un agresseur ou un patron en colère se dirige vers vous) ; le cortisol nous soutient pour un stress plus long (comme une grippe ou un divorce). Si cet état d'urgence se maintient, d'autres systèmes corporels essayent de compenser. La thyroïde peut ralentir son activité hormonale, afin d'essayer d'inverser la vapeur. Notre métabolisme ralentit, nous sommes fatigués et nous grossissons. La DHEA et d'autres hormones surrénales peuvent aussi changer de fonction au fur et à mesure que les glandes s'épuisent. C'est la première phase de l'épuisement des surrénales. Faute de repos et de détente, on ne peut pas se rétablir et rebondir. On tombe malade plus souvent, on dort mal. Dans la seconde phase, on commence à manquer de cortisol et on est de plus en plus souvent fatigué, malade et stressé. Dans la troisième phase, ce sont toutes les hormones influencées par les surrénales qui s'épuisent : cortisol, DHEA, thyroïde, testostérone, estrogènes et progestérone. À ce stade on est tout le temps fatigué, malade et stressé, et on n'arrive plus à gérer le moindre petit stress.

Où êtes-vous sur le chemin de l'épuisement ? Avez-vous certains des symptômes décrits dans l'encadré ci-contre ?

SYMPTÔMES COURANTS
DE L'ÉPUISEMENT DES SURRÉNALES

- Sensibilité aux gaz d'échappements, à la fumée, à la pollution, aux vapeurs d'essences
- Incapacité de tolérer l'exercice physique, ou sensation d'être moins bien après
- Dépression ou sautes d'humeur rapides
- Poches sous les yeux
- Vertiges quand on se lève
- Manque de vigilance
- Tendance à attraper froid, en particulier quand le temps change
- Maux de têtes, migraines, en particulier lors des insomnies
- Difficultés respiratoires
- Œdème (rétention d'eau)
- Envies de salé
- Difficultés à s'endormir ou à rester éveillé
- Sensation de n'être pas reposé au réveil
- Fatigue permanente
- Stress émotionnel et mental excessif et permanent
- Symptômes de l'hypoglycémie
- Besoin de caféine (thé, café) pour commencer la journée
- Faible tolérance aux bruits et aux odeurs
- Évanouissements
- Panique facile
- Allergies alimentaires ou respiratoires
- Étourdissements
- Mauvaise tolérance du thé, café ou autres drogues
- Énervement, pleurs et frustration faciles
- « Second souffle » (regain d'énergie) le soir
- Faible tension artérielle

- Sensation de ne pas avoir été à son meilleur depuis longtemps
- Sensibilité à la lumière
- Faiblesse, tremblements
- Faiblesse ou fatigue musculaire
- Mains ou pieds moites en cas de nervosité ou de changement d'humeur
- Dépression ou paranoïa soulagées par le fait de manger
- Palpitations fréquentes
- Brûlures d'estomac chroniques
- Vague indigestion ou douleurs abdominales
- Alternance de constipation et de diarrhée
- Miction (fait d'uriner) rare
- Envie de sucré ou d'alcool
- Absence de soif
- Grincement des dents, en particulier la nuit
- Douleurs chroniques dans le bas du cou et le haut du dos
- Difficulté à se concentrer ou confusion, associées souvent avec de la maladresse
- Menton ou mâchoire inférieure particulièrement petits ; dents du bas se chevauchant, mal alignées ou de longueurs inégales
- Désordre respiratoire chronique, asthme en particulier
- Cholestérol trop faible (moins de 150 mg/dl)
- Accès d'infection sévère

Autres facteurs d'épuisement des surrénales : alcool, tabac, sel, régimes...

L'alcool est comme un super-sucre. Il peut être très stressant pour les surrénales. Le café aussi peut faire monter, puis descendre, votre taux de sucre dans le sang, de sorte que lui aussi peut être fatiguant pour les surrénales. Les cigarettes peuvent avoir le même effet[xi]. Et pourtant bien des fumeurs vous diront que leurs cigarettes « les calment ». D'une façon ou d'une autre, le tabac semble contrer les effets de l'adrénaline que les glucides, la caféine et le stress stimulent tous. Plus vous avez besoin de ce « calmant », plus il y a lieu de s'inquiéter à propos de l'état de vos surrénales.

Avez vous des fringales de salé – chips, cacahuètes, olives ? Quand vous avez autant d'envies de salé que d'envies de sucré, vous pouvez être certain que vos surrénales sont surmenées, parce que c'est leur rôle de maintenir vos niveaux de sel (et de sucre) en équilibre.

Les surrénales peuvent aussi être débordées et épuisées quand vous alternez régimes à répétition et consommation excessive de sucreries ou de féculents. Elles sont alors moins à même de vous aider à combattre les maladies, les traumatismes, les allergies, les blessures et le stress quotidien. De fortes doses de cortisone pharmaceutique (comme la prednisone) peuvent aussi malmener vos surrénales.

Outre ces symptômes[11], pour évaluer le niveau de fatigue surrénale, il faut aussi considérer les sources de stress autres que l'excès de glucides. Quel a été votre niveau de stress émotionnel, financier, professionnel ? Est-ce que vos parents et d'autres membres de votre famille gèrent bien les situations d'anxiété ? Une faiblesse surrénale peut aussi être héréditaire, comme c'est souvent le cas dans les familles où l'addiction est répandue – que ce soit aux tranquillisants, à l'alcool, au tabac...

TESTER SES GLANDES SURRÉNALES

Il est maintenant temps de passer à l'action avec les compléments alimentaires, les aliments et les tests que vous allez utiliser pour réguler votre sucre sanguin et requinquer vos glandes surrénales. Si la perspective de changer votre mode de vie vous fait paniquer, pensez que vous

L'HISTOIRE DE LEANNE

Leanne ne savait pas que ses surrénales étaient épuisées. Après cinquante ans à manger trop sucré, et bien des années de tabagisme (mais elle avait arrêté de boire à 40 ans), Leanne, directrice administrative, avait 45 kg en trop et un caractère épouvantable. Elle essayait de se détendre mais n'arrivait jamais à ralentir. Son test de salive montra qu'elle avait des taux de cortisol et de DHEA dangereusement bas.

Pourquoi Leanne était-elle si stressée ? « Junkie » du sucré depuis qu'elle était toute petite, elle avait de plus un problème de thyroïde et gagnait du poids facilement. À 7 ans déjà ses parents l'avaient mise, de force, au régime et la sermonnaient devant la balance. Elle avait même suivi des cures d'amaigrissement de plusieurs mois chacune. À la quarantaine, elle abandonna. Elle avait essayé tous les régimes, tous les jeûnes, tous les programmes d'amaigrissement. Avec son usage intensif de sucre, de tabac et d'alcool, on peut dire que le stress avait eu raison d'elle. Ni les critiques constantes de sa famille, ni sa haine d'elle-même n'arrangeaient les choses.

Au bout de quelques jours de son programme personnel de compléments alimentaires, Leanne arrêta les sucreries. Elle n'avait aucun problème à manger sainement, et s'était libérée du chocolat. La première année, elle perdit vingt kilos. En thérapie, elle arriva à se détacher de ses souffrances de jeunesse et à cesser de se détester. Elle devint moins irritable, mais, au bout d'un an et demi, elle trouvait qu'elle était encore trop stressée, et son poids n'avait pas baissé depuis six mois. Nous décidâmes de tester à nouveau ses surrénales. Au vu des résultats, nous sommes tombés d'accord avec son médecin pour la traiter plus agressivement. En plus de la DHEA, il lui prescrivit trois doses quotidiennes d'hydrocortisone (du fait de sa pression artérielle élevée, elle ne pouvait pas utiliser l'extrait de réglisse que nous recommandons habituellement). Sous peu, elle se sentit plus forte et moins soupe au lait. Elle était enfin capable de se détendre vraiment. Elle recommença à perdre du poids. Au bout de six mois, elle put arrêter les médicaments. Ses surrénales, reposées, fonctionnaient de nouveau normalement.

Leanne est un bon exemple de surrénales trop fatiguées pour réagir à un simple changement de régime et de supplémentation. C'est le cas de beaucoup, à cause des niveaux de stress terriblement élevés de la vie moderne. Pour moi, les tests de salive qui permettent de déterminer l'activité de vos surrénales sont une des plus prometteuses nouveautés en matière de santé.

Ce n'est pas seulement parce que le traitement des surrénales nous donne les moyens de nous détendre et de faire face aux défis de toute sorte. Ni non plus juste parce que la normalisation de l'activité des surrénales aide à optimiser celle de la thyroïde, donc à augmenter son métabolisme et à perdre du poids, ce qui est formidable. Mais ce qu'il y a de mieux avec la possibilité de tester ses surrénales, c'est qu'elle permet de prévenir le déclin de notre santé physique qui résulterait immanquablement de leur épuisement. Les surrénales contrôlent le système immunitaire, mais elles ne peuvent pas bien travailler si elles sont constamment diverties par des situations de stress. Chez les femmes, elles sont supposées réguler nos hormones sexuelles et prendre la relève quand les ovaires flanchent à la ménopause. Elles ne peuvent évidemment pas jouer ce rôle si elles sont déjà épuisées par le stress. Réparer vos surrénales peut littéralement vous sauver la vie.

pourrez toujours revenir aux sucreries si vous le souhaitez. Comme disent les rabbins, « C'est votre santé le plus important. Vous pourrez toujours vous tuer plus tard ». Dans l'intervalle, essayez ma méthode pour triompher des sucreries (voir page 115 et suivantes).

Si, à la lumière du test du début de ce livre et des descriptions du début de ce chapitre, vous suspectez que vous souffrez de fatigue des surrénales, je vous conseille de vous faire tester immédiatement. De même, si vous soupçonnez un problème de thyroïde, il serait également sage de faire tester vos surrénales, car elles sont très liées. Il est temps de savoir exactement à quel point d'épuisement vous et vos surrénales êtes arrivés. Il vous faudra attendre quelques semaines les résultats de vos examens. Dans l'intervalle, nos recommandations nutritionnelles devraient vous soulager. Les résultats des examens vous diront si vos surrénales ont besoin de soutien supplémentaire. Je ne saurai trop vous recommander de mettre en œuvre les recommandations de ce livre en collaboration avec un professionnel de santé qualifié.

LA FATIGUE SURRÉNALE EN FRANCE

Le problème pour les lecteurs français, c'est que la médecine française n'est pas familière du problème de l'épuisement des surrénales. La plupart des médecins français ne sont donc pas d'une grande aide pour vous aider à diagnostiquer et à traiter ce problème (les plus compréhensifs pourront vous prescrire des tests hormonaux afin que vous bénéficiiez du remboursement). Pour vous faire accompagner en France, il vous faudra trouver un naturopathe ou un spécialiste des médecines chinoises familier des questions de fatigue surrénale.

Vous trouverez également plus d'informations sur la fatigue surrénale en consultant l'ouvrage d'un pionnier en la matière, le Dr Wilson, traduit en français sous le titre : *L'adrénaline, trop c'est trop !*[12]

La pression artérielle, témoin d'une fatigue des surrénales

Normalement, la pression systolique (le nombre plus élevé de votre tension, par exemple 12 si vous avez une tension de 12/8) est plus élevée d'environ 1 point quand on se tient debout que quand on est allongé. Mais ce n'est souvent pas le cas quand les glandes surrénales ne fonctionnent pas bien.

Demandez à votre praticien de santé de mesurer votre tension dans les deux situations – debout et allongé, et comparez-les. Commencez par une mesure allongée, après cinq minutes de repos. Levez-vous et prenez votre tension immédiatement. Si la pression baisse quand vous vous levez, suspectez une fatigue surrénale. Souvent, la pression artérielle baisse en proportion de la fatigue des surrénales[13].

Tests de salive

Pour déterminer avec certitude votre degré de fatigue surrénale, faites mesurer les niveaux de cortisol et de DHEA dans votre salive. Ce sont les principales hormones du stress produites par les surrénales. Vous pouvez commander un kit vous-même à distance ou demander à votre praticien de santé de faire procéder à cet examen.

Les tests de salive sont faciles et précis. Grâce à eux, nous avons été en mesure d'aider beaucoup mieux nos patients. On collecte de la salive dans des petits tubes à essais quatre fois au cours de la journée : au lever, au milieu de la matinée, au milieu de l'après-midi, et en fin de soirée. En fonction des résultats, on peut mettre en place la meilleure stratégie thérapeutique.

Où êtes-vous sur la carte du stress ?

Les résultats de vos examens ne manqueront pas de vous apprendre des choses fascinantes quant à la façon dont vous réagissez au stress. En particulier, vous saurez depuis combien de temps vous et vos surrénales êtes dépassés par votre niveau de stress.

TESTS DE SALIVE EN FRANCE

Aux États-Unis, nous faisons appel aux services d'une compagnie qui fournit les kits et s'efforce d'éduquer les professionnels de santé au sujet de la fatigue surrénale, de sa détection et de son traitement. Même chez nous, beaucoup de praticiens, y compris des praticiens alternatifs, holistiques et naturels, ne sont pas encore familiers de ce type de problèmes. En France, votre docteur peut vous prescrire un test de salive pour déterminer vos niveaux d'hormones surrénales – montrez-lui les chapitres de ce livre dont vous pensez qu'ils vous concernent, et détaillez surtout les symptômes qui vous font soupçonner ces problèmes.

Vous pouvez aussi demander directement à un laboratoire de faire procéder à ce test, mais vous ne serez pas remboursé. Enfin, vous pouvez commander en ligne, hors de France, des kits pour tests de salive (qui ne seront pas remboursés non plus) : vous recevrez le matériel et les instructions pour faire les prélèvements, et les renverrez au laboratoire, qui vous renverra les résultats sous quelques semaines. Mais nous ne connaissons pas de laboratoire qui propose ces tests et qui ait une page web et des produits en langue française.

Avec ces réserves, vous pouvez commander vos tests de salive pour hormones surrénales et aussi pour hormones sexuelles (voir page 235) par exemple chez :

- Lab21 (www.lab21.com, Royaume-Uni)
- Red Apple Clinic (www.bazaarbuilder.com, au Royaume-Uni)
- Institut für Functional Medicine und Umweltmedizin (www.ifu.org, en Allemand)
- ZRT (www.salivatest.com)
- Diagnos-Techs (www.diagnostechs.com)
- BioHealth Diagnostics (www.biodia.com)

Phase I. Les niveaux de la principale hormone du stress, le cortisol, sont anormalement élevés tout ou partie de la journée. Vous avez peut-être encore de l'énergie ; peut-être même trop, bloqué que vous êtes en mode « urgence ». Si vos niveaux de cortisol sont élevés la nuit, vous ne dormez pas bien, ou du moins votre sommeil n'est pas reconstituant. Il se peut que vous ayez très faim, que vous mangiez beaucoup, et que vous perdiez pourtant du poids. Quand le cortisol est élevé, la sérotonine qui nous maintient de bonne humeur est basse ; la mélatonine aussi, qui nous fait bien dormir ; et notre métabolisme utilise nos muscles et nos os comme réserve d'énergie. Il se peut que vous soyez souvent malade, car vos défenses immunitaires sont affaiblies – débordées, même. Vous êtes peut-être impatient et d'humeur sombre, avec des syndromes prémenstruels prononcés chez les femmes. On appelle cette phase « hyper-surrénale ». Si les niveaux de cortisol sont encore élevés, ceux de DHEA, l'hormone de secours, sont déjà trop faibles.

Phase II. À ce point les niveaux de cortisol et de DHEA sont faibles tous les deux, tout ou partie de la journée. Mais les réserves ne sont pas encore épuisées. On est fatigué et stressé, mais on fonctionne encore.

Phase III : épuisement complet des surrénales. Cortisol et DHEA sont au plus bas, et avec elles, le niveau d'énergie. On se sent dépassé par le moindre petit stress. Cette situation est bien plus courante qu'on ne le pense souvent.

Monique, une de nos patientes, était un infirmière très compétente. Dans son hôpital, les infirmières travaillaient par tranche de douze heures. Elle devint alcoolique à force de stress (elle venait d'une famille d'alcooliques qui ne gérait pas bien le stress). Quand elle vint nous voir, elle était irritable, pleurnicharde, désespérée, et épuisée. Elle était aussi en arrêt maladie. Elle avait un mari et des enfants charmants, et elle allait aux

Alcooliques Anonymes depuis un an. Mais, en rentrant à la maison après ses longues journées de travail, elle ne pouvait s'empêcher de s'arrêter en chemin, pour boire. D'emblée, elle se sentit mieux grâce aux compléments alimentaires. Elle arrêta de boire pendant un mois, sans problème. Jusqu'à ce qu'elle retourne travailler. Elle prit un autre congé maladie en attendant les résultats de ses tests de salive – qui ont montré des taux *très* faibles, tant pour le cortisol que pour la DHEA.

Trois mois plus tard, elle se portait beaucoup mieux, même à la fin de ses longues journées de travail. Elle fait maintenant des pauses régulièrement, prend des encas protéinés, se couche presque tous les soirs à 10 h, fait un peu d'exercice, continue à aller aux réunions d'Alcooliques Anonymes, pratique la méditation, et prend le temps de s'amuser avec sa petite-fille. Sans les tests et les compléments appropriés que je vais vous présenter maintenant, elle n'aurait jamais pu rester sobre.

Note : comme 90 % des alcooliques sont aussi hypoglycémiques, l'évaluation et le traitement des surrénales sont cruciaux si vous avez un problème d'alcool.

GUÉRIR DU STRESS

C'est l'interaction entre les diverses hormones qui détermine les capacités fonctionnelles de votre corps : qu'elles soient surrénales, sexuelles ou thyroïdiennes, les hormones « dialoguent » entre elles et sont toutes affectées par un changement concernant une seule d'entre elles.

Les hormones générées par les surrénales sont puissantes, tout comme les compléments alimentaires qu'on utilise pour les réparer. C'est pourquoi il est impératif qu'un professionnel de santé qualifié vous accompagne dans le processus de réparation de vos glandes surrénales.

Les compléments utiles

Parmi les compléments alimentaires de base (voir chapitre 18, page 300) et ceux qui permettent de stabiliser le sucre sanguin, plusieurs contribuent aussi à régénérer les fonctions surrénales. Les vitamines C et B sont les principales alliées des surrénales. En fait, 90 % de la vitamine C que nous prenons est utilisée par les surrénales, et les vitamines B sont au moins aussi importantes.

Votre complément multivitamines et multiminéraux, à prendre aux moments des repas, et les vitamines B et C, prises entre les repas, aideront vos surrénales tout au long de la journée. À la différence des protéines, des graisses, des minéraux et des vitamines liposolubles (comme les vitamines A ou D), les vitamines B et C sont solubles dans l'eau et ne se conservent pas dans le corps. Tout excès est rapidement éliminé par les reins. C'est pourquoi il est plus avisé de prendre des petites doses tout au cours de la journée pour combattre le stress.

Note sur le complexe B : certains compléments de vitamines B contiennent des édulcorants ou du sucre pour couvrir leur goût désagréable. Les diabétiques doivent donc les prendre avec précaution, et parfois préférer des formules sans édulcorants.

Dans les premières semaines, voire les premiers mois, du processus de réparation, il est généralement important de consommer un apport supplémentaire de vitamine B_5 (ou acide pantothénique). Elle permet aux surrénales de produire plus de cortisone, une hormone anti-inflammatoire et anti-stress, et de consommer le cholestérol et les triglycérides en excès dans votre sang. Selon l'étendue de votre stress, prenez-en entre 100 et 500 mg à chaque repas. Après le premier flacon (ou boîte), arrêtez la vitamine B_5 afin de voir si celle contenue dans votre multivitamines/minéraux habituel vous suffit. Si vous sentez que vous êtes de nouveau plus stressé, entamez un autre flacon de B_5 (un troisième ne devrait pas être nécessaire).

Un autre anti-stress fondamental est le GABA, un acide aminé qui est comme notre valium naturel – il peut avoir un effet très relaxant car il aide à désactiver les hormones du stress et à « débrancher » les neurones. 100 mg peuvent suffire, mais sinon, essayez une dose de 500 mg, au coucher. On peut aussi utiliser un remède homéopathique comme le Sédatif PC pour apaiser son agitation.

Si ces compléments alimentaires ne suffisent pas à reconstituer vos forces et votre endurance, s'ils ne vous permettent pas de faire face aux situations stressantes sans vous sentir dépassé ou épuisé, alors il est temps de passer compléments réparateurs « ultimes ». Nos patients les plus stressés et épuisés ont pris les compléments des bases, les compléments pour la stabilisation du sucre sanguin, les anti-stress *et* ces réparateurs ultimes, et ils s'en trouvent *très* bien.

Les compléments anti-stress ultimes

Ces compléments alimentaires sont des produits très actifs. Faites-vous accompagner par un professionnel de santé compétent si vous avez besoin d'en prendre.

Seriphos. En phase I, quand vos niveaux de cortisol sont trop élevés, il existe un complément qui permet de diminuer la production de cortisol : la sérine phosphorylée*, vendue sous le nom Seriphos** aux États-Unis. C'est un composé qui réduit la circulation de l'hormone pituitaire (ACTH) qui commande aux surrénales de relâcher de grandes quantités de cortisol et de DHEA en situation d'urgence. Dans notre expérience, elle a un effet bénéfique chez certains patients qui ont des insomnies chroniques et qui ne répondent pas à la mélatonine ou au 5-HTP.

---

* À ne pas confondre avec la phosphatidylsérine, un autre complément disponible dans certains magasins diététiques, mais qui n'a pas la même efficacité.
** Seriphos n'est pas, à ma connaissance, en vente en France, mais peut facilement se commander directement aux États-Unis, par exemple sur Amazon.com.

Mais Seriphos a quelque contre-indications : femmes enceintes et allaitantes, faiblesses rénales, et la consommation de chocolat, de caféine et d'autre stimulants alkaloïdes et agonistes adrénergiques sont à éviter quand on en prend. Les niveaux de cortisol sont aussi régulés par la vitamine B_1 – ils permettent de diminuer le cortisol en phase 1, mais de l'augmenter en phases 2 et 3. Il est essentiel de prendre cette vitamine B_1 *en plus* du complexe B déjà recommandé.

Réglisse. Si votre pression artérielle est normale ou basse, vous pouvez rapidement remonter vos niveaux de cortisol grâce à la réglisse, en capsule ou en extrait liquide. La substance active dans la réglisse est la glycyrrhizine. L'excès de réglisse peut être toxique, mais les doses normales sont très inférieures au seuil de toxicité (qui est de 100 mg de glycyrrhizine par jour). Réduisez les doses dès que vous n'avez plus besoin de réglisse ; par exemple si votre appétit diminue, si vous êtes trop agité, et surtout si vous vous mettez à avoir des palpitations ou si votre pression artérielle augmente.

La racine de réglisse, entière ou en extrait, se prend une à deux fois par jour, avant l'heure où votre taux de cortisol diminue, et toujours sous contrôle d'un professionnel de santé. Si vous prenez de la réglisse après 15 h, votre sommeil risque d'en être affecté. La réglisse sans sa substance active, la glycyrrhizine, n'est d'aucune utilité pour remonter les niveaux de cortisol. *Attention !* N'utilisez pas de réglisse si votre tension artérielle est élevée, ou si vos niveaux d'estrogènes sont élevés. Essayez de faibles doses de cortisol (uniquement sur ordonnance), voire du cortisol homéopathique ou des remèdes à bases de cortex surrénal animal.

Extraits de cortex surrénal. On peut commander de l'extrait homéopathique de cortex surrénal dans toutes les pharmacies. Plus le nombre indiquant la dilution est élevé, plus la dose est petite. Par exemple, les laboratoires Dolisos produisent un extrait de cortex surrénal en 6 CH, qui est indiqué pour les patients en phase

II, et un autre en 4 CH, qui est un stimulant plus puissant et à réserver aux patients en phase III. On peut également se procurer du cortisol d'origine animale sur prescription. Le Dr William Jeffries[14] recommande des doses de 2,5 à 5 mg, deux à quatre fois par jour, ce qui équivaut aux 10 à 20 mg par jour que vos surrénales produiraient normalement. Les quantités de cortisol pharmaceutique qui provoquent l'enflure du visage et autres effets secondaires indésirables sont très supérieures : de l'ordre de 100 mg par jour. Le cortisol pharmaceutique ou les compléments de cortex surrénal ont considérablement aidé beaucoup de nos patients, sans aucun effet indésirable. Le cortisol ainsi apporté peut se substituer temporairement aux hormones que le corps n'arrive plus à produire, et laisser ainsi aux glandes surrénales l'occasion de se reposer et de se régénérer.

La production naturelle de cortisol est à son maximum le matin, et diminue tout au long de la journée et de la soirée. La supplémentation doit imiter ce rythme naturel, ainsi que les pics occasionnels en situation de stress.

> **Attention !** Ne prenez pas de complément à base de glandes surrénales entières. Ils incluent la région médullaire qui produit l'adrénaline, laquelle aggraverait vos problèmes en vous stimulant à l'excès, en aggravant votre stress, et achevant d'épuiser vos glandes surrénales.

DHEA. Pour toutes les phases de la fatigue des surrénales, si vos tests de salive montrent des niveaux de DHEA trop faibles, vous pouvez prendre de la DHEA *sur prescription*. La DHEA est l'hormone « de secours » du cortisol quand il s'agit de répondre à un stress. La plupart des personnes épuisées par le stress sont carencées en DHEA. Les résultats de votre test de salive montreront clairement si vous avez besoin d'un apport extérieur de DHEA. Nous avons vu des patients aller spectaculairement mieux en une semaine grâce à la prise de DHEA. Comme la DHEA est une hormone de base qui peut être transformée en testostérone ou en estrogènes, son excès peut se manifester par des maux d'estomac, des vertiges et un excès de mucus dans la gorge. Chez les femmes, l'apparition d'acné ou de poils sur le visage est un autre indice qu'il est temps de réduire ou d'arrêter la DHEA (testez régulièrement vos niveaux d'hormones surrénales pour ne pas en arriver à ce point).

Attention ! Ne prenez pas de DHEA si vous avez une maladie qui affecte le système hormonal, comme un cancer du sein, de la prostate ou de l'utérus. Quand vous prenez de la DHEA, surveillez attentivement vos niveaux d'hormones sexuelles (testostérone et estrogènes en particulier), car la DHEA peut stimuler leur production.

Prégnénolone. Cette hormone, comme la DHEA, est la base de la production de plusieurs autres hormones, en particulier le cortisol et la progestérone. En prendre sous forme de complément alimentaire est une autre façon d'alléger la tâche de vos glandes surrénales.

Attention ! N'utilisez pas de prégnénolone si vous prenez de la progestérone sous quelque forme que ce soit (crème en particulier) avant d'avoir testé vos niveaux de progestérone. N'en prenez surtout pas en cas d'hyperthyroïdie ou de forts niveaux de progestérone. Si vous en prenez, prêtez attention à vos symptômes et surveillez vos niveaux d'hormones.

DHEA et prégnénolone ne peuvent être obtenues que sur prescription médicale, et préparées par des pharmacies spécialisées. Elles ne sont pas en vente libre en France et il n'est pas prudent d'essayer d'en commander à l'étranger.

Protocole complet de réparation des surrénales pour toutes les phases de fatigue surrénale

Compléments de base							
	L	P	MM	DÉJ.	MA	DÎN.	C*
• Acide pantothénique (vitamine B$_5$), 100-500 mg		1		1		1	
• GABA, 100-500 mg, si besoin pour la relaxation					1		1
• Sédatif PC, si besoin, pour la relaxation		1				1	2
Compléments ultimes							
Consultez un professionnel pour les dosages exacts. Ces compléments sont puissants et leur usage doit être supervisé.							
Pour toutes les phases, si les niveaux de DHEA sont normaux							
	L	P	MM	DÉJ.	MA	DÎN.	C*
• Thiamine (vitamine B$_1$), 100 mg**				1		1	
Pour toutes les phases, si les niveaux de DHEA sont trop faibles*							
	L	P	MM	DÉJ.	MA	DÎN.	C*
• Pour les femmes : DHEA, 5-10 mg (sur prescription)		1				1	
• Pour les hommes : DHEA 10-15 mg (sur prescription)		1				1	
En phase I, si les niveaux de cortisol sont trop élevés							
• Sériphos	Selon indications						

En phase II et III, si les niveaux de cortisol sont trop faibles	
• Extrait de racine de réglisse	10-40 mg, deux heures avant que votre cortisol ne diminue (voir résultats des tests)
• Prégnénolone	5-20 mg, à la fin des repas et sur ordonnance
• Cortex surrénal	Remède homéopathique
• Cortisol	2 à 4 fois par jour, sur ordonnance

* L= Au lever, P=Au petit-déjeuner, MM=Milieu de matinée, Déj.=déjeuner, MA=En milieu d'après-midi, Dîn.=Au dîner, C=Au coucher

** Si vous avez plus d'un déséquilibre qui requiert que vous preniez des doses supplémentaires de vitamine B$_1$, ne dépassez pas 300 mg par jour, en doses de 100 mg.

*** Prenez la DHEA à la fin des repas. La première semaine, prenez des demi-doses pour évaluer votre réaction. Ne continuez pas en cas de mauvaise réaction.

Adaptez votre supplémentation

La supplémentation en DHEA ou en prégnénolone peut être très utile, mais elle doit impérativement se faire sous la supervision d'un médecin et *uniquement* après avoir fait les examens nécessaires. Ces compléments alimentaires, y compris la réglisse, sont des substances très puissantes. Si vos niveaux de cortisol, de DHEA, d'estrogène, de progestérone ou de testostérone deviennent trop élevés, de graves problèmes risquent de se développer, et vous risquez fort d'aggraver votre état au lieu de l'améliorer.

Je vous conseille de faire faire un test de salive de vos hormones sexuelles et surrénales (voir page 140) avant d'utiliser de la réglisse, de la DHEA ou de la prégnénolone, puis de re-tester votre cortisol et votre DHEA après 30, 60, 90 jours et six mois. Re-testez aussi toute hormone sexuelle dont les niveaux étaient anormaux au début (voir le chapitre 12, page 213 à propos de l'équilibre des hormones sexuelles). Ce contrôle des niveaux hormonaux est *essentiel*. Mesdames, rappelez-vous que l'excès de DHEA fait pousser la barbe !

Tester régulièrement le niveau de vos hormones sexuelles est particulièrement important si vous avez suivi un traitement hormonal de substitution. Les crèmes en particulier tendent à créer des réserves excessives d'hormones dans le corps. C'est le contrôle régulier de vos niveaux d'hormones qui vous indiquera quand arrêter l'acide pantothénique, la réglisse, le cortex surrénal, le cortisol, la DHEA ou la prégnénolone.

Traiter la source du stress

Tout ce qui vous calme et vous repose aide à réparer vos glandes surrénales. Arrêter les glucides raffinés, qui les font beaucoup travailler, est crucial. Éliminer les sources de stress cachées est tout aussi fondamental : par exemple les allergies ou sensibilités alimentaires (chapitre 11, page 183), les proliférations de levures ou de parasites (chapitre 14, page 245).

Mais il faut aussi déstresser votre mode de vie : suivez une psychothérapie pour alléger votre stress émotionnel et psychique, si besoin est. Ne faites pas trop d'exercice physique. Apprenez à vous détendre au moins deux fois par jour. Faites-vous masser. Apprenez le yoga ou d'autres techniques d'étirements et de détente. Dormez au moins huit heures par nuit, et essayez de vous coucher au plus tard trois heures après le soleil. Si vous avez faim la nuit, prenez un petit encas protéiné avant de vous coucher. Prenez des vacances. Prenez l'air. Si possible, ne travaillez pas trop.

Malgré tous ces efforts, il y aura sûrement encore des moments où le stress sera encore trop élevé. Les vies que nous menons sont, à bien des égards, encore pires que notre alimentation du point de vue de la sollicitation des surrénales et du stress en général. Au fur et à mesure, vous apprendrez à utiliser les compléments alimentaires comme des ressources pour gérer le stress et l'empêcher de vous abîmer trop. Gardez votre vitamine B, votre acide pantothénique et votre réglisse à la maison pour faire face aux moments difficiles. Et pensez-y le moment venu.

CHAPITRE 9

LES PROBLÈMES THYROÏDIENS CACHÉS

C OMME BEAUCOUP DE GENS, JE CROYAIS À MES DÉBUTS que si on était gros, c'était forcément parce qu'on mangeait trop. Mais ensuite, j'ai appris comment aider les gens qui mangent trop : en supprimant les régimes hypocaloriques, en améliorant leur alimentation, et en utilisant les acides aminés et d'autres nutriments. Or, si certains de mes patients perdaient immédiatement tous leurs kilos en trop, d'autres en revanche ne maigrissaient que très lentement, voire pas du tout. Certes, ils cessaient immédiatement de prendre du poids et n'avaient plus de difficulté à manger sainement. Mais ils étaient quand même très frustrés qu'aucune perte de poids ne s'ensuive.

Si vous êtes en surpoids à cause d'un problème de thyroïde, vous avez probablement connu le ridicule, l'humiliation, le mépris et même la haine depuis des années, peut-être toute votre vie. Pourtant, vous avez tout essayé. Vous étiez prêt à payer n'importe quel prix pour arrêter de prendre du poids. Vous êtes discipliné. Peut-être maintenez-vous votre apport calorique quotidien à des niveaux qui reviennent à vous affamer, tout en vous forçant à faire du sport en dépit de votre fatigue. Vous essayez d'éviter de prendre du poids. Quant à en perdre, vous n'espérez même plus. Néanmoins, les médecins, et les autres, vous disent de faire encore un effort. Vous êtes fatigué et frileux. Votre corps semble incapable de brûler des calories comme ceux des autres, et de maintenir votre poids à un niveau approprié. Ça a tout l'air d'un problème de thyroïde. Pourtant, à la visite médicale, on vous dit que votre thyroïde fonctionne normalement.

Certains de mes patients les plus gros n'ont pas de problème de fringales et ne mangent pas trop. Ils mangent normalement. En fait, beaucoup *ne mangent pas assez,* parce que, quand ils mangent normalement, ils prennent du poids. Certains prennent même du poids lors de jeûnes médicalisés ou d'autres régimes extrêmes. En m'intéressant à la recherche sur la question, j'ai découvert que plus de la moitié des personnes qui participent à des programmes d'amaigrissement ne mangent pas trop. Jusqu'à 85 % des gens dans ces programmes abandonnent en cours de route[1], et c'est en partie à cause de l'absence de résultat malgré les restrictions caloriques extrêmes.

Comme vous l'avez appris au chapitre 4, les régimes à répétition peuvent être la cause de la prise de poids parce qu'ils ralentissent votre thyroïde, de sorte que les calories sont stockées au lieu d'être brûlées. Pour la plupart d'entre vous, les régimes ralentissent encore une thyroïde déjà lente. Identifier et corriger ce problème peut tout changer.

Comment savoir s'il s'agit bien d'un problème de thyroïde, et pas d'un des autres problèmes discutés dans ce livre ? Il y a des indices clés. Par exemple, avoir tout le temps froid aux mains et aux pieds (gardez-vous vos chaussettes au lit ?). Une prise de poids consécutive à un bouleversement hormonal est une autre indication (après vos premières règles, un avortement, une grossesse, la ménopause...). Des antécédents familiaux d'hypothyroïdie sont aussi un signal d'alerte.

LA GLANDE THYROÏDE

Où est-elle ? En forme de papillon, cette glande se situe dans votre cou, juste au dessus de vos cordes vocales, en dessous de la pomme d'Adam.

Que fait-elle ? Elle régule le métabolisme de toutes les cellules. C'est une sorte de thermostat du corps. Quand vous avez un problème de thyroïde, vous ne produisez pas assez d'hormones actives, ou alors votre propre système immunitaire s'oppose à votre thyroïde et empêche les hormones qu'elle produit d'atteindre les cellules. Dans un cas comme dans l'autre, c'est tout votre activité corporelle qui est diminuée : vous manquez de chaleur et d'énergie. Chaque partie de votre corps, de la peau au cœur, des pieds à la tête, fonctionne au ralenti. Et, parce que la thyroïde régule la consommation de calories, votre poids a tendance à augmenter quand elle ralentit : les calories qui ne sont pas brûlées, sont stockées.

SYMPTÔMES D'UNE FAIBLESSE THYROÏDIENNE

Si vous suspectez que vous avez un problème de thyroïde, la première chose est d'examiner vos symptômes et votre histoire *vous-même*. Dans mon expérience, rien n'est plus important que votre sentiment quant à la façon dont votre corps fonctionne – ou ne fonctionne pas. À ma clinique, nous regardons toujours en priorité les symptômes d'un éventuel problème de thyroïde, de préférence à un test de laboratoire, qui n'est pas toujours fiable. Nos médecins procèdent à l'examen physique de la thyroïde, testent les réflexes, surveillent les variations la température corporelle, et demandent éventuellement quelques analyses sanguines et d'autres examens. Mais, si les symptômes pointent vers un problème thyroïdien, ils peuvent ignorer complètement les résultats des examens et essayer un médicament, si les stratégies diététiques ne semblent pas suffire. En lisant la liste de symptômes de l'encadré page suivante, gardez en tête qu'il n'est pas nécessaire que vous les ayez tous, mais que, si vous en avez plusieurs qui sont aigus, vous devriez vraiment lire ce chapitre.

SYMPTÔMES LES PLUS COURANTS ET FACTEURS DE RISQUES D'UNE FAIBLESSE THYROÏDIENNE

- Handicapé par son poids depuis l'enfance
- Antécédents familiaux de problèmes de thyroïde
- Enfant, préférait les jeux calmes aux jeux physiques
- Prise de poids suite à un événement hormonal : première règles, grossesse, avortement, ménopause, régime très basses calories
- Faible énergie, fatigue, léthargie, grand besoin de sommeil (plus de huit heures), difficulté à démarrer le matin
- Frilosité, en particulier au niveau des mains et des pieds
- Tendance au gain de poids excessif, ou incapacité à perdre du poids
- Voix rauque, enrouée
- Dépression (y compris du post-partum)
- Faible pression artérielle, pouls lent
- Problèmes menstruels, y compris saignements excessifs, crampes sévères, règles irrégulières, forts syndromes prémenstruels, faibles flux, premières règles précoces (avant 12 ans) ou tardives (après 14 ans), interruption prématurée des règles (aménorrhée).
- Libido en berne
- Problèmes de concentration ou de mémoire
- Rétention d'eau, visage ou yeux enflés
- Réduction de la pilosité des sourcils
- Tendance à une faible température corporelle
- Maux de têtes, y compris migraines
- Cholestérol élevé
- Masse dans la gorge, difficultés à avaler (par exemple des pilules)
- Lenteur dans les mouvements ou dans l'élocution

SYMPTÔMES MOINS COURANTS D'UNE FAIBLESSE THYROÏDIENNE

- Goitre, thyroïde enflée ou bosselée
- Cheveux secs ou abîmés
- Yeux exorbités
- Infertilité, impuissance
- Ongles fragiles, rainurés
- Anémie, faible nombre de globules rouges
- Acné adulte, eczéma

AUTRES SYMPTÔMES

- Peau épaisse, sèche ou abîmée
- Pâleur
- Hypoglycémie
- Constipation
- Respiration difficile
- Pieds enflés
- Nervosité, anxiété, attaques de panique
- Cœur anormalement gros
- Cheveux blancs précoces, perte de cheveux
- Douleurs dans la vésicule biliaire
- Maladies auto-immunes associées à la thyroïdite
- Angines
- Palpitations, rythme cardiaque irrégulier
- Faiblesses musculaires
- Athérosclérose
- Urine très odorante
- Bouche pâteuse
- Problème de vue, d'yeux
- Excès de cire dans les oreilles

Thyroïde fatiguée, individu fatiguant

Si votre thyroïde est fatiguée, votre corps n'est probablement pas en mesure d'utiliser au mieux les nourritures, et même les compléments alimentaires, que vous ingérez. Cette malnutrition d'origine thyroïdienne dure peut-être depuis des années, et mène à la dépression. La dépression n'est pas forcément causée par une faiblesse thyroïdienne, mais je teste toujours la thyroïde des patients déprimés, en particulier s'ils ont envie de dormir toute la journée, n'arrivent pas à se lever le matin, ont une libido en berne ou sont généralement apathiques et fatigués.

À notre clinique, nous sommes particulièrement sensibilisés à la dépression d'origine thyroïdienne, parce qu'elle ne répond pas aux acides aminés, qui sont pourtant d'habitude si efficaces rapidement. Quand je soupçonne une faiblesse thyroïdienne, je suggère souvent au patient d'essayer immédiatement la L-tyrosine. Dans mon expérience, s'ils ne se sentent pas mieux dans le quart d'heure, ou si leur réaction n'est que légère ou de courte durée, ils ont souvent besoin d'un traitement médical pour un problème de thyroïde. Une fois que la thyroïde fonctionne normalement, la dépression disparaît*.

Êtes-vous allergique à votre propre thyroïde ?

Aussi étrange que cela puisse paraître, les thyroïdites auto-immunes, espèces « d'allergies » à sa propre glande thyroïde, sont une cause courante de symptômes de faiblesse thyroïdienne. Si votre système immunitaire se méprend et essaye de détruire votre thyroïde et ses hormones, vous finirez par souffrir des symptômes décrits dans le questionnaire page 19. Certains experts pensent même que la *plupart* des cas de faiblesse thyroïdienne sont en fait dues à une thyroïdite.

---

*Si votre dépression présente les symptômes de faibles niveaux de sérotonine et que votre niveau d'activité thyroïdienne est faible, il se peut que vous ne réagissiez pas au tryptophane ou au 5-HTP tant que votre thyroïde ne sera pas réparée.

Selon notre expérience à la clinique, environ un quart de nos patients présentant un problème de thyroïde ont, de manière certaine, une thyroïdite, confirmée par les examens des anticorps et par certains symptômes caractéristiques. Les traitements décrits au chapitre 10 les aident toujours, mais le processus qui mène à la guérison totale est en général long et complexe.

Dans son livre *Gagner la bataille du poids*, le Dr Stephen Langer résume brillamment les symptômes de la thyroïdite :

« *Par ordre décroissant de fréquence, ce sont :(1) une fatigue profonde, (2) des pertes de mémoire, (3) de la dépression, (4) de la nervosité, (5) des allergies, (6) des irrégularités du rythme cardiaque, (7) des douleurs musculaires et articulaires, (8) des problèmes de sommeil, (9) une libido réduite, (10) des problèmes menstruels, (11) des tendances suicidaires, (12) des troubles digestifs, (13) des maux de tête et d'oreilles, (14) une bosse dans la gorge, et (15) des difficultés à avaler.*

La nervosité va de l'anxiété légère à de franches attaques de panique, qui sont parfois de vraies urgences psychiatriques. Elles laissent le patient aussi perplexe que les médecins, lesquels, faute de mieux, finissent par recommander des psychothérapies et des tranquillisants.

… les patientes me disent : « je me sens déprimée sans raison. J'ai un mari merveilleux, un bon travail, des amis fidèles ».

… la fatigue profonde et les problèmes psychologiques sont les complaintes les plus fréquentes des patients atteints de HAIT (Thyroïdite auto-immune d'Hashimoto). »[2]

Quand votre thyroïde est attaquée par votre propre système immunitaire, vous pouvez alterner entre phases léthargiques, d'épuisement, et moments d'agitation, de détresse, voire de panique. Une de nos diététiciennes, qui a vaincu cette condition, l'appelle « fatiguexcitée ». Quand on a une thyroïdite, on n'a pas forcément de problème de poids, et la température basale n'est pas forcément basse. Souvent, il y a aussi un dysfonctionnement des surrénales.

COMMENT UN PROBLÈME DE THYROÏDE PEUT APPARAÎTRE

Le plus souvent, il y a plus d'un déclencheur d'un problème de thyroïde.

Causes génétiques. C'est sans doute la cause la plus courante de problèmes thyroïdiens. Il y a peut-être dans votre famille des individus qui ont été diagnostiqués et traités pour un problème de thyroïde. Malheureusement, trop souvent, les problèmes de thyroïde n'ont jamais été diagnostiqués ou traités. Interrogez les membres de votre famille à propos des symptômes relevés dans le questionnaire sur la thyroïde au début du livre. Vous aurez peut-être des surprises.

Ainsi Brid, une de nos patientes, emmena sa mère Mae, 70 ans, chez le docteur après avoir elle-même été traitée pour de sévères problèmes liées à une thyroïdite d'Hashimoto (une allergie à sa propre thyroïde étonnamment répandue). Du fait de son allergie, Brid avait eu des problèmes d'énergie, de sommeil, et des sautes d'humeur. Elle savait que Mae était handicapée par les mêmes symptômes depuis plus de 35 ans, suite à la naissance de ses deux enfants. Mae se plaignait en effet d'épuisement, d'anxiété et de prise de poids anormale. Elle avait un nodule sur sa thyroïde qui se voyait de l'autre bout de la pièce.

Quand je demandai à Mae si on avait déjà testé sa thyroïde, elle me dit qu'on lui avait fait l'examen sanguin standard (TSH) plusieurs fois, et que les résultats étaient toujours normaux. On ne lui avait jamais proposé d'autre test, et aucun docteur n'avait jamais examiné sa thyroïde. Mais quand le médecin de Brid l'examina plus soigneusement, les résultats ne laissèrent aucun doute : Mae avait bien un problème de thyroïde. Une fois traitée, Mae fut de nouveau en pleine forme, heureuse et retrouva son poids normal. Qui plus est, il s'avéra que sa propre mère, la grand-mère de Brid, avait eu les mêmes symptômes, y compris le nodule visible de l'autre bout de la pièce.

Régimes hypocaloriques et carences alimentaires. Les régimes ralentissent la fonction thyroïdienne, comme toutes les autres fonctions du corps d'ailleurs. C'est ce ralentissement de la thyroïde qui, dès le début du régime, permet au corps de faire face à ce qu'il perçoit comme une situation de famine. Dans les heures qui suivent une restriction calorique, la thyroïde ralentit jusqu'à ce que l'apport alimentaire redevienne suffisant. Le corps brûle moins de calories, ce qui est une des raisons de la classique reprise de poids après un régime.

Évènements hormonaux. Quand vous avez eu vos premières règles, madame, vous êtes-vous mise au régime, à sauter des repas ou à jeûner pour contrer la prise de poids et le développement soudain de votre poitrine et de vos hanches ? Jusqu'à ce que je leur pose cette question, bien des patientes ne font pas le lien entre leurs premiers changements hormonaux et leur poids. « J'ai commencé les régimes vers quatorze ans », disent-elles. Le début des changements corporels de l'adolescence est pourtant souvent le moment crucial où apparaissent les problèmes de thyroïde. Se mettre au régime à cet âge peut déprimer la thyroïde encore plus, ce qui aggrave la prise de poids et le développement précoce des seins, des hanches et des fesses. Si, de là, on entre dans le cycle infernal des régimes, dans le yoyo du poids, la thyroïde peut ne jamais s'en remettre.

Les évènements hormonaux affaiblissent souvent la thyroïde. Même quand la puberté de déroule sans encombre, une fausse couche, un avortement, ou une grossesse peuvent avoir affaibli votre thyroïde. « Je n'ai jamais reperdu le poids que j'ai pris lors de ma dernière grossesse » disent souvent mes patientes dont la thyroïde a jeté l'éponge après une naissance. Une dépression post-partum est un autre signal possible de perturbations thyroïdiennes. Enfin, on confond souvent, probablement à tort, l'épuisement thyroïdien de la ménopause avec un processus de vieillissement naturel et inévitable.

Régimes végétariens. Ils sont malheureusement souvent carencés en fer, en sélénium et en zinc, lesquels sont nécessaires à une fonction thyroïdienne vigoureuse. Ces nutriments se trouvent en abondance, et sous une forme facile à assimiler, dans la viande rouge, et sont difficiles à obtenir d'un régime végétarien, et plus encore d'un régime végétalien (sans poisson, poulet ou produits laitiers).

Soja. Il semble que les produits issus des graines de soja comme le tofu ont un effet négatif sur notre thyroïde, inhibant la production de son hormone principale, l'hormone T4. Bien des études montrent d'autres effets nocifs. Si vous êtes végétarien, vous passer de cette source de protéines rend les choses difficiles. Vous devrez arbitrer entre les risques du tofu et votre volonté de ne pas manger de protéines d'origine animale (au chapitre 12, je donne plus d'informations sur les effets du soja sur les hormones ; au chapitre 19, j'expose d'autres problèmes liés au soja).

Anorexie. Les gens qui ont des problèmes d'anorexie présentent souvent une faiblesse thyroïdienne. S'ils n'ont pas de gros problème génétique thyroïdien, les anorexiques guérissent souvent en prenant les aliments et les compléments (en particulier les minéraux et la L-tyrosine) dont la thyroïde a besoin pour fabriquer ses hormones.

Blessures et maladies graves. Elles peuvent également ralentir la thyroïde. Une étude de 1995 sur les effets des blessures à la tête sur la thyroïde passe en revue les preuves existantes et les juge convaincantes. Par exemple, un de nos conseillers médicaux, le Dr Richard Shames, pense que le coup du lapin, qui affecte fortement le cou (où se trouve la thyroïde), semble également atteindre les fonctions thyroïdiennes. Le choc d'une maladie grave peut aussi déprimer la thyroïde.

Drogues. Prenez-vous beaucoup de caféine, d'aspartame, de pilules amincissantes ? Peut-être des stimulants plus forts comme de la cocaïne ou des méthamphétamines ? Si vous avez vraiment besoin de ces substances pour arriver à faire quelque chose, pour vous concentrer ou pour ne pas prendre de poids, il est clair que votre énergie naturelle est affaiblie. Il y a de bonnes chances que votre thyroïde soit en cause.

Pour aider les patients qui sont dépendants des stimulants, nous avons d'abord besoin de comprendre pourquoi leur corps a besoin d'une stimulation. Quand il s'agit effet d'une faiblesse thyroïdienne, ce besoin disparaît une fois que la glande est traitée.

Enfin, les médicaments peuvent affecter la thyroïde. Les estrogènes (y compris ceux contenus dans les pilules contraceptives) et le lithium sont les deux substances inhibitrices de la fonction thyroïdienne les plus connues. Mais les médicaments antidiabétiques et les sulfamides ont aussi cet effet[3]. Plus généralement, de nombreuses substances chimiques interfèrent avec le bon fonctionnement de la thyroïde. Il est donc sage de passer en revue, sous cet aspect, les médicaments que vous prenez. Interrogez votre médecin et votre pharmacien ; lisez les notices.

Produits chimiques dans l'eau. Le chlore et le fluor peuvent aussi interférer avec le bon fonctionnement de la thyroïde, ce qui explique peut-être pourquoi tant de gens aujourd'hui semblent présenter une faiblesse thyroïdienne : l'eau courante est souvent traitée avec ces deux substances. On a aussi démontré que certains hydrocarbures contenus dans l'eau de boisson peuvent affecter la thyroïde.

TESTER SA THYROÏDE

Une fois vos symptômes, et ceux des membres de votre famille, identifiés, il est temps de déterminer sans ambiguïté si vous avez bien un problème de thyroïde. Armé de cette information, vous pourrez parler avec votre médecin de votre éventuel besoin de médicaments.

UN CAS D'ÉCOLE D'HYPOTHYROÏDIE NON DIAGNOSTIQUÉE

Enfant rondelette, Christine était devenue une adolescente franchement grosse après ses premières règles, anormalement douloureuses et abondantes. Elle avait ensuite perdu du poids, et rencontré celui qui allait devenir son mari. Quelques années plus tard, juste avant son mariage, ayant repris du poids, elle avait pris des pilules pour maigrir. Dès qu'elle avait arrêté de les prendre, elle grossit énormément. Elle n'en reprit jamais, mais était entrée dans le cycle des régimes et de la prise de poids.

Sensible et charmante, Christine était navrée du mépris qu'elle rencontrait partout. En particulier, elle était blessée par les remarques de son mari, un maigrichon du genre qui ne grossit pas quoi qu'il mange, et qui trouvait qu'elle pourrait « faire un effort ». Il avait tendance à rejeter tous les problèmes de leur couple sur son poids à elle, en dépit des années d'efforts et de torture qu'elle s'était imposée, un régime après l'autre.

Christine n'avait jamais été amatrice de sucreries, même si elle aimait boire du vin plusieurs fois par semaine. Depuis la ménopause, elle avait développé, pour la première fois, un goût pour les aliments gras. Mais elle ne s'empiffrait pas.

Après la ménopause, elle devint incapable de perdre du poids, même avec les régimes les plus drastiques. Elle finit par abandonner, laissant aller son poids. Mais quand elle entendit parler de notre programme, elle vint nous voir. En examinant ses symptômes, il devint clair que Christine constituait un cas d'école d'hypothyroïdie. Elle avait même des symptômes que je n'avais jamais vus que dans des livres, comme un cœur trop gros ou des sécrétions excessives de cire dans les oreilles.

Christine avait toujours senti qu'elle devait avoir un problème de thyroïde, et en avait parlé à chaque médecin qu'elle avait vu. Hélas, tous haussaient les épaules en lui disant : « non, votre TSH est normale ». Bien sûr, elle n'avait jamais mis cette parole en doute. Elle s'en serait pourtant trouvée beaucoup mieux, beaucoup plus tôt.

Des examens plus poussés, ainsi qu'un test du réflexe d'extension de la cheville, confirmèrent que sa thyroïde, ainsi que ses surrénales, ne fonctionnaient pas bien. Au vu de ces tests, son docteur la mit sous traitement, et le problème fut résolu rapidement.

Un examen insuffisant : la TSH

Le test le plus courant est celui de la TSH (*Thyroid-Stimulating Hormone*). Il mesure une substance chimique produite par la glande pinéale, par laquelle celle-ci informe la thyroïde des besoins actuels du corps en hormones thyroïdiennes[4]. Selon mon expérience cependant, le TSH n'est pas un indicateur fiable des problèmes de thyroïde. Christine, conseillère financier de 50 ans, en est un parfait exemple (lire encadré).

Le test TSH ne reflète pas l'activité de la thyroïde. Malheureusement, trop de médecins s'y tiennent. Combien de fois ai-je entendu la même histoire : « Le test TSH est normal, donc vous n'avez pas de problème de thyroïde. Vous mentez probablement quand vous me dites que vous mangez peu et grossissez quand-même, et seule une discipline de fer vous permettra de perdre du poids » ? Dans la majorité des cas pourtant, des examens plus poussés reflètent l'expérience du patient : sa fonction thyroïdienne est ralentie.

Deux tests simples

Il y a quelques tests très simples qui permettent de détecter un problème de thyroïde de manière assez fiable. Parmi eux, le test de température basale, que vous pouvez faire vous-même, et le test du réflexe d'extension de la cheville (réflexe achilléen), que tout médecin peut faire.

Mesurer votre température basale. Cette méthode, facile à utiliser, est utilisée par les docteurs depuis des années. Une étude portant sur mille patients, conduite par le Dr Broda Barnes et publiée dans le Journal de l'Association Médicale Américaine en 1942, a démontré sa pertinence[5].

1• Il vous faut un thermomètre extrêmement précis et fiable. Idéalement, utilisez un thermomètre traditionnel au mercure, s'il vous en reste un du temps où c'était autorisé.

2• Placez le sous votre aisselle, 30 minutes après vous être réveillé, mais avant de sortir du lit et d'allumer la lumière. Gardez les yeux ouverts.

3• Laissez le thermomètre sous votre aisselle pendant dix minutes et relevez le résultat.

4• Recommencez l'opération trois matins de suite (ou plus) pour obtenir une température moyenne. Si vous êtes une femme réglée, la mesure de votre température basale est plus fiable pendant vos règles. L'ovulation fait monter la température (c'est pourquoi certaines femmes utilisent la température non seulement pour mesurer leur activité thyroïdienne, mais aussi pour programmer une grossesse). Même si vous avez des bouffées de chaleur, cela n'affecte pas votre température basale. Si celle-ci est régulièrement inférieure à la normale (36,1°C), il est probable que votre thyroïde est ralentie (et il se peut que vos glandes surrénales le soient également).

Tester votre cheville (réflexe achilléen). Votre pied a-t-il un bon réflexe d'extension quand on percute le tendon d'Achille ? Si oui, c'est une bonne indication que votre thyroïde va bien[6]. Si le réflexe est lent, continuez à le tester tout au long de votre traitement. Il devrait s'améliorer.

Examens sanguins

Le TSH n'est pas toujours fiable, et vous aurez du mal à vous procurer des médicaments pour la thyroïde si vos examens sanguins ne démontrent pas un problème. Si vous suspectez un problème de thyroïde, il faut donc insister pour effectuer les examens suivants : TSH, T4, T4 libre, T3, T3 libre, T3 inverse, anti-Tg et anti-TPO.

Le test de T4 est le second examen le plus courant après la TSH. T4 (une molécule faite de l'acide aminé tyrosine et de 4 molécules d'iode) est l'hormone de base secrétée par la thyroïde. C'est la plus abondante, mais pas la plus puissante des hormones thyroïdiennes. 60 % est utilisé directement par les cellules, et le reste est converti en T3, l'autre hormone thyroïdienne, dix fois plus active.

T3, T4 libre : cette mesure permet de savoir quelle proportion d'hormones thyroïdiennes atteint en effet vos cellules.

T3 inverse : cet examen mesure une substance (rT3), qui bloque l'action de T3 en prenant sa place dans les cellules. L'excès de rT3 indique habituellement un problème lié aux surrénales.

Anti-Tg et Anti-TPO : ces tests mesurent les anticorps spécifiques aux hormones thyroïdiennes. Ils permettent ainsi de déterminer si le patient a une thyroïdite auto-immune (une allergie à sa propre thyroïde).

Interpréter les résultats

En plus de tous les gens qui présentent des « faux-négatifs » à la TSH (c'est-à-dire qui ont un problème de thyroïde mais dont les examens TSH sont normaux), il y a aussi beaucoup de gens dont les résultats sont considérés comme normaux, mais dans le bas de la fourchette. Souvent, ils présentent pléthore de symptômes indiquant un problème de thyroïde, mais leur médecin refuse de leur prescrire un traitement. Leur état se détériore, et on les renvoie à la maison en leur disant de manger moins (à ce point, vous savez que cela ne peut qu'empirer les choses). Pourtant, même un manuel de base de médecine dit que : « les patients présentant une hypothyroïdie sub-clinique [résultats d'examens en fourchette basse] peuvent tirer bénéfice d'un traitement, même si leurs symptômes ne sont pas criants »[7]

Heureusement, il y a des médecins conscients de ce fait. Pour ces praticiens, des résultats en fourchette basse peuvent être considérés comme trop bas. Ils sont ouverts à l'idée de vous faire essayer des médicaments pour la thyroïde, au cas où une stratégie simplement nutritionnelle ne suffirait pas. Rappelez-vous que les examens sanguins relatifs à la thyroïde sont relativement récents. Jusqu'aux années 1940, les médecins traitaient les problèmes de thyroïde en fonction des symptômes, pas des prises de sang.

Si vos résultats d'examens indiquent un problème de thyroïde, il vous faudra discuter en détail vos symptômes et votre parcours personnel avec votre médecin. Prenez ce livre avec vous pour passer en revue vos résultats et discuter les possibilités de traitement que je vais détailler dans le chapitre suivant.

CHAPITRE 10

ÉTAPE 4 : SOLUTIONS POUR LA THYROÏDE

Q UE VOUS AYEZ UN PROBLÈME DE SIMPLE FAIBLESSE thyroïdienne (hypothyroïdie), ou une allergie à votre thyroïde (thyroïdite), changer votre alimentation et prendre les bons compléments alimentaires vont vous aider. Certains auront besoin d'aller plus loin et de prendre des médicaments.

Dans ce chapitre, nous discuterons en détail les compléments qui peuvent aider la thyroïde. Il vous faudra encore trouver de quel type de problème de thyroïde vous souffrez avant de déterminer quels compléments vous devriez essayer, et si vous avez besoin d'un traitement médical. La différence entre hypothyroïdie et thyroïdite est très subtile : on grossit et on est fatigué dans les deux cas. Parfois, dans les thyroïdites on ne grossit pas et la température du corps est normale, même si les pieds et les mains sont froids. Pour savoir avec certitude si vous souffrez d'un problème ou de l'autre, il vous faudra trouver un médecin familier de ces questions. Vous devrez aussi tester vos surrénales en même temps : elles sont souvent à l'origine des problèmes de thyroïde.

TROUVER UN DOCTEUR

Trouver un docteur familier des problèmes de thyroïde non diagnostiqués n'est pas toujours facile. Beaucoup de généralistes et d'endocrinologues s'en tiennent à la TSH : si elle est normale, il n'y a pas de problème de thyroïde. Pour trouver un praticien de santé sensible aux problèmes décrits dans ce livre, adressez-vous à des associations de patients. Un bon docteur aura toujours quelque chose à ajouter aux suggestions contenues dans ce livre. Je vous conseille de demander à votre docteur de suivre les suggestions qui sont dans ce livre, tout en explorant les autres solutions qu'il peut avoir en tête.

THYROÏDE ET SURRÉNALES

Beaucoup de mes patients semblent avoir des surrénales épuisées en plus d'une thyroïde perturbée. Si vous êtes fatigué l'après-midi, ou agité, ou si vous êtes un peu trop « du soir », si vous avez des poches

QUE DEMANDER À VOTRE DOCTEUR ?

1• Une prise en compte de vos antécédents et des symptômes que vous avez identifiés, y compris au moins trois valeurs de température corporelle (mesurées selon les indications page 164).
2• Une palpation de votre thyroïde.
3• Un test du réflexe d'extension de la cheville.
4• Des examens sanguins pour la thyroïde : TSH, T4, T3, rT3, anticorps de la thyroïde, et un bilan sanguin complet. Le bilan sanguin complet sert à déterminer si, comme beaucoup de personnes qui ont des problèmes de thyroïde, vous souffrez d'une forme ou d'une autre d'anémie et d'un cholestérol trop élevé.
5• Pour les fonctions surrénales, un test de salive et une mesure de tension orthostatique.
La prochaine étape est de procéder aux examens en question. Puis rentrez chez vous et commencez à changer votre alimentation et à prendre les compléments alimentaires que nous recommandons. Vous reverrez votre médecin une fois que vous aurez tous les résultats et pourrez décider avec lui du traitement à suivre.

sous les yeux ou vous sentez facilement stressé, il se peut que vos sur-rénales soient à la source du problème (voir la liste des symptômes au chapitre 8, page 133).

Les surrénales sont des partenaires de la thyroïde. Si la thyroïde faiblit, les surrénales prennent le relais et peuvent de ce fait être dépassées et épuisées. Dans ce cas, le patient est fatigué mais à cran – dans cet état qu'on associe souvent avec l'excès de stimulant. Si les surrénales sont en état de surexcitation permanente, la thyroïde ralentit automatiquement pour essayer de les calmer. De plus, à ce point, les surrénales ne sont déjà plus en mesure de réguler efficace-ment le système immunitaire, ce qui facilite l'apparition de problè-mes immunitaires comme la thyroïdite. Voyez le chapitre 8 pour le diagnostic et le traitement de la fatigue surrénale, et faites tester vos surrénales en même temps que votre thyroïde.

STRATÉGIES NUTRITIONNELLES

Quel que soit votre problème de thyroïde, la première étape est de n'utiliser que des aliments de qualité et de prendre des compléments alimentaires appropriés. Cela peut suffire à corriger les problèmes de thyroïde les moins graves.

Mangez beaucoup de vrais aliments

Assurez-vous avant tout d'avoir un apport suffisant en protéines, en graisses et en légumes, puis ajoutez des glucides sains en fonction de vos besoins (plus de fruits, de riz et d'haricots et moins de pâtes, de pain et de gâteaux). *Ne cherchez pas à limiter pas vos calories* et mangez à votre faim.

• **Légumes.** Au moins quatre portions par jour (voir encadré page 126). Les salades vertes ne suffisent pas, surtout parce qu'il est difficile d'en manger suffisamment. Mangez beaucoup de légumes colorés et variés (en cas d'hypothyroïdie, évitez le chou, les épinards et les navets, qui peuvent inhiber la thyroïde).

• **Protéines.** Au moins 20 g *par repas*, soit environ 100 g de viande, de poisson ou de volaille.

• **Bonnes graisses.** Au moins deux cuillères à soupe par jour d'avocats, d'olives, de noix ou de graines, et un usage généreux de l'huile d'olive, du beurre, de l'huile de coco ou de la graisse de canard. Évitez les plats préparés, les fritures, les margarines.

• **Glucides en modération.** Les fruits, les pommes de terre, les céréales complètes et autres sources de féculents doivent être pris en modérations. Deux portions de fruits par jour, et une demie à une portion entière de féculent suffisent généralement (Vérifiez au chapitre 11 que vous ne présentez pas une sensibilité/allergie à certaines céréales. C'est le cas de beaucoup de gens).

• **Évitez le soja.** Quatre cuillères à soupe par jour suffisent à inhiber votre fonction thyroïdienne et à abaisser votre métabolisme.

AVERTISSEMENT GROSSESSE !

Si vous stimulez votre fonction thyroïdienne, vous augmenterez votre fertilité, car la thyroïde stimule grandement les hormones sexuelles. Ainsi une infirmière de 52 ans s'est retrouvée enceinte pour la première fois, sans s'y attendre, lorsque sa thyroïde a été traitée.

Poids et thyroïde

Vous êtes nombreux à ne pas manger assez parce que votre thyroïde est tellement ralentie que tout apport normal de nourriture vous fait grossir. Avec une alimentation comme celle que je recommande, vous verrez que vous pourrez d'emblée manger beaucoup plus. Dans certains cas, il faut un moment pour redémarrer sa thyroïde et son métabolisme. Au fur et à mesure, vous mangerez plus et vous perdrez du poids. Il est particulièrement important de consommer suffisamment de protéines, car, quand la thyroïde est ralentie, le corps utilise moins bien les protéines qu'on mange. Vous devriez assez vite remarquer une différence, vous sentir mieux et plus léger.

Buvez de l'eau pure

L'eau du robinet peut contenir un peu d'hydrocarbures. Dans certaines régions et dans certains pays (dont les États-Unis), l'eau du robinet contient du chlore, du fluor. Ce sont autant d'inhibiteurs de la fonction thyroïdienne, ce qui peut être désastreux pour les patients qui ont déjà une faiblesse thyroïdienne[8]. Des systèmes de filtration de l'eau peuvent être installés pour toute votre maison, ou juste pour l'évier. À défaut, une carafe filtrante permet de se débarrasser de la plupart des polluants, à condition de changer son filtre aussi souvent que nécessaire (quand l'eau reprend un goût légèrement désagréable, il est déjà trop tard – le filtre est saturé de polluants et le filtrage de l'eau la pollue plus qu'il ne l'assainit).

Il est difficile de juger de la pureté de l'eau en bouteille, en particulier quand elle est emballée dans des bouteilles en plastique : lorsqu'il chauffe un peu trop, le plastique peut relâcher des substances qui peuvent perturber gravement le métabolisme hormonal. Évitez de laisser vos bouteilles en plastique dans des endroits chauds comme une voiture au soleil et, si cela arrive, de boire l'eau qu'elles contiennent.

Évitez les drogues et les aliments-drogues

Si vous avez besoin de certaines drogues ou de certains aliments pour passer la journée (café, sucreries...), consultez le tableau du chapitre 2 pour éliminer ces besoins. Si, même quand vous prenez de la L-tyrosine, vous ne pouvez pas vous passer de votre café, il faudra sans doute attendre que votre thyroïde commence à s'améliorer avant d'arrêter le café.

QUAND ON A SES RÉSULTATS

Vous avez passé deux semaines à manger bien et à prendre des compléments alimentaires de base, et vos résultats d'examen sont prêts. À ce point, 90 % de nos patients se portent déjà bien mieux : ils ne mangent plus trop, n'ont plus de fringales incontrôlables. Une moitié a tout de même encore besoin de suivre un traitement à base de compléments alimentaires ou de médicaments, au moins temporairement.

Pour une petite partie d'entre eux, les résultats révèlent, non pas une hypothyroïdie, mais une thyroïdite auto-immune, ce qui appelle des stratégies différentes, que je discute à partir de la page 177. Les trois quarts de mes patients, cependant, ont plutôt un problème d'hypothyroïdie : faible température, faible énergie, faible moral, mais poids élevé.

Elizabeth souffrait d'un cas de légère hypothyroïdie. Blonde athlétique de 32 ans, elle avait souffert d'un trouble du comportement alimentaire et avait vécu un mariage et un divorce pénibles, qui avaient laissé des traces. Elle vint à notre clinique alors que son énergie s'était écroulée et qu'elle avait commencé à prendre un peu trop de poids. Les examens ordonnés par notre docteur ont montré une fonction thyroïdienne ralentie. Il lui offrit une prescription de médicaments pour la thyroïde, mais lui conseilla de parler d'abord à un de nos diététiciens. Suivant les suggestions du docteur et du diététicien, Elizabeth commença à manger plus de protéines et plus de légumes, et à prendre de la L-tyrosine et un complément stimulateur de thyroïde, qui contenait du kelp (algue), des extraits de thyroïde animale*, et des herbes. Elle prit aussi six compléments de bases que nous lui recommandions. Son énergie et sa vitalité revin-

---

* Les extraits de thyroïde animale sont désormais interdits en France. Ceux qui sont en vente libre aux États-Unis ne contiennent pas d'hormones, et sont donc d'un intérêt limité. Mais sur ordonnance, on peut encore y obtenir des extraits glandulaires actifs qui, selon notre expérience, sont très efficaces pour certains patients.

rent rapidement, et elle n'eut jamais besoin du médicament que le médecin lui avait proposé. En fait, au bout de quelques semaines, elle dut même réduire les doses de L-tyrosine et de son complément stimulateur de thyroïde car elle avait *trop* d'énergie.

COMPLÉMENTS ALIMENTAIRES CONTRE L'HYPOTHYROÏDIE

Quand la thyroïde est abîmée, on n'absorbe pas très efficacement les nutriments présents dans l'alimentation. C'est pourquoi, qu'on souffre de thyroïdite ou d'hypothyroïdie, les compléments alimentaires de base sont très importants, et le restent au fur et à mesure que la thyroïde va mieux.

Si vous avez peu d'énergie tout en étant plutôt agité, et si vous suspectez que votre fonction thyroïdienne est ralentie, attendez les résultats de vos examens avant d'essayer les stimulateurs de thyroïde que je vais présenter. Il se peut en effet que vous souffriez d'une thyroïdite, laquelle requiert de calmer l'activité de la thyroïde plutôt que de la stimuler. Si, en prenant ces stimulants, vous devenez trop agité ou que vos symptômes s'aggravent, arrêtez immédiatement de les prendre en attendant vos résultats d'examen.

L-tyrosine. Cet acide aminé est l'ingrédient principal utilisé par la glande thyroïde pour fabriquer ses hormones. La L-tyrosine est probablement le nutriment le plus énergisant, vu qu'elle est non seulement à la base des hormones thyroïdiennes, mais aussi de l'adrénaline, de la testostérone, et de ces stimulants naturels que sont la norépinéphrine et la dopamine. Une thyroïde faible peut favoriser l'émergence d'une dépendance à des drogues comme la caféine ou la cocaïne. Vous êtes nombreux à avoir littéralement besoin de café tout au long de la journée, voire de médicaments stimulants ou de cocaïne. La tyrosine est le nutriment qui permet de se libérer de ces stimulants artificiels. Elle permet souvent de redémarrer la thyroïde.

Si vous ne souffrez que d'une légère sous-activité de la thyroïde, vous devriez sentir les effets de la tyrosine immédiatement. Une dose comprise entre 500 et 2 000 mg avant le petit déjeuner devrait vous permettre d'éliminer immédiatement votre besoin de café. Ajoutez-y entre deux et quatre capsules de 500 mg au cours de la matinée, et vous devriez vous trouver ré-énergisé d'emblée. Si ça ne vous empêche pas de dormir, vous pouvez reprendre les mêmes doses en milieu d'après-midi.

	L	P	MM	DÉJ.	MA	DÎN.	C*
• L-tyrosine, 500 mg	1-3		1-3		1-3	1	

* L= Au lever, P=Au petit déjeuner, MM=Milieu de matinée, Déj.=déjeuner, MA=En milieu d'après-midi, Dîn.=Au dîner, C=Au coucher

Iode. Si vous prenez votre multivitamines/minéraux et consommez du sel iodé, votre apport en iode est probablement suffisant. En fait, *l'excès* d'iode est une cause bien établie d'hypothyroïdie et de thyroïdite. En Grèce, par exemple, où on n'a commencé que récemment à ajouter de l'iode dans le sel, les goitres (ces gonflements du cou associés à une hypothyroïdie) sont devenus moins courants, mais les thyroïdites sont de plus en plus nombreuses. C'est une raison de plus d'éviter les sels de tables enrichis en iode, et de préférer le sel de mer naturel.

MÉDICAMENTS POUR LA THYROÏDE

À notre clinique, nous avons vu près d'un millier de patients atteints d'une forme ou d'une autre de problèmes de thyroïde. Ils prenaient des doses très différentes de toutes sortes de médicaments. Beaucoup de docteurs ne prescrivent, pour tous les problèmes thyroïdiens, que de l'hormone T4 de synthèse (Synthroid®). En 1997, le Synthroid était même le deuxième médicament le plus prescrit aux États-Unis, avec 36 millions d'ordonnances. C'est en général un médicament très efficace et bien toléré, mais nous avons vu beaucoup de patients chez qui ce n'était pas le cas, et pour lesquels d'autres formes de médicaments pour la thyroïde fonctionnaient bien mieux.

Lorsqu'on commence un traitement de la thyroïde, il faut s'armer de patience. Il faut du temps et des efforts pour trouver le bon médicament et les bons dosages. Il n'est pas toujours facile de savoir quand il est temps de d'essayer un autre traitement. Chez certains, les bénéfices sont apparents en quelques jours. Chez d'autres, il faut des mois avant de trouver une formule « qui marche ». Mais le jeu en vaut la chandelle. Peut-être votre médecin vous proposera-t-il un calendrier d'augmentation progressive des doses qui vous permettra d'expérimenter vous-même, ou peut-être voudra-t-il vous voir à chaque changement de traitement.

AVEZ-VOUS DU MAL À AVALER LES GROSSES GÉLULES OU PILULES ?

Cela n'a rien d'inhabituel quand on a un problème de thyroïde, car l'inflammation de la thyroïde peut la faire gonfler ou se propager à la gorge, rendant ainsi la déglutition difficile. Essayez de prendre les mêmes compléments sous forme liquide, de poudre, ou de tablette à faire fondre sous la langue. Si nécessaire, vous pouvez mixer vos pilules dans un smoothie, ou les écraser avec un peu de banane ou de compote de pomme. Au fur et à mesure que votre thyroïde ira mieux, la déglutition deviendra plus facile.

Trouver le bon médicament

Il y a quatre grandes catégories de médicaments pour la thyroïde :
• **Les extraits de thyroïde animale** (le plus souvent de porc), comme Thyroid® ou Naturethroid®, contiennent les quatre hormones thyroïdiennes, T1, T2, T3 et T4. Ils constituent le

traitement historique des problèmes de thyroïde, mais sont aujourd'hui souvent très délaissés, surtout en France où ils ne sont plus autorisés.

• **Les hormones T4 de synthèse,** comme Synthroid®, L-Thyroxine Roche® ou Levothyrox®. Différents patients ont des réactions très différentes à ces médicaments pourtant comparables. Il peut s'avérer nécessaire de tous les essayer avant de trouver le bon.

• **Les hormones T3 de synthèse,** comme Cynomel®, Teatrois® constituent les produits les plus actifs, mais leur durée de vie dans l'organisme est si courte qu'il faut en prendre plusieurs fois par jour. Au contraire, T4 dure plusieurs jours et est transformée en T3 par l'organisme, de sorte qu'une prise de T4 quotidienne peut permettre d'avoir suffisamment de T3.

• **Les combinaisons de T3 et de T4 de synthèse,** qui visent à répliquer la proportion naturelle entre T3 et T4, comme Euthyral® et Thyrolar®.

Les médicaments à base de thyroïde animale ne contiennent pas seulement de la T3 et de la T4, mais aussi de la T1 et de la T2. Selon la fondation Broda Barnes pour la recherche sur la thyroïde, la T2 peut aider à prévenir les problèmes de peau sèche, de fibreux du sein, et de kystes utérins. Mes patientes se divisent en deux groupes à peu près égaux : celles qui supportent mieux les hormones de synthèse et celles qui supportent mieux les hormones naturelles. En revanche, chez mes patients, la forme animale fonctionne presque toujours mieux.

En coopération avec votre médecin, vous devrez choisir le type de médicament et le dosage qui vous conviennent. Vous devrez prêter la plus grande attention à vos réactions. En l'absence de réponse positive, votre médecin peut augmenter progressivement vos doses. Si vous n'allez pas mieux avec la dose maximale possible, il devra vous faire essayer un autre type de médicament et tâtonner à nouveau pour chercher le bon dosage.

En général, les médecins préfèrent commencer avec la T4 de synthèse. Si elle ne suffit pas, ils y ajoutent de la T3 de synthèse. Il n'est pas toujours nécessaire de prendre des hormones thyroïdiennes de remplacement toute sa vie. Reparlez-en avec votre médecin au bout d'une année : parfois la fonction thyroïdienne se rétablit totalement ou partiellement, de sorte qu'on peut diminuer, voire arrêter les hormones de remplacement, toujours sous contrôle médical.

SOIGNER LA THYROÏDITE

En général, si vous souffrez d'une thyroïdite auto-immune, cela se voit dans les résultats du test d'anticorps anti-thyroïde. En cas d'incertitude, une biopsie peut être demandée. Si vous êtes atteint d'Hachimoto, il vous faudra d'abord faire tout ce que vous pouvez pour calmer votre système immunitaire hyperactif. Il est utile d'éliminer de votre alimentation tous les aliments auxquels vous êtes hypersensible (voir le chapitre 11, page 183), car les réactions de type allergique stimulent le système immunitaire. Des compléments spécifiques sont aussi nécessaires, et souvent aussi des médicaments et/ou de l'acupuncture.

Les médecines chinoises et japonaises

Beaucoup de nos patients suivent, en plus de leur programme nutritionnel et de leur traitement pharmaceutique, un traitement de médecine chinoise ou japonaise à base d'acupuncture et de tisanes. En médecine chinoise, il n'y pas de traitement spécifique de la thyroïde, mais on répare les surrénales, le foie et d'autres glandes, ce qui est bénéfique à la thyroïde. L'acupuncture japonaise, plus récente, traite directement la thyroïde. Essayez de trouver un praticien dont les succès sont démontrés. Les meilleurs ont souvent été formés en Chine ou au Japon, et ils maîtrisent à la fois l'acupuncture et la phytothérapie, de sorte qu'ils vous prescriront des tisanes spéciales en plus de séances d'acupuncture.

ANÉMIE ET FAIBLE FONCTION THYROÏDIENNE

Une température corporelle trop basse peut tenir à un taux d'hémoglobine trop faible. Si vos examens démontrent que vous êtes atteint d'anémie, vous avez besoin de vitamine B_{12}, B_1, de fer et/ou d'acide folique. En cas d'anémie « B_{12} » pernicieuse, des injections mensuelles de vitamine B_{12} peuvent améliorer la situation en quelques mois (l'anémie B_1 est bien traitée par la prise orale de vitamine B_1). Cette anémie B_{12} est courante chez les personnes atteintes de thyroïdite (il se pourrait que la thyroïdite bloque la digestion de la vitamine B_{12}). Les minéraux sont aussi cruciaux pour le bon fonctionnement de la thyroïdite, et particulièrement dans les cas de thyroïdite. Il est donc très important de bien prendre un bon multivitamines/minéraux. Se procurer du fer sous forme assimilable est assez difficile. Mangez du foie et de la viande rouge si vous le pouvez !

Médicaments anti-thyroïdite

Selon mon expérience, les patients présentant des anticorps anti-thyroïdiens élevés ne peuvent pas faire l'économie d'un traitement médicamenteux. Les protocoles avec lesquels nous avons observé les meilleurs résultats mettait en jeu une combinaison de T4 et d'un peu de T3 de synthèse. Les doses sont initialement très basses, et augmentent, ou diminuent, en fonction des résultats. Plus encore que ceux atteint d'hypothyroïdie, les patients atteints d'une thyroïdite auto-immune doivent travailler main dans la main avec leur docteur pour moduler leur traitement pendant des années.

Un célèbre endocrinologiste de San Francisco, le Dr Nathan Becker, a traité pendant des années les thyroïdites auto-immunes avec du Levothyrox® (T4 de synthèse), mais il s'est avéré que ses résultats étaient meilleurs lorsqu'il y ajoutait de faibles doses de

Cynomel® (T3 de synthèse). Nous avons travaillé avec beaucoup de ses patients, et nous pouvons attester de ses bons résultats. Selon lui, 30 % des patients sont en fin de compte en mesure d'arrêter leur traitement. Leur système immunitaire a arrêté de s'en prendre à leur thyroïde, laquelle fonctionne normalement.

EFFETS INDÉSIRABLES DES MÉDICAMENTS POUR LA THYROÏDE ET CAS PARTICULIERS

Votre médecin vous le dira sans aucun doute (ou vous l'a déjà dit) : si des symptômes négatifs se manifestent, il faut immédiatement réduire ou arrêter votre traitement thyroïdien, et le consulter immédiatement.

La prudence s'impose tout particulièrement lorsqu'on prend un médicament contenant des hormones T3 de synthèse. En cas de symptômes négatifs, il est essentiel d'avoir des instructions précises de son médecin et de son pharmacien quant à la façon de réduire les doses ou d'arrêter le traitement. Une désaccoutumance progressive est en général préférable à un arrêt subit.

PRINCIPAUX SYMPTÔMES À SURVEILLER QUAND ON PREND UN TRAITEMENT THYROÏDIEN

- Grande agitation, surexcitation, nervosité
- Palpitations cardiaques (dans ce cas, vérifiez aussi vos surrénales)
- Troubles du sommeil
- Sensation de grande chaleur

Effets indésirables du traitement à long terme

Craignez-vous que les hormones thyroïdiennes de substitution ne mènent à l'atrophie de votre glande thyroïde et la rendent encore moins incapable de fonctionner par elle-même ? J'avais le même souci, mais de nombreux spécialistes de la thyroïde m'ont rassurée. J'ai vu par moi-même bien des patients arrêter leur traitement après un an ou plus. Certains retournent au niveau d'énergie où ils se trouvaient avant le traitement. D'autres se portent bien mieux. Aucun ne se trouvait moins bien après le traitement qu'avant, mais certains étaient *très* fatigués pendant une semaine ou deux après l'arrêt du traitement.

Si la thyroïde a été détruite par une maladie auto-immune, ou par des radiations, ou si, pour une raison ou pour une autre, elle ne peut pas fonctionner correctement toute seule, il vous faudra prendre un traitement pendant toute votre vie – c'est ce que le Dr Broda Barnes et tant d'autres praticiens ont découvert avec les patients qui avaient subi une ablation de la thyroïde, à cause d'un cancer ou d'une hyperthyroïdie par exemple. Tous ceux qui ne prenaient pas de traitement de substitution mourraient jeunes, d'une maladie cardiaque. S'il est vrai que l'excès de médicaments peut provoquer des palpitations, le Dr Barnes découvrit que les médicaments thyroïdiens, aux doses appropriées, peuvent au contraire protéger le système cardiovasculaire.

Faute d'une supplémentation appropriée en minéraux, un traitement thyroïdien prolongé *peut* avoir un effet déminéralisant sur vos os. Parlez-en à votre médecin, pour faire contrôler votre densité osseuse si nécessaire.

Quand le traitement n'apporte pas de bénéfices

Beaucoup de patientes viennent à la clinique en me disant : « oui, moi aussi, je pensais que c'était la thyroïde, mais je prends de la thyroxine et je suis toujours fatiguée. Mon problème de poids doit venir d'ailleurs ».

Souvent, le problème réside dans le médicament. Bien sûr, on se porte déjà beaucoup mieux si on mange beaucoup d'aliments de grande qualité, des activateurs de la thyroïde comme des légumes et des protéines, quand on évite les aliments allergènes (blé, sucre et lait surtout), et qu'on prend des compléments comme de la L-tyrosine. Mais ce qui change totalement la situation, c'est un traitement adapté : les bons médicaments, à la bonne dose. De plus, très souvent, un examen plus approfondi des fonctions surrénales révèle une faiblesse cruciale dont le traitement résout le supposé problème de thyroïde (qui était donc un problème de surrénales).

Certains médecins ne prêtent pas suffisamment attention aux symptômes, et s'en tiennent à un seul indicateur (la TSH) et à une dose prédéterminée d'un seul médicament (la T4 de synthèse). Ensuite ils ressortent leurs habituels conseils diététiques : « mangez moins et moins gras ». Les médecins plus familiers des problèmes de thyroïde, et pour tout dire plus attentifs à leurs patients, sont à l'écoute de leurs symptômes et cherchent à adapter le traitement au patient.

Médicaments thyroïdiens et allergies

Êtes-vous allergique au maïs, au pollen d'acacia ou aux produits laitiers ? Le Levothyrox® contient ces trois substances comme excipients. Les personnes présentant des sensibilités alimentaires doivent vérifier avec leur médecin et leur pharmacien que leurs médicaments ne contiennent pas d'aliments qu'ils tolèrent mal. Ces patients peuvent se faire prescrire des préparations spéciales dénuées d'allergènes.

Il est également essentiel au rétablissement de la fonction thyroïdienne de régler le plus tôt possible les autres déséquilibres dont parle ce livre, comme une infection au candida ou une addiction/ allergie alimentaire, car elle peuvent empêcher la guérison d'une hypothyroïdie ou d'une thyroïdite auto-immune.

PLAN D'ACTION

1• Passez soigneusement en revue vos symptômes, vos antécédents et ceux de votre famille. Contrôlez votre température aux aisselles le matin trois jours de suite pour vérifier qu'elle atteint bien 36,1°C.

2• Trouvez un médecin familier des problèmes de thyroïde, idéalement un endocrinologue holistique.

3• Lors de votre consultation avec ce médecin, demandez une prise en compte des symptômes et antécédents que vous avez identifiés (1) et assurez-vous de vous faire prescrire des examens complets tels que décrits dans ce chapitre.

4• Soutien nutritionnel de base :
- Buvez un litre et demi (ou plus) d'eau filtrée par jour.
- Suivez les recommandations alimentaires de ce chapitre et du chapitre 19 pour augmenter votre apport de légumes, de protéines, de glucides de qualité et de bonnes graisses.
- Compléments alimentaires : suivez les indications du chapitre 18, page 300 pour la complémentation de base, et ajoutez-y les compléments spécifiques aux problèmes de thyroïde décrits dans ce chapitre (page 173).

5• Au retour de vos résultats d'examen, vous saurez si vous êtes atteint d'hypothyroïdie ou d'une thyroïdite auto-immune. Suivez les indications de ce chapitre en conséquence : nutriments, médicaments, et médecine chinoise.

6• Si des médicaments sont indiqués, coopérez étroitement avec votre médecin pour trouver les bons médicaments et les bons dosages. Soyez toujours très attentif à vos symptômes et aux réactions de votre corps, y compris la température aux aisselles le matin. Retestez votre thyroïde et vos surrénales au moins tous les trois mois, jusqu'à stabilisation.

7• Si vous prenez des médicaments, essayez, après un an ou deux, en collaboration avec votre médecin, de réduire ou d'arrêter les médicaments.

8• Tenez un carnet de bord de votre alimentation et vos humeurs pour suivre vos progrès.

CHAPITRE 11

ÉTAPE 5 : GUÉRIR DES ALLERGIES ET DÉPENDANCES

Q<small>UELS SONT LES ALIMENTS QUE VOUS ADOREZ VRAIMENT ?</small> Ceux dont vous ne pouvez pas vous passer et pour lesquels vous avez du mal à vous modérer ? Les biscuits, les glaces, les céréales de petit déjeuner ? Êtes-vous un « junkie » de la pizza, des pâtes ou du pain ? Êtes-vous un de ceux pour qui les caramels ou les réglisses font que la vie vaut d'être vécue ?

Dans ce chapitre, vous découvrirez si vous êtes ou non allergique à ce que vous adorez. Vous pensez que vous ne pouvez pas vivre sans pain, sans Michoko ? Ne vous en faites pas, si vous êtes dépendant et allergique, les acides aminés, et d'autres compléments alimentaires, vous aideront à vous passer de ces nourritures à problème en minimisant toute réaction de manque, et en rendant vos fringales contrôlables. Sachez aussi qu'il existe de délicieux substituts aux aliments auxquels vous devrez renoncer.

CÉRÉALES, PRODUITS LAITIERS, ET SUCRE

Votre système immunitaire produit des anticorps, qui parcourent votre corps, traquant des substances hostiles qu'on appelle des antigènes. Ces anticorps tuent les virus et les bactéries. Ils attaquent aussi les fragments alimentaires qu'ils perçoivent comme

étrangers et toxiques. Leur action déclenche la sécrétion d'hista-
mine, une substance qu'on associe souvent avec les allergies, le
nez qui coule, les yeux qui pleurent – en somme ce qu'on soulage
avec des médicaments *anti*-histaminiques comme le Zyrtec ou la
Claritine.

Mais nous ne parlerons pas beaucoup, ici, de ces réactions
allergiques fortes et évidentes. Après tout, personne ne devient
« accro » à des nourritures qui le font étouffer, ou qui lui déclenchent immédiatement de violentes démangeaisons. Ce dont il s'agit
ici, c'est de réactions auxquelles on est tellement habitué qu'on les
considère comme normales : ballonnements, maux de ventre, constipation, fatigue, douleurs articulaires, écoulements, nez encombré,
distraction, tristesse inexpliquée... Ce sont quelques-uns des symptômes les plus courants des intolérances ou allergies alimentaires.
Ironiquement, les nourritures que nous tolérons le moins bien sont
souvent celles-là même que nous préférons (j'expliquerai pourquoi
plus bas).

On peut avoir une réaction allergique à toute sorte de nourriture, mais il n'y a d'habitude que trois types d'aliments qui peuvent
créer une dépendance : les céréales qui contiennent du gluten (blé,
seigle, avoine et orge), le lait de vache, et le sucre. Malheureusement,
farine, lait et sucre sont les aliments les plus courants et les plus
appréciés presque partout sur la planète.

Avez-vous déjà suivi un régime hypo-allergénique sans le savoir ?

Pensez à vos « meilleurs » régimes, ceux où vous vous êtes
senti le mieux (s'il y en a). Je ne parle pas de l'efficacité en termes de
perte de poids, mais de votre bien-être général et de votre humeur.
Bien sûr, tôt ou tard, on a trop faim pour continuer n'importe quel
régime. Mais avant d'en arriver à ce point, vous êtes-vous déjà senti
vraiment bien durant un régime ?

Pour la plupart de nos clients, ce sont durant des régimes pauvres en glucides et riches en protéines, comme le régime Atkins, qu'ils se sont sentis le mieux. Mais si ces régimes marchent si bien, pourquoi tant de ceux qui les ont essayés ont-ils encore des problèmes de poids ? Pourquoi n'arrivent-ils pas à rester en phase de « maintien » de leur poids ? Pour beaucoup de mes patients, le régime du Dr Atkins était trop gras et contenait trop peu de légumes et de glucides de qualité pour être un mode d'alimentation permanent*. La plupart des autres régimes contenaient trop peu de calories. Même si certains se sentent très bien quand ils jeûnent, on ne peut pas jeûner tout le temps ! Ceux qui suivent des régimes hypocaloriques ne peuvent maintenir longtemps ni le bien-être, ni la perte de poids, car que le corps réagit à cette situation, qu'il interprète comme une famine, en déclenchant des fringales incontrôlables et en ralentissant le métabolisme.

Ce qui fait le succès et l'efficacité d'un régime, ce n'est pas le *nombre* de calories, mais leur *qualité*. Certains gourous du régime ont presque tout juste, quand ils recommandent d'éliminer les trois types de nourritures les plus addictives. Mais la plupart des régimes existants ont le même défaut : passée la phase de perte des poids, *aucun n'envisage même d'exclure complètement les aliments addictifs* – les céréales à gluten, les produits laitiers et le sucre. La plupart autorisent une consommation modérée de pâtes, de sucre et de produits laitiers une fois le poids souhaité atteint. Beaucoup conseillent de limiter les apports en sucre et en farine, mais ils ne réalisent pas que, chez les personnes sensibles, *même une petite quantité* d'allergène peut suffire à les faire replonger, en déclenchant une réaction plus forte que n'importe quelle volonté.

* Pour une version mise à jour et enrichie du régime Atkins, voir *Le nouveau régime Atkins*, chez le même éditeur. On confond souvent le régime Atkins avec sa première phase, qui ne permet en effet que peu de légumes et aucun féculent. Cette nouvelle version 2010 inclut, passé la phase dite d'induction, un riche apport en légumes et en glucides complexes.

Quand vous avez une allergie-addiction de ce genre, vous conseiller de consommer ces produits avec modération, c'est comme servir de la bière à une réunion d'Alcooliques Anonymes. Les végétariens sont nombreux à souffrir d'allergies-addictions. Ils ne mangent souvent pas assez de gras, ce qui aggrave leurs fringales en les carençant en acides gras essentiels ; et ils mangent beaucoup trop de glucides, en particulier les aliments les plus irritants qui soient : le blé et ses cousins – seigle, avoine et orge.

Ces envies incontrôlables de produits à base de farine, de lait ou de sucre n'ont pas échappé à l'industrie agro-alimentaire. C'est pourquoi il n'est pas surprenant qu'on trouve ces produits partout, « opportunément » combinés dans des viennoiseries, des pâtisseries, des biscuits, des glaces, des plats préparés, etc. Les barres chocolatées sont pleines de sucre, de produits laitiers et de céréales ; le pain, les pâtes contiennent toujours de la farine et souvent des produits laitiers (vérifiez les étiquettes !).

Le mécanisme de la dépendance

L'effet de ces trois allergènes-addictifs sur votre cerveau est tel, qu'il peut être littéralement impossible d'y résister. Comme avec l'alcool et la drogue, les personnes sensibles ne peuvent pas « juste goûter ». En effet, que le corps tente de calmer l'irritation causée par ces aliments allergènes en secrétant de puissantes substances apaisantes. Ainsi, la consommation de sucre peut déclencher des sécrétions de nos antalgiques naturels, les endorphines[1]. La caséine, protéine du lait de vache, et le gluten, protéine qu'on trouve principalement dans le blé, le seigle, l'avoine et l'orge, stimulent eux la production d'exorphines, des opiacés très semblables aux endorphines[2]. Dans un cas comme dans l'autre, ces substances génèrent le plaisir et peuvent devenir hautement addictives. Ceux qui sont « accros » à ces allergènes sont en fait dépendants des substances que génère leur corps en réponse à l'agression de ces aliments. Le cas du gluten est pire, parce que la molécule de gluten elle-même peut se fixer sur les récepteurs des opiacés dans le cerveau, et ainsi agir directement comme une drogue. C'est pourquoi certaines personnes n'arrivent pas à se sentir bien le matin avant d'avoir eu leur croissant (farine) avec leur café au lait (lait et sucre), ou leur bol de céréales (contenant généralement sucre, lait et blé).

On peut donc se retrouver en manque de croissant et de cappuccino. Privé de ses allergènes-addictifs, le corps proteste comme celui de n'importe quel drogué en manque. Vous savez probablement déjà combien le manque peut être pénible, en particulier si vous êtes « accro » à plus d'une de ces substances. Mais il suffit d'une allergie-addiction pour basculer dans un cauchemar de fringales incontrôlables, d'hyperphagie, de prise de poids, de sautes d'humeur et de culpabilité.

Reba en est un bon exemple. Doctorante en psychologie, elle venait d'une grande famille italienne où on adorait le pain, les pâtes et les sucreries. Elle avait des problèmes digestifs depuis longtemps : ballonnements, constipations, gaz. Au cours des six années précédant sa visite, elle avait pris 9 kg qu'elle n'arrivait pas à perdre. Elle se doutait que le sucre était en cause, mais elle suspectait également le blé. Quand elle mangeait du pain ou des pâtes, elle se sentait mal, mais elle en mangeait quand même, parce que « c'était si bon ».

Je lui ai suggéré d'arrêter le blé et le sucre, tout en lui recommandant des compléments alimentaires pour contrôler ses fringales et stabiliser son humeur. Reba n'eut pas de réaction de manque. Au bout de quelque jours, elle commença à se sentir « plus légère », physiquement et mentalement. Au bout d'une semaine, ses vêtements commencèrent à flotter, elle eut plus d'énergie et moins besoin de sommeil. Elle mangeait sans se priver, mais elle perdit sept kilos en un mois.

Qui plus est, Reba avait moins de mal à se concentrer et à écrire sa thèse, et pourtant elle se sentait calme et apaisée, ce dont elle ne cessait de s'émerveiller. Et le mieux, disait-elle, était que « les pâtes et le pain dont, étant italienne, je pensais que je ne pourrai jamais me passer, ne me manquent pas ». Les pâtes de riz et les pizzas à la polenta la satisfaisaient pleinement.

Les sensibilités alimentaires ont souvent une base génétique, de sorte qu'elles peuvent avoir posé des problèmes depuis l'enfance, et concerner d'autres membres de la famille. Parce que les allergènes-addictifs peuvent endommager la digestion, ils peuvent créer une situation de malnutrition même quand on mange « bien » : les nutriments présents dans l'alimentation ne sont pas correctement assimilés.

Les allergènes-addictifs peuvent aussi affecter sérieusement le système immunitaire, parce qu'ils le détournent de sa tâche première, qui est de vous protéger des virus, des bactéries, des irritants, ou des cellules cancéreuses. En général, les drogués aux aliments allergènes se sentent donc faibles et déclinants. Souvent, ils ont aussi des allergies respiratoires ou cutanées, par exemple aux pollens ou aux acariens, mais *ces allergies non alimentaires disparaissent quand ils arrêtent de manger des aliments allergènes*. C'est parce que, en éliminant les allergènes, on libère le système immunitaire d'un fardeau, et il peut alors mieux remplir son rôle.

TESTER SES INTOLÉRANCES ALIMENTAIRES

C'est l'allergologue Theron Randolph qui, dans les années 1970, ouvrit la voie d'une définition plus large des allergies en décrivant des cas de patients dont les sévères symptômes physiques et mentaux disparaissaient du jour au lendemain en supprimant un seul élément de leur alimentation. Les symptômes revenaient instantanément si on réintroduisait l'aliment en question[3]. Des psychiatres comme William Philpott[4] et des biochimistes pionniers comme Carl Pfeiffer[5] ont ainsi développé d'intéressantes techniques nutritionnelles pour rétablir l'équilibre émotionnel en identifiant et supprimant les allergènes alimentaires. Même si peu de gens ont entendu parler de l'allergie-addiction, c'est un phénomène reconnu et étudié par les médecins holistiques depuis des dizaines d'années.

Pourtant la plupart des médecins affirment encore que les allergies alimentaires sont un phénomène très rare. Cela a peut-être à voir avec le manque de fiabilité des tests disponibles. Ni le test sanguin conventionnel , ni le test cutané classique ne détectent les allergies alimentaires aussi bien qu'ils ne détectent les allergies respiratoires ou cutanées. C'est peut-être pour cette raison que bien des médecins refusent même de faire le moindre test d'allergie alimentaire. Les tests de salive sont fiables pour identifier les allergies au gluten et à la caséine du lait, mais pas pour le lactose.

Un auto-test pour les allergies cachées

La façon la plus simple et la plus économique de savoir si vous êtes sensible aux céréales à gluten ou aux produits laitiers est de faire un test d'éviction à la maison. En 1990, un professeur à l'université Columbia de New York, le Dr John E. Postley*, démontra que ce test est la façon la plus fiable et la plus précise d'identifier les allergies ou sensibilités alimentaires. Commençons par quelques précautions importantes à prendre :

• Tenez un carnet de bord détaillé de ce que vous ingérez et de vos humeurs : notez ce que vous avez mangé à chaque repas ou encas (y compris les compléments alimentaires) et comment vous vous sentez entre les repas (état physique, mental, émotionnel, fringales).

• Ne réintroduisez qu'un groupe d'aliments à la fois.

• Attendez deux jours entiers pour tester un nouvel aliment, car les symptômes d'une sensibilité alimentaire peuvent mettre jusqu'à quarante-huit heures pour se manifester. Ainsi, si vous prenez un aliment suspect moins de deux jours après le précédent,

---

* *The Allergy Discovery Diet*, New York, Doubleday, 1990.

et que des symptômes se manifestent, vous ne saurez pas s'il faut les attribuer au premier aliment suspect ou au second. Par exemple, s'il s'avère que vous êtes allergique au blé, attendez au moins deux jours avant d'essayer le seigle. Certaines personnes n'ont de problème qu'avec le blé, pas avec toutes les céréales contenant du gluten (seigle, avoine, orge, épeautre, kamut, etc.). D'autres, au contraire, réagissent même à la plus petite quantité de produit dérivé du blé, comme le dextrose qui est incorporé dans la plupart des charcuteries. Mais si le blé ne pose pas de problème, il est peu probable que les autres céréales à gluten posent des problèmes et il n'est pas indispensable de les tester. Si vous êtes allergique à un certain type d'aliments, votre corps y réagira négativement dans les deux jours.

• Les femmes doivent faire le test après leurs règles et avant leur syndrome prémenstruel.

• Des précautions particulières sont à prendre pour les intolérances sévères au gluten (maladie cœliaque). En cas de maladie cœliaque, quand vous commencerez à éviter scrupuleusement le gluten, votre intestin commencera à cicatriser et à guérir. Si vous réintroduisez le gluten pour un repas après plusieurs mois, les anciens symptômes ne réapparaîtront pas forcément tout de suite. Il faudra peut-être quelques semaines de dommages à vos entrailles avant que ne vous ne les remarquiez.

Voici la marche à suivre.

Jours 1 à 7 : faire la pause. Ne consommez aucun des aliments que vous avez décidé de tester (que ce soit le lait ou les céréales contenant du gluten). Référez-vous à la suite de ce chapitre (page 195 et suivantes) pour le détail des sources cachées de ces allergènes (beaucoup de charcuteries ou de plats préparés contiennent ainsi du sucre, des produits laitiers, ou des dérivés du blé). Grâce aux compléments que je recommande à la fin de ce chapitre, votre désintoxication sera rapide et facile : les aliments que vous ne mangez plus ne vous manqueront pas, et au bout de cinq jours tout au plus, vous commencerez à vous sentir mieux. Il n'est pas rare qu'on observe aussi une perte de poids rapide au cours de cette première semaine.

Jour 8 : le défi. Au bout de huit jours, notez si certains de vos symptômes ont déjà disparu. Puis mangez une portion normale de l'aliment à tester au petit déjeuner et au déjeuner. Si vous testez le lait, prenez-en un verre le matin et un verre le midi. Si vous testez le blé, prenez un morceau de pain le matin et une portion de pâtes le midi. Ne changez rien d'autre à votre régime de la semaine précédente. Notez comment vous vous sentez après ces repas et les jours suivants. Prenez votre température et notez toute fringale, tout changement d'humeur, d'énergie, toute modification de votre digestion, de votre façon de respirer, de votre appétit, de votre peau, de votre sommeil, et de manière générale, prêtez attention à toute réaction de votre corps. Il se peut que vous ayez une réaction forte, comme un mal de tête violent ou un fort problème digestif. Il se peut que ce soit plus diffus, comme une vague fatigue, un certain ballonnement, un inconfort. Ne soyez pas surpris si votre poids remonte et si vos fringales reviennent : ce n'est pas une coïncidence.

Pour tester les céréales contenant du gluten, commencez par le blé (qui est la composante principale du pain ou des pâtes), car c'est la céréale la plus riche en gluten, et elle vous donnera donc la réaction la plus marquée. Ne réintroduisez aucun allergène suspect dans les deux jours suivants, continuez à suivre le régime de la première semaine, pour laisser les éventuels symptômes se manifester. Les réactions allergiques au gluten et celles au produits laitiers peuvent être très similaires, c'est pourquoi il est important de bien espacer les tests. C'est aussi pourquoi il est préférable d'éliminer les deux groupes lors de la première semaine, pour avoir des résultats plus clairs. Mais si vous trouvez que renoncer à la fois au pain, aux pâtes, et à tous les produits laitiers est trop difficile, vous pouvez ne supprimer qu'un seul des deux groupes (céréales ou produits laitiers) à la fois. Il vous faudra alors reprendre le test deux fois : une semaine sans produits laitiers avant de pouvoir les tester, et une semaine sans céréales, avant de pouvoir les tester. Si vous pouvez supprimer les deux à la fois la première semaine, alors il suffira ensuite de deux jours pour tester le blé, et de deux jours pour tester le lait.

Une fois un allergène identifié, ne le réintroduisez plus. L'aide de vos amis ou de vos familles peut s'avérer précieuse, s'ils sont capables de remarquer vos symptômes et de vous les signaler. Selon mon expérience, les épouses sont souvent de très fines observatrices de symptômes de leurs maris.

Si le premier test ne manifeste aucun symptôme négatif, l'aliment suspect est disculpé, et vous pouvez en tester un autre. Si vous déterminez que vous avez besoin d'éviter les céréales ou le lait (ou les deux), vous devriez vous sentir beaucoup mieux aussi longtemps que vous les évitez. Inversement, si le ballonnement ou les maux de tête reviennent inopinément, vous pouvez parier que vous aurez mangé quelque chose contenant de l'allergène. De même si, sous la pression sociale, ou dans une situation ou vous n'avez pas d'autre choix, vous consommez occasionnellement à nouveau de l'aliment allergène, vous verrez vos vieux symptômes revenir brièvement. Dans ces cas-là, un Alka-Seltzer, une aspirine, ou des acides aminés, en fonction de la nature de vos symptômes, peuvent être vos meilleurs alliés.

Mais ne décidez pas de réintroduire soudainement l'allergène sous prétexte que vous êtes à un anniversaire et voulez goûter le gâteau. Quand vous réintroduisez un allergène, faites-le dans une situation où vous pouvez faire très attention aux réactions de votre corps, pas dans un environnement où vous aurez du mal détecter les symptômes émergents. Si vous êtes allergique au sucre, vos anciens symptômes devraient revenir en moins de quarante-huit heures.

Un autre problème est celui du temps de réaction. Certaines personnes ont des douleurs articulaires ou musculaires plusieurs jours après avoir mangé l'allergène qui les provoque, ce qui rend difficile la mise en rapport des symptômes et de ce qu'on a mangé deux ou trois jours plus tôt. Mais si on ré-élimine l'allergène et que les symptômes disparaissent, la question est élucidée. Faites confiance aux messages de votre corps. Il vous dira ce qui marche et ce qui ne marche pas.

En ce qui concerne la sensibilité au sucre, je ne crois pas que ce soit la peine de la tester. Pensez-vous que vous êtes allergique à la strychnine ? Vous pouvez essayer pour voir. C'est un peu mon senti-ment quand on parle de réintroduire le sucre après l'avoir supprimé de l'alimentation. Après vingt-cinq ans passés à observer les ravages du sucre, je trouve que *tout le monde* devrait l'éviter. Néanmoins, si vous voulez déterminer si vous avez une sensibilité particulière au sucre, vous aurez rapidement votre réponse en le réintroduisant un jour au petit déjeuner et au déjeuner après vous en être passé pen-dant une ou deux semaines.

Autres tests des intolérances alimentaires

À notre clinique, nous procédons rarement à d'autres types de test que le test d'éviction, puisqu'il est si fiable et convaincant. Mais par-fois les symptômes subsistent même quand on a supprimé les trois groupe d'allergènes. C'est alors que nous avons recours à d'autres méthodes pour identifier des allergènes moins communs.

Test de salive

Ils permettent d'identifier les allergies à toutes les céréales conte-nant du gluten et aux protéines du lait (mais pas de détecter une intolérance au lactose, le sucre du lait).

ALCAT

Cet examen sanguin teste beaucoup plus d'allergènes que les anciens examens comparables.

Test du pouls

Mesurez simplement comment votre pouls réagit après ingestion de l'aliment suspect. On observe parfois des changements de 12 à 20 battements par minute juste après l'absorption d'un allergène.

Kinésiologie appliquée

Il s'agit d'un test musculaire développé par des chiropracteurs, qui permet d'établir si votre force musculaire décroît quand vous consommez certains aliments. Il existe aussi un traitement chiropratique à partir de ce test, qui permet de minimiser les réactions allergiques en question.

Tests de réaction cutanée

Les aliments suspects sont injectés (en très petite quantité bien sûr) sous la peau, et le praticien observe la réaction.

Anticorps sanguins (pour la maladie cœliaque)

Ce test permet de mesurer les anticorps à la gliadine (une composante du gluten); il est fiable à 98 %. Il ne permet de détecter que les cas les plus graves d'intolérance au gluten.

Biopsie (pour la maladie cœliaque)

C'est la façon la plus fiable de diagnostiquer la maladie cœliaque (qui est la forme la plus grave d'intolérance au gluten). Elle est pratiquée par un gastroentérologue, qui introduit un tout petit tube par votre bouche pour atteindre votre petit intestin et en prélever un petit bout. Il n'est pas difficile de comprendre pourquoi, au fil des années, nous n'avons eu que quatre patients volontaires pour faire cet examen. Tous étaient des hommes qui n'arrivaient pas à perdre du poids.

Avec les tests cutanés, vous pourrez peut-être découvrir quel type de sucre est le pire pour vous. Par exemple, certains sont allergiques au sirop de maïs mais pas au sucre de canne. Cette information peut faciliter vos choix alimentaires (les biscuits par exemple contiennent très souvent du sirop de maïs), mais encore une fois, la liberté de manger de sucre ne me semble pas devoir être encouragée. Le sucre sous toutes ses formes pose problème, même si on n'y est pas allergique. En ce qui concerne le lait, si vous éliminez les produits laitiers de votre alimentation pendant une semaine ou deux, puis les réintroduisez, et que vos voies respiratoires redeviennent encombrées, ou que vos maux de ventre reviennent, essayez de vous limiter à des produits appauvris en lactose, ou de prendre des compléments de lactase. Si vos réactions négatives demeurent, oubliez les produits laitiers – du moins passez au laits et fromages de chèvre ou de brebis. Si votre situation ne s'améliore pas, oubliez aussi la chèvre et la brebis. Cependant, vous trouverez peut-être que vous supportez mieux le fromage blanc, les fromages bien affinés ou les yaourts : c'est parce qu'ils sont partiellement pré-digérés par le processus de fermentation.

ALLERGÈNE ADDICTIF N°1 : CERTAINES CÉRÉALES

La famille de céréales qui contient le blé, le seigle, l'orge et l'avoine est en fait une famille d'herbes hybrides. Les herbes sont des allergènes respiratoires communs, et il n'est donc par surprenant qu'elles puissent également irriter les intestins. Les protéines contenues dans ces quatre céréales contiennent une substance qu'on appelle le gluten et qui est très difficile à digérer. Le gluten peut irriter et même endommager facilement la paroi de vos intestins. Il peut être fatal aux bébés en détruisant leur petit tube digestif. Beaucoup de nos clients qui sont intolérants au gluten, ont été des bébés à coliques, nourris au lait maternisé en poudre.

La plus sévère des réactions au gluten s'appelle la maladie cœliaque. Une personne sur quatre y est génétiquement exposée, en particulier si elle a des racines nord-européennes[6]. La maladie cœliaque est étroitement associée au diabète, au cancer du côlon, et à certaines conditions mentales comme la manie, la dépression ou l'autisme. L'anémie et une maladie de peau appelée maladie de Duhring-Brocq sont aussi associées à la maladie cœliaque.

Il se peut que votre corps ait cette sévère réaction aux céréales contenant du gluten, mais il est plus courant d'être atteint d'une forme moins virulente de ce problème, une intolérance au gluten.

Parce qu'elles sont si difficiles à digérer, je ne recommande à personne de consommer ces quatre variétés de céréales de manière régulière, même en l'absence de réaction manifeste. Non seulement elles sont difficiles à digérer, mais en plus elles contiennent de l'acide phytique, qui bloque l'absorption des minéraux, et en particulier du calcium, et d'autres anti-nutriments.

En général, c'est le blé qui est de loin le plus problématique. Beaucoup de gens sont capables de digérer le gluten en petite quantité, tel qu'il se trouve dans le seigle, l'avoine, l'orge, l'épeautre ou le kamut (épeautre et kamut sont des formes anciennes de blé, et contiennent moins de gluten que nos formes hybrides actuelles). Il se peut qu'après avoir examiné la question de près, vous trouviez que seul le blé vous pose un problème. Mais au contraire, certaines personnes ne tolèrent pas la moindre trace de gluten dans leur alimentation, y compris celui contenu dans la sauce soja, le MSG ou le dextrose.

Manger des aliments à base de ces céréales peut avoir bien des conséquences surprenantes. Je consulte régulièrement les « journaux alimentaires » de mes patients. Beaucoup de ceux qui adorent le pain et les pâtes se sentent lourds et fatigués après en avoir mangé. D'autres ont besoin d'une sieste en début d'après-midi après leur sandwich du midi. D'autres encore sont extrêmement irritables ou totalement découragés le lendemain. Une faible énergie est un symptôme courant de l'intolérance au gluten. Elle peut mener à une consommation excessive de café, de cigarettes, ou d'un autre stimulant.

Certains de mes patients se plaignent qu'ils ont encore faim, même après un gros repas, et ne peuvent pas s'arrêter de manger. C'est parce que leur intestin endommagé par le gluten n'absorbe pas bien les nutriments, de sorte qu'ils ne sentent jamais rassasiés. En revanche, le sucre passe dans leur sang de toute façon, quel que soit l'état de leur paroi intestinale, de sorte qu'ils ont souvent des fringales de sucré peu après un repas de pâtes ou de pain (comme je l'explique au chapitre 6).

LE « JUNKIE » DES PÂTES ET DU CAFÉ

Julien avait toujours eu un problème de poids. Mais, à 36 ans, il avait fini par identifier qu'il était simplement « accro » aux pâtes : il lui en fallait chaque fois qu'il se sentait déprimé, et plus il en mangeait, plus il était déprimé. Quand il mangeait des pâtes, il ne pouvait pas s'arrêter, et finissait invariablement le plat, quelle qu'en soit la taille. Il les supprima de son alimentation et se sentit « plus libre », et rapidement plus léger (il perdit trente kilos en un an). Néanmoins, il n'arrivait toujours pas à se défaire de plusieurs petits soucis, dont une addiction au café. Il avait beau essayer tous les acides aminés de la gamme à tous les dosages, il n'arrivait pas à se passer des ses quatre expressos par jour. Sur notre conseil, il supprima *complètement* le gluten de son alimentation. En trois jours, il avait même oublié qu'il avait eu envie de café.

Après avoir mangé un repas, même léger, contenant du blé (ou une autre céréale riche en gluten), beaucoup se plaignent de ballonnements et de gaz, ou ont l'impression d'avoir trop mangé. Quand ils m'amènent leur carnet de bord, il est en général clair qu'après un repas où les féculents proviennent du riz, du maïs ou des pommes de terre, ils se sentent légers et en pleine forme. D'ailleurs, ils ont beaucoup moins tendance à s'empiffrer de ces féculents-ci que de pain ou de pâtes. L'apport en calories et en glucides de ces catégories d'aliments est pourtant équivalent. Mais les produits à base de farine contiennent du gluten, et ceux à base de riz, de maïs ou de pomme de terre n'en contiennent pas.

Une autre raison pour laquelle ces céréales font grossir, c'est que la réaction allergique cause de la rétention d'eau. Certains médecins excluent systématiquement, et à tort, l'intolérance au gluten comme cause de l'embonpoint, parce qu'un symptôme classique de la maladie cœliaque est d'être trop mince malgré une alimentation normale.

À cause de l'effet du gluten sur la paroi intestinale et la digestion, la consommation d'aliments riches en gluten peut également compromettre la capacité à digérer d'autres nourritures indigestes, comme les produits laitiers, les produits à base de soja, ou les autres céréales ou pseudo-céréales comme le sarrasin, l'amaranthe, le millet ou le quinoa. Il faut un intestin grêle en très bon état pour digérer ces aliments correctement. Avec l'inflammation causée par le blé, le tube digestif peut avoir du mal à remplir son rôle avec les autres aliments.

Beaucoup de mes patients évitent de manger toute la journée, mangent beaucoup le soir, et gèrent leur réaction allergique en dormant. Parfois, ils se réveillent même avec la gueule de bois. Si vous avez tendance à tenir toute la journée à coup de café, de sodas, de bonbons et de jus de fruits, c'est peut-être parce que les céréales ne vous réussissent pas.

La femme d'un de mes collègues soupçonnait qu'elle était intolérante au gluten. Nous lui avons conseillé d'éliminer les céréales suspectes pendant une semaine, puis d'essayer de manger un peu de blé. Dès qu'elle arrêta les céréales, elle se sentit en meilleur forme et moins ballonnée. Puis, comme suggéré, au bout d'une semaine, elle emporta un beau morceau de pain au bureau (elle faisait son propre pain), et le mangea avec du thé à la pause de 10 h. Un quart d'heure plus tard, elle se réveilla, étonnée de sa sieste impromptue. Son cas est le plus extrême que nous ayons connu, mais la somnolence est le symptôme le plus courant rapporté par les « testeurs de gluten ». Ballonnements, gaz, problèmes intestinaux et fatigue générale sont courants également. Un autre indice d'une allergie-addiction est le manque de « régularité » intestinale. Quand je vois un drogué de la farine qui a des problèmes intestinaux (diarrhée, constipation, ou les deux), qui est fatigué après avoir mangé, ou dont le ventre est gonflé, je lui propose deux semaines sans gluten. Bien sûr, je lui propose aussi des acides aminés et d'autre nutriments pour contrôler ses fringales et abandonner la farine facilement. Typiquement, les problèmes intestinaux, dont le patient a souffert depuis toujours, disparaissent en quelques jours.

ALIMENTS COURANTS CONTENANT DU GLUTEN

Additifs	MSG (monosodium glutamate) ; HVP (protéine végétale hydrolisée) ; TVP (protéine végétale texturée) ; dextrose ; sirop de blé, de malt ou d'orge
Produits de boulangerie et de pâtisserie	Tous
Céréales	Blé, seigle, avoine, orge, épeautre, kamut, teff
Viandes, volailles, poissons	Panure utilisée pour rendre les viandes croustillantes : poulet frit, poisson pané, toutes viandes « croustillantes », en croûte ou farcies (sauf rares exceptions)
Pâtes et autres produits d'épicerie	Toutes les pâtes et nouilles (sauf indication « sans gluten »), couscous, boulgour, seitan
Biscuits et gâteaux	Tous sauf indication « sans gluten »
Aliments douteux	Amaranthe, quinoa (il y a encore un débat quant à la question de savoir si ces produits contiennent ou non du gluten. Ils ne posent pas de problème à nos clients)
Sauces	Toutes les sauces à base de farine (en particulier la béchamel), la plupart des sauces de soja (sauf tamari)
Soupes	Les miso à base de blé ou d'orge, les soupes contenant à base de pain, les soupes contenant des nouilles (sauf pâtes de riz)

Sources cachées de gluten

On ne pense pas forcément à les éviter, mais les aliments suivants contiennent souvent du gluten :

• Frites industrielles (elles sont souvent parsemées de farine avant d'être congelées)

- Croûtons dans les salades
- Nouilles sautées chinoises (sauf les pâtes de riz)
- Plats en sauce (souvent épaissis avec un peu de farine)
- Charcuteries (elles contiennent souvent du dextrose et parfois de la farine)
- Fromages industriels
- Dim-sums (raviolis à la vapeur, nems, etc.)
- La plupart des sauces soja
- Mayonnaises industrielles
- Vinaigrettes industrielles
- Colorant pour pâtisserie
- Malt
- Sulfites

Lisez les étiquettes et posez des questions ! Les produits ne doivent pas seulement être « sans blé », mais effectivement « sans gluten ». Ne vous laissez pas impressionner, et préférez les aliments simples, dont vous connaissez la composition avec certitude. Au restaurant, demandez s'il y a de la farine dans les recettes – « blé » est souvent compris comme visant seulement le blé complet en grains, par opposition à la farine « blanche ». Mais la farine blanche contient du gluten. Parce que le gluten est essentiel à la texture du blé, des pâtes et de la plupart des recettes à base de blé, il est rare qu'il soit absent de ces produits.

Que manger à la place des aliments contenant du gluten ?

Si vous avez une intolérance au gluten, vous devrez l'éviter de manière permanente et définitive (sauf si votre intolérance au gluten est en fait due à une prolifération de levures, auquel cas l'élimination de l'infection peut parfois mettre fin à l'intolérance alimentaire – voir chapitre 14). La paroi intestinale met des mois

ALIMENTS SANS GLUTEN

ASSAISONNEMENTS	Noix (y compris amandes, pignons, noix de macadamia, etc.), graines (p. ex. sésame, tournesol, lin, etc.), haricots, légumes séchés, algues (nori, wakamé, etc. – sans sauce soja)
PAINS	Pains à base farine de riz, d'haricots, de pommes de terres ; tortillas de maïs ; crackers de riz
CÉRÉALES	Maïs, riz complet, riz basmati, riz sauvage, crème de riz
CÉRÉALES TOLÉRÉES PAR BEAUCOUP D'INTOLÉRANTS AU GLUTEN	Millet, quinoa, amaranthe, sarrasin
VIANDES, VOLAILLES ET POISSON	Tous, à condition qu'ils ne soient pas panés ou roulés dans la farine avant cuisson (mais attention aux « hamburgers » et autres spécialités à base de viande)
PÂTES	De riz, de maïs, de quinoa ; polenta
SAUCES	On peut remplacer la farine dans les sauces traditionnelles (béchamel, hollandaise, roux, etc.) par de l'arrow-root, de la maïzena, de la fécule de pomme de terre, de la farine de riz...
SOUPES	Les soupes de légumes sans farine ni pain. Les bouillons, aussi sans farine. Toutes sortes de féculents sans gluten permettent d'épaissir la soupe : pommes de terre, haricots, riz, etc.
SUCRERIES	Fruits*
VINAIGRES	De cidre, de riz, de vin, balsamique, d'alcool

* Les chocolats, les caramels, les bonbons traditionnels, les pâtes de fruits sont généralement sans gluten – mais ils ne sont pas sans sucre.

à cicatriser, et toute nouvelle exposition à l'aliment incriminé peut faire reculer cette cicatrisation. Il vaut donc beaucoup mieux s'en tenir au riz et au maïs, sans faire d'exceptions.

MISE EN GARDE

Si, en plus d'être intolérant au gluten vous souffrez aussi d'une prolifération de levures, faites attention. Vous devez suivre les indications anti-levures du chapitre 15 pendant au moins quatre semaines avant de réintroduire des aliments contenant du gluten. Ne faites pas le test à la maison quand vous êtes en train de suivre le protocole anti-levures.

Les plats à base de riz ou de maïs ne contiennent en général pas de gluten. En Amérique du Sud, bien des plats traditionnels et délicieux sont à base de maïs et de haricots. En Asie, ce sont le riz, les légumes, l'huile de coco qui entrent dans la composition de plats traditionnels et parfaitement adaptés pour les intolérants au gluten (mais attention au glutamate de sodium, à la farine ajoutée et à la sauce soja quand vous mangez dans des restaurants ou des traiteurs asiatiques). On peut manger très bien et sans gluten – pour les féculents, il faut compter sur le riz, le maïs, le sarrasin, les pommes de terres, les patates douces et les légumineuses. Avec une machine à pain, on peut faire des pains sans gluten que bien des gens ne distingueraient pas d'un pain blanc normal. Les crêpes de blé noir traditionnelles sont une autre possibilité très satisfaisante (attention, bien des crêperies utilisent du blé dans leurs crêpes au sarrasin).

ALLERGÈNE ADDICTIF N°2 : LES PRODUITS À BASE DE LAIT DE VACHE

À la différence du lait humain ou même du lait de chèvre (généralement assez bien digérés par les humains), le lait de vache peut causer de gros problèmes. Un des moins connus est l'addiction. Buvez-vous beaucoup de lait, mangez-vous trop de fromage, de glaces, ou mêmes de yaourts ? Si vous avez des fringales de produits riches en lait, il est probable que vous ne le tolérez pas bien. De manière plus intuitive, si vous détestez certains de ces aliments, il est également probable que vous soyez intolérant au lait de vache. Demandez aux membres de votre famille s'il y a des antécédents familiaux de problèmes avec les produits laitiers. Peut-être aviez-vous besoin, enfant, d'un lait en poudre spécial ? Peut-être avez-vous eu des problèmes respiratoires ? Beaucoup de nos patients ont souffert d'asthme, de rhume des foins ou de maux d'oreilles chronique depuis la petite enfance, et c'était en fait à cause d'une allergie au lait. L'encombrement des voies respiratoires est un symptôme de l'intolérance aux produits laitiers (mais elle peut être également symptomatique d'autres allergies, alimentaires ou non). De plus, le traitement des symptômes de cette allergie (comme l'asthme ou les douleurs dans l'oreille) chez l'enfant par les antibiotiques ou la cortisone peut déclencher une addiction majeure aux sucreries et aux féculents en provoquant une prolifération de levures, comme je l'explique au chapitre 14.

L'autre partie de votre corps typiquement affectée par les produits dérivés du lait de vache est votre tube digestif. Maux d'estomac, gaz, ballonnements, rots, crampes, diarrhée et constipation chronique sont des réactions allergiques standards à ces produits. La bonne nouvelle, c'est que même les symptômes les plus sévères peuvent être guéris du jour au lendemain en éliminant le lait, les fromages, les yaourts, les glaces et les autres produits contenant du lait de vache de votre alimentation. Si vous êtes « accro » au lait de vache, il est probable que vous ne soyez pas tant allergique au sucre du lait (le lactose) qu'à sa protéine principale, la caséine. La caséine peut en effet déclencher la sécrétion de puissantes substances euphorisantes dans le cerveau, auxquelles on peut facilement devenir dépendant. Selon l'allergologue Doris Rapp, les problèmes digestifs sont plus probablement dus à une intolérance au lactose, alors que les problèmes respiratoires ont plus de chances d'être liés à la caséine[7].

Si vous ne digérez pas le sucre du lait, le lactose, vous pouvez utiliser du lait appauvri en lactose, ou prendre un complément de lactase, une enzyme qui aide à digérer le lactose : 30 à 90 % d'entre nous ne sont pas génétiquement équipés de lactase. Selon l'Institut national du diabète et des maladies digestives et rénales des États-Unis, 12 % des Blancs, 75 % des Noirs et 90 % des Américains d'origine asiatique sont intolérants au lactose[8].

Lydia, une mère de famille dynamique, d'origine moyen-orientale, avait eu des problèmes de nourriture toute sa vie. Enfant, elle était difficile quant au choix de ses aliments (ce qui est souvent un signe d'allergies alimentaires), mais sa nounou la forçait à manger de tout. À 20 ans, elle avait un ulcère et se bourrait d'antiacides. Dès qu'elle était contrariée, elle vomissait. À 34 ans, elle alternait diarrhée et constipation, se bourrait d'antiacides encore plus puissants, et avait parfois des crampes d'estomac après les repas. À 44 ans, elle vint à la clinique et accepta, à regret, d'abandonner tous les aliments à base de lait de vache, y compris le chocolat au lait, qu'elle adorait. Lydia contrôla ses fringales de chocolat grâce aux acides aminés, et ses envies de lait et de fromage avec des gélules d'huile de poisson. Elle n'en eut besoin que pendant six semaines. Après, elle n'eut aucun mal à se passer de ses anciens aliments favoris, même si elle pouvait en consommer occasionnellement en prenant de la lactase.

Souvent, des personnes qui ont un problème avec le lait *et* avec le blé se mettent à tolérer le lait beaucoup mieux une fois qu'ils ont éliminé le blé, et les autres céréales à gluten, de leur alimentation. Les céréales peuvent endommager la paroi intestinale et rendre difficile la digestion, en particulier la digestion de nourritures naturellement indigestes comme les produits laitiers. Après trois mois sans blé, seigle, avoine ou orge, vous pouvez ainsi essayer de réintroduire du lait ou des yaourts dans votre alimentation et voir si vous les tolérez mieux. En dépit de l'imagerie charmante associée au lait et à l'enfance, de plus en plus d'études montrent que la consommation de lait, particulièrement chez l'enfant, peut avoir des conséquences graves comme le diabète, les maladies cardiaques, l'anémie infantile, la maladie de Crohn (maladie inflammatoire chronique du tube digestif), la sclérose en plaque, l'infertilité et l'asthme. Il y a de nombreuses bonnes raisons de limiter notre consommation de produits laitiers, que nous les tolérions bien ou non. À moins qu'ils soient biologiques, ils sont souvent pleins des antibiotiques et, dans certains pays, des hormones avec lesquelles les vaches sont traitées. Le lait a aussi tendance à concentrer les polluants présents dans l'environnement de la vache. Par ailleurs, contrairement à ce que l'on croit généralement, les produits laitiers ne sont *pas* une bonne source de calcium, en raison essentiellement des difficultés de digestion qu'ils génèrent. Au contraire, consommer des produits laitiers *renforce* le besoin en supplémentation en calcium. C'est une des raisons pour lesquelles l'ostéoporose est encore si fréquente.

Éviter les produits à base de lait de vache

Si vous tolérez mal le lait, cela peut tenir à sa protéine (la caséine) ou à son sucre (le lactose). Selon le cas, il se peut que vous tolériez bien certains produits laitiers mais pas d'autres. Le degré d'intolérance peut aussi varier : ainsi dans le beurre et la crème fraîche, les quantités de lactose sont plus faibles (surtout dans le beurre clarifié), de sorte que certaines personnes qui ne supportent pas le lait supportent très bien, en revanche, la crème fraîche et le beurre.

Certaines personnes tolèrent mal le lait pasteurisé et homogénéisé, ou les traces d'antibiotiques et d'autres polluants qu'on peut trouver dans le lait. Dans ce cas, essayez le lait biologique, et essayez le lait cru. Paradoxalement, il arrive qu'on supporte très bien le lait cru mais pas le lait UHT.

Aliments à éviter quand on est allergique au lait

• Beurre
• Caséube et caséinate (de sodium, potassium, magnesium, calcium ou ammonium)
• Fromages
• Fromage blanc
• Petit lait
• Galactose (dans certains cas assez rares)
• Hydrolases (caséine, protéine de lait, whey)
• Lait
• Lait pris (crèmes caramels, panna cotta, crème brulée, etc.)
• Crème fraîche, épaisse, allégée, liquide
• Whey protéines
• Yaourts

Aliments qui contiennent couramment des produits laitiers

• Pains industriels, pains viennois, brioches
• Thon en boîte (souvent sous forme de « caséinate hydrolisée »)
• Margarines
• Médicaments, compléments alimentaires (par exemple les remèdes homéopathiques utilisent souvent du lactose comme excipient)

Que manger à la place des produits à base de lait de vache ?

Essayez d'abord les produits à base de lait de chèvre ou de lait de brebis qui sont souvent mieux tolérés. Ils sont mieux digérés que les produits équivalents à base de lait de vache. Par exemple, la fêta est en général faite avec du lait de brebis, mais certaines contiennent du lait de vache. Le Roquefort est un fromage de brebis mais la plupart des autres bleus sont des fromages de vache. Les yaourts de brebis et de chèvre sont de plus en plus facilement disponibles, non seulement dans les magasins diététiques, mais dans de plus en plus de supermarchés. Mais si vous réagissez mal aux produits de chèvre ou de brebis, ou si au contraire vous ne pouvez vous en passer, l'heure sera venue d'abandonner tous les produits laitiers.

Le beurre est bien toléré par certaines personnes. Le beurre clarifié ne contient ni lactose ni caséine, de sorte qu'il est généralement bien toléré (le beurre biologique est préférable, car les antibiotiques et les pesticides se fixent de préférence dans le gras du lait, donc dans le beurre). Pour la cuisson, on peut remplacer le beurre par de l'huile de coco (de préférence non raffinée), de l'huile d'olive ou de la graisse de canard dans la plupart des recettes.

Le lait de coco, ou les boissons à base d'amande ou de riz sont préférables au lait de soja, qui est difficile à digérer et qui, comme tous les produits à base de soja, est maintenant suspecté de causer des problèmes de santé. Pour faire votre propre lait d'amandes, faites tremper vos amandes dans de l'eau pendant une nuit, puis rincez-les et mixez-les avec un peu d'eau jusqu'à obtenir une crème (il faut un mixer solide).

Le lait de coco peut remplacer le lait dans la plupart des recettes. Souvent, l'eau est également un excellent substitut. Dans les sauces, un bouillon approprié (volaille, légumes, poisson, bœuf, etc.) peut aussi remplacer le lait. Selon les cas, un lait de riz, d'amandes est un bonne alternative. Les blancs d'œuf en neige, le yaourt de brebis ou de chèvre, peuvent remplacer la crème. Soyez créatifs !

ALLERGÈNE ADDICTIF N°3 : LE SUCRE

Le Dr Ellen Cutler, auteure de *Gagner la guerre contre l'asthme et les allergies*[9], signale que 80 % de ses patients ont une réaction allergique au sucre significative. Cela ne me surprend pas. Le sucre peut causer des réactions allergiques standards comme les douleurs articulaires, les maux de tête et l'hyperactivité. D'autres symptômes sont assez semblables à ceux que provoque son cousin l'alcool : sautes d'humeurs et variations d'énergie, gueule de bois, agitation et mauvais caractère. On peut être dépendant du sucre pour n'importe laquelle des raisons présentées dans ce livre, mais si les sucreries vous font planer juste avant de vous rendre malade (vous vous sentez pâteux, lourd, vous avez mal à la tête), vous avez probablement une réaction allergique.

Bien des études ont confirmé qu'un régime sans sucre et sans additifs pouvait guérir rapidement l'hyperactivité des enfants. Les mêmes bénéfices sont à attendre pour les adultes sensibles au sucre ou à d'autres aliments. Les problèmes d'humeur et de concentration peuvent disparaître du jour au lendemain quand des aliments allergènes sont retirés du menu des personnes sensibles. Les acides aminés et autres compléments alimentaires peuvent faciliter cette transition, mais tout retour au sucre ramène d'habitude aussitôt les symptômes allergiques initiaux. L'allergologue Doris Rapp a produit d'étonnants films vidéo d'enfants avant et après leur exposition au sucre. Leurs réactions allergiques d'agitation, de pleurs, de rage, de violence ou d'épuisement sont immédiatement évidentes.

Je ne le recommande pas, parce que le sucre est un poison pour tout le monde, mais certaines personnes peuvent supporter de manger un peu de sucre de temps en temps. Cependant, si vous êtes allergique, il vous faudra abandonner votre drogue. Il se peut que vous traversiez quelques jours difficiles de manque, comme avec toute drogue. C'est même probablement une expérience qui vous est déjà familière. Mais cette fois-ci peut être la dernière, non seulement parce que vous comprenez mieux maintenant pourquoi vous ne tolérez pas le sucre, mais aussi parce que, avec vos compléments alimentaires et votre nouvelle façon de manger, vous n'aurez *plus jamais* de fringales de sucré.

Le sucre peut être extrait de nombreux aliments : le maïs, l'orge, la betterave, la canne à sucre. Il est important d'apprendre à le reconnaître sur les étiquettes parce qu'il se cache souvent sous un nom différent (fructose, malto-dextrine, sirop de canne évaporé...).

Voici une liste des différents mots qui signifient en réalité sucre :

Les noms qui se terminent en –ose : dextrose, fructose, galactose, glucose, lactose, levulose, maltose...

Les noms qui se terminent en –ol : mannitol, sorbitol, xylitol...

Sirops et jus : de betterave, de canne à sucre, d'orge, de maïs, de pomme, de malt (ils sont parfois « évaporés »)...

Sucres « naturels » : miel, sirop d'érable, molasse, sucre brun, sucre roux, mascobado...

Autres noms : isomalte, maltodextrine, sorghen.

DES COMPLÉMENTS CONTRE LES ALLERGIES-ADDICTIONS ALIMENTAIRES

	L	P	MM	DÉJ.	MA	DÎN.	C*
• DLPA ou DPA, 500 mg	1-2		1-2		1-2		1
• L-glutamine, 500 mg	1-2		1-2		1-2		1
• Jus (ou gel) de pulpe d'aloé vera, de préférence biologique (comme Pur'Aloé)	1						1

* L= Au lever, P=Au petit déjeuner, MM=Milieu de matinée, Déj.=déjeuner, MA=En milieu d'après-midi, Dîn.=Au dîner, C=Au coucher

Tous les compléments de base décrits page 300 sont importants pour vous aider à décrocher. Ils sont à la base des huit protocoles réparateurs décrits dans ce livre, le soutien nutritionnel permanent qui vous permettra de maintenir les bénéfices conquis.

Contre les fringales

Si vous avez des fringales liées à des allergies-addictions, la DPA, ou la DLPA, est la réponse naturelle car elle permet au corps de produire les endorphines qu'il réclame. Elle devrait vous permettre de renoncer à ces aliments sans regret. La L-glutamine (qui est aussi utile pour les problèmes digestifs) aide souvent aussi à contrôler les fringales. Ensemble, ces deux acides aminés suffisent généralement à éliminer vos fringales en vingt-quatre heures. Consultez le tableau des acides aminés page 38 si les fringales persistent. Il se peut que vous ayez aussi besoin pour un temps de 5-HTP, de tryptophane et/ou de millepertuis. Il se peut également que vos fringales soient causées par un ou plusieurs des sept autres déséquilibres.

Pour les allergies au lait

La lactase est une enzyme qui aide à digérer le lactose. On peut s'en procurer en complément alimentaire. Elle n'est d'aucun secours pour ceux qui réagissent en réalité à la caséine.

Pour les réactions allergiques qui perturbent la digestion

La pulpe d'aloé vera aide la paroi intestinale à cicatriser. Le jus d'aloé vera peut aussi redonner de la vigueur à des intestins fatigués. Attention aux jus à base de feuilles entières qui peuvent être irritants.

Pour éliminer rapidement les symptômes d'allergie alimentaire

Prenez les aides à la digestion qui vous réussissent (par exemple Alka-Seltzer, citrate de betaïne) quand vous avez des maux de tête ou des tourments digestifs. Servez-vous-en à chaque fois que vous avez une réaction à des aliments allergènes. Pour les réactions de style dépressif ou obsessionnel, essayez le 5-HTP ou le millepertuis.

Pour se reconstruire après le stress des allergies

Si vous êtes allergique à des aliments aussi courants que le gluten, le lait ou le sucre, il est probable que votre corps est engagé dans un combat difficile et permanent depuis votre plus petite enfance. Ce stress chronique a probablement mis votre système immunitaire et l'ensemble de votre organisme à rude épreuve. Heureusement, le protocole présenté dans ce chapitre devrait lui permettre de se reconstituer. Mais si vous sentez encore un certain manque de vitalité, une tendance à être dépassé par le stress, après avoir décroché des aliments allergènes, je suggère que vous testiez vos fonctions surrénales. Si ces glandes, qui sont les gardiennes de votre immunité et votre rempart contre le stress, sont trop fatiguées, vous aurez besoin d'un protocole spécifique pour retrouver votre énergie et votre santé. Voyez le chapitre 8, page 131 pour plus de détails.

ENCORE RÉTICENT ?

Peut-être que la perspective de vivre sans pain, sans lait ou sans sucre vous déprime ? Je comprends. Comme beaucoup, vous avez sans doute été assez torturé par les privations en tous genres imposées par les régimes de toutes sortes. Croyez-moi, je ne proposerais pas ces restrictions si je connaissais un moyen fiable de les éviter.

Rappelez-vous néanmoins que, cette fois, il ne s'agit *pas* de limiter vos *calories*. Je sais bien que certains d'entre vous rechignent, en société, à refuser des aliments courants. Mais je sais aussi, d'expérience, que vous serez d'autant plus contrarié à l'idée d'abandonner ces aliments que vous en êtes dépendant. Après tout, auriez-vous les mêmes réactions si je vous suggérais d'abandonner le chou ou le céleri pour toujours ?

Ce que vous aurez peut-être du mal à croire, jusqu'à ce que vous en fassiez l'expérience, c'est que les acides aminés et les autres compléments alimentaires que vous prendrez mettront un terme à vos fringales. Ils minimiseront aussi les symptômes de manque, de sorte que cette expérience n'aura rien à voir avec les privations que vous avez pu vous imposer dans le passé. Promis. Et le résultat sera enthousiasmant : vous aurez plus d'énergie, digérerez mieux, serez de meilleure humeur, vous perdrez vos kilos en trop, et votre santé sera durablement améliorée.

PLAN D'ACTION

1• Passez en revue vos symptômes pour déterminer quels sont les aliments auxquels vous pourriez être allergique.

2• Faites le test d'éviction décrit page 189, en supprimant tous les aliments suspects pendant une semaine puis en les réintroduisant un par un à deux ou trois jours d'écart. Tenez un carnet de bord de vos repas et de vos humeurs (voir page 354).

3• Si vous pensez que vous avez une intolérance sévère au gluten (maladie cœliaque), ou que vous êtes allergique à d'autres aliments que le sucre, le lait et le gluten, explorez les autres possibilités de tests (salive, test cutané, examens sanguins – voir page 193).

4• Apprenez à éviter les aliments auxquels vous êtes allergique.

5• Découvrez les alternatives à ces aliments et comment les intégrer à votre alimentation au quotidien – apprenez à manger sans que cela vous fasse du mal.

6• Prenez vos compléments alimentaires : les compléments de base (page 307) et les compléments spécial fringales et décrochage.

7• Si vous allez mieux mais que vous sentez encore diminué, dépassé, trop stressé, faites tester vos glandes surrénales (page 140).

CHAPITRE 12

LES TROUBLES HORMONAUX

A PRÈS PLUS DE VINGT-CINQ ANS À AIDER LES GENS QUI ONT des dépendances alimentaires en tous genres, je sais que rien n'est plus féroce que les fringales dues aux hormones. Il n'y a pas de problème qui nous ait amené plus de patientes que les fringales de chocolat avant les règles. Heureusement, c'est un problème facile à régler. Si vous vous transformez en monstre mangeur de sucreries tous les mois, ou si vous avez développé des fringales permanentes et une prise de poids excessive à la ménopause, vous trouverez ici des réponses solides. La plupart des mes patientes se débarrassent de leurs fringales hormonales et des autres symptômes prémenstruels (mauvaise humeur, crampes) en deux mois. De même pour les femmes ménopausées et leurs bouffées de chaleur, leurs sueurs nocturnes ou leurs insomnies. Une amélioration significative de leur alimentation et des compléments alimentaires appropriés mettent fin à ces problèmes en améliorant la chimie du cerveau et l'équilibre hormonal.

HORMONES ET FRINGALES

Normalement, le niveau d'estrogènes est à son maximum au moment de l'ovulation, au milieu du cycle. Il devrait diminuer jusqu'après les règles, puis remonter jusqu'à l'ovulation

LA PETITE BOÎTE DES HOMMES

Ce chapitre est surtout écrit pour les femmes, comme vous vous en doutiez en lisant le questionnaire qui y renvoie page 21. Si vous êtes un homme et que vous suspectez des troubles hormonaux d'être la cause de vos problèmes de poids ou d'humeur, il n'y pas besoin de lire tout le chapitre. Lisez seulement cet encadré et la fin du chapitre, à partir du sous-titre *Déséquilibres hormonaux*, page 222 et en particulier l'autre petite boîte des hommes page 224.

Les hommes doivent être conscients qu'il y a deux causes courantes de l'abaissement durable des niveaux de testostérone (ce qu'on appelle parfois « ménopause masculine » ou « andropause ») :

1• Manger trop d'aliments riches en glucides (sucres et féculents) pendant trop longtemps.

2• Trop de stress, ce qui épuise les surrénales, qui sont les principales glandes pour la production de la testostérone.

Si vous avez plus de 40 ans et avez pris du poids et êtes devenu irritable, consultez dans ce chapitre les symptômes d'un faible niveau de testostérone, page 224. Si vous sentez que c'est indiqué, demandez à votre docteur de tester vos niveaux de testostérone, de DHEA et de cortisol.

Vous pourrez en apprendre plus sur l'épuisement des surrénales et sur ses solutions au chapitre 8, page 131. En mangeant plus de protéines et de légumes, moins de sucre et de féculents, vous diminuerez le niveau de stress de vos surrénales, ce qui permettra à vos niveaux de DHEA et de testostérone de remonter. Des compléments alimentaires et, si nécessaires, des médicaments, pourront aussi vous aider. Pour éliminer définitivement vos fringales, identifiez leurs causes grâce au questionnaire page 21 et reportez-vous aux chapitres en question (et utilisez les acides aminés du tableau page 18).

suivante. Après l'ovulation, la progestérone doit commencer à augmenter spectaculairement. La progestérone favorise en effet la grossesse (pensez « pro-gestation »), et ses niveaux resteront élevés pendant neuf mois en cas de grossesse. Sinon, une fois que votre corps est certain que vous n'êtes pas enceinte, les niveaux de progestérone diminuent à nouveau. Au moment des règles, le niveau de progestérone est aussi bas que celui des estrogènes. C'est le seul moment du mois où les deux types d'hormones sont à l'équilibre.

Les estrogènes stimulent de nombreux centres de l'humeur dans le cerveau, favorisant la production de sérotonine (notre antidépresseur naturel), de catécholamines (nos stimulants naturels) et d'endorphines (nos antalgiques et euphorisants naturels). Si les niveaux d'estrogènes tombent trop bas, avant les règles ou à la ménopause, votre moral peut lui aussi s'écrouler. C'est une des manières dont les fringales peuvent se déclencher : les sucreries et les aliments gras améliorent votre humeur directement en augmentant les quantités de sérotonine et d'endorphines dans le cerveau.

L'humeur et l'appétit sont également affectés d'une autre façon : la progestérone augmente les niveaux de GABA, notre calmant naturel. Si les taux de progestérone n'augmentent pas assez, vous pouvez être nerveuse et tendue, incapable de dormir. S'ils sont très élevés, ils peuvent vous détendre et vous déstresser, vous fatiguer, ou les deux. Ils peuvent aussi vous faire vouloir manger plus tout en augmentant votre métabolisme suffisamment pour brûler les calories supplémentaires (comme avant les règles). Si, comme tant d'entre nous, vous êtes déjà carencée en un de nos neurotransmetteurs essentiels (voir chapitre 2, page 25), vous risquez fort de voir vos problèmes d'humeur et de fringales renforcés quand vos niveaux d'estrogènes et de progestérone sont inadéquats ou déséquilibrés.

SIGNES ET SYMPTÔMES
DU SYNDROME PRÉMENSTRUEL

- Envies de sucré
- Tension nerveuse
- Appétit accru
- Humeur instable
- Mauvaise humeur
- Changements de personnalité, même légers
- Fatigue, léthargie
- Distraction
- Confusion
- Prise de poids
- Crampes utérines
- Diarrhée et/ou constipation
- Ballonnements abdominaux
- Palpitations
- Peau grasse / acné
- Anxiété
- Libido en berne ou au contraire stimulée
- Dépression
- Crises de larme
- Insomnie
- Gonflement des doigts et des chevilles
- Mal de dos
- Seins gonflés et plus mous
- Maux de tête
- Vertiges ou évanouissements[1]

MÉNOPAUSE ET PÉRI-MÉNOPAUSE

À partir de 35 ans environ, les ovaires commencent à produire moins d'estrogènes et de progestérone, jusqu'au moment où les surrénales doivent prendre le relais. En conséquence, les crampes menstruelles peuvent devenir plus douloureuses et les saignements plus abondants.

Ce sont quelques-uns des signes annonciateurs de la pré-ménopause. Si vous êtes ainsi en péri-ménopause ou si vous avez atteint la ménopause, repensez aux règles de vos 30 ans, et à leur évolution depuis. Présentez-vous des symptômes clairs de ménopause, comme les bouffées de chaleur, les suées nocturnes, les trous de mémoire, la sécheresse vaginale ou d'intenses fringales (lire encadré ci-contre) ?

SYMPTÔMES DE LA MÉNOPAUSE ET DE LA PÉRI-MÉNOPAUSE

- Règles irrégulières
- Bouffées de chaleur, suées nocturnes
- Sécheresse vaginale
- Problèmes de mémoire
- Insomnies, rêves bizarres
- Fringales subites et intenses
- Perturbations sensorielles (altérations de la vision, de l'odorat, du goût)
- Réveil précoce le matin
- Sensations « bizarres » dans la tête
- Douleurs dans le bas du dos (écrasement des vertèbres)
- Variations du désir et de la réceptivité sexuelles
- Apparition de nouvelles allergies ou sensibilités
- Gonflements subis (augmentation du tour de taille de 5 cm ou plus en deux heures ou moins)
- Démangeaisons agaçantes de la vulve
- Indigestion, flatulences douloureuses
- Frissons, ou sensations de grande chaleur
- Apparition de longs poils sur le visage du jour au lendemain
- Pleurs inexplicables
- Accélération soudaine du cœur
- Douleurs aux talons au réveil
- Grisonnement des poils pubiens
- Douleurs dans les chevilles, les genoux, les poignets ou les épaules
- Amincissement des cheveux ou des poils des aisselles
- Mictions fréquentes
- Bleus inexpliqués
- Démangeaisons ou fourmis dans les mains, veines enflées
- Nausées
- Vertiges
- Fuites urinaires (en toussant, éternuant, ou jouissant)
- Gain de poids, en particulier à des endroits inhabituels
- Explosions de colère soudaines et sans raison

- Sensibilité accrue au toucher par d'autres personnes
- Crises de panique inexplicables
- Tendance à la cystite
- Infections vaginales ou urétrales
- Anxiété, perte de confiance en soi
- Dépression incontrôlable
- Rapports sexuels douloureux
- Migraines
- Sensation d'être facilement blessée
- Démangeaisons cutanées, picotements[2]

Une femme qui avait tous les problèmes

Rouquine au rire haut, Farrell était habilleuse, et elle vint initialement à notre clinique à 40 ans, parce qu'elle avait des fringales totalement incontrôlables dans les dix jours qui précédaient ses règles. Elle y mit un terme rapide avec un bon complément d'acides aminés, un complément multivitamines riche en chrome et en vitamines B, un régime pauvre en glucides mais riche en légumes verts et en viande. Elle ne mangeait aucun glucide raffiné. Elle commença aussi à participer à des réunions d'Outre-mangeurs Anonymes. Son poids diminua, ses fringales disparurent, et Farrell arrêta de s'empiffrer et de se faire vomir. En deux mois, tous ses symptômes prémenstruels, y compris les envies de chocolat, avaient disparu. Huit ans plus tard, à 48 ans, ses fringales de glucides revinrent soudainement, alors même qu'elle avait continué à manger très bien, à prendre ses compléments, et avait passé des années en thérapie et aux Outre-mangeurs Anonymes. Son problème ? La ménopause. Elle l'avait épuisée et profondément déprimée, et l'avait fait replonger dans l'hyperphagie, les suées nocturnes, l'émotivité importante et l'insomnie. Avant de revenir nous voir, elle avait consulté son médecin, qui lui avait prescrit des médicaments hormonaux (Premarin®

et Depo-Provera®). Elle eut plus d'énergie, mais aussi plus de fringales. Elle prit plus de poids, et elle devint ballonnée, déprimée, et pleine de rage et de ressentiment. En fin de compte, elle abandonna ces médicaments et vint nous voir, à la recherche d'une solution plus naturelle. Nous lui conseillâmes de la L-glutamine, du 5-HTP et de la DLPA. Ses fringales disparurent et elle recommença à bien manger, avec plus de protéines et plus de légumes. Son nouveau docteur, holistique, évalua sa fonction thyroïdienne, qui avait toujours été « limite ». Les tests montrèrent qu'elle avait en effet besoin de médicaments pour la thyroïde, qu'elle prit. Elle dormit mieux et eut plus d'énergie. Pour rééquilibrer progestérone et estrogènes, on lui prescrit des pellets* de progestérone et un patch (Climara®) d'estrogènes sous forme de bêta-estradiol (identique au bêta-estradiol naturel, et sans les effets secondaires du Premarin). Ce traitement élimina ses suées, sa nausée, et sa rage.

D'OÙ VIENNENT VOS DÉSÉQUILIBRES HORMONAUX ?

Les pays pauvres sont parfois plus riches sur le plan nutritionnel, parce qu'ils ne sont pas autant atteints par la malbouffe. Il semble que plus un pays a de supermarchés et de fast-foods, plus ses femmes ont de syndrome prémenstruel (SPM) et de troubles de la ménopause. La caféine peut aussi être incriminée. Les bonbons, les graisses de mauvaise qualité (comme les margarines ou les aliments frits), les farines raffinées contribuent toutes à faire monter les taux d'estrogènes à l'excès. C'est cet excès d'estrogènes par rapport à la progestérone qui semble être la cause la plus courante des SPM, des problèmes de ménopause, et même de problèmes hormonaux plus graves comme certains cancers.

---

* Sortes de comprimés qu'on implante sous la peau et qui libèrent ainsi progressivement leurs substances actives.

L'héritage hormonal

Quelle est l'histoire hormonale des femmes de votre famille ? Quand ont-elles eu leurs premières règles ? Les seins et les hanches ont-ils tendance à se développer rapidement ? Leur appétit, leur humeur ou leur poids ont-ils été significativement affectés par les grossesses, les fausses couches, les naissances ? Ont-elles des fringales avant leurs règles ? Les règles sont-elles devenues plus douloureuses à la quarantaine ? La ménopause est-elle survenue au même âge chez chacune d'elles ?

Il n'y a pas que les hormones sexuelles. Y a-t-il des problèmes thyroïdiens dans la famille ? Au chapitre 9, j'ai expliqué comment les grands évènements hormonaux pouvaient affecter la thyroïde, et ainsi réduire le métabolisme et l'énergie et augmenter le poids. En étudiant l'histoire hormonale de votre famille, et la vôtre, n'oubliez donc pas les symptômes de problèmes thyroïdiens que j'ai détaillés page 154 : premières règles précoces, ou au contraire tardives, saignements abondants, gain de poids permanent après une grossesse ou infertilité sont autant de signes possibles de problèmes de thyroïde. Le cas échéant, refaire fonctionner votre thyroïde normalement, soulagera vos SPM ou vos problèmes de ménopause.

Autres sources de déséquilibre estrogènes/ progestérone

La sous-alimentation. Parfois, ce sont les nourritures que nous *ne mangeons pas* qui posent problème. Évitez-vous les fruits et légumes frais et les protéines, comme les œufs et le poisson, afin de limiter votre apport calorique car vous avez déjà trop mangé de céréales ou de sucreries ? Sautez-vous le petit déjeuner ? Carburez-vous au café, au soda light et à la cigarette pour éviter de manger trop ? Tout cela peut stresser vos hormones et causer des déséquilibres ou des carences. Vos règles sont-elles devenues irrégulières, se sont-elles arrêtées parce que vous ne mangez pas assez ? Êtes-vous boulimique, anorexique ?

Le manque de graisse corporelle peut aussi nuire aux hormones sexuelles. La graisse joue un rôle vital pour nos hormones. En fait, toutes nos hormones, qu'elles soient sexuelles ou faites pour répondre aux situations de stress, sont faites à partir de ce nutriment injustement diabolisé, le cholestérol (voir encadré page 290). À la ménopause en particulier, c'est la graisse de votre ventre qui prend le relais de vos ovaires et permet de fabriquer suffisamment d'estrogènes (ce processus commence généralement un peu après 35 ans). Parce que les régimes provoquent la prise de poids et le ralentissement du métabolisme, ils entravent la capacité de votre corps à maintenir un poids approprié au moment de la ménopause, quand votre métabolisme a déjà tendance à ralentir parce qu'il a moins d'hormones thyroïdiennes et moins de progestérone[3].

L'alcool, les drogues, les aliments-drogues. Les aliments-drogues, comme le chocolat, les farines raffinées, le sucre, les aliments frits, peuvent perturber l'équilibre entre estrogènes et progestérone. Le tabac, avec sa forte teneur en sucre (20 % et jusqu'à 90 % pour les cigarettes « aromatisées »), peut aussi être source de perturbation, de même que l'alcool, qui est un super-sucre et qui augmente le risque de cancer du sein. L'alcool perturbe également l'équilibre hormonal en portant atteinte au bon fonctionnement du foie. Or, un foie qui fonctionne bien régule les excès hormonaux.

Les hormones chimiques. Les traces de pesticides dans certains produits alimentaires contiennent des « faux estrogènes » qui peuvent créer des déséquilibres hormonaux.

On sait maintenant que les produits dérivés du pétrole, et en particulier le plastique (même celui des bouteilles d'eau ou des biberons), émettent aussi des « faux estrogènes », surtout quand ils sont exposés à la chaleur. Ces polluants alimentaires sont autant de facteurs majeurs dans ce qui est peut-être une véritable épidémie de problèmes liés aux estrogènes : SPM, cancers du sein, et diminution de la fertilité masculine[4].

Une autre cause de déséquilibre hormonal est la pilule contraceptive, qui peut faire s'écrouler les taux d'hormones. Maria, 16 ans, ayant un petit copain régulier et une allergie aux préservatifs, avait décidé de prendre la pilule. Pendant huit ans, elle apprécia la régularité et la légèreté de ses règles, ainsi bien sûr que la sécurité que cela lui procurait. Mais elle avait pris près de dix kilos. Après avoir arrêté la pilule, elle développa un énorme fibrome sur la muqueuse utérine, en plus de SPM très douloureux et de règles très abondantes. Son risque de cancer du sein était aussi élevé. Pourquoi ? Parce que l'estradiol (un estrogène artificiel) et les progestatifs (progestérone artificielle) de la pilule avaient limité sa production naturelle d'hormones sexuelles, qui sont des protections contre le fibrome et le cancer.

Prendre la pilule peut aggraver ou déclencher un déséquilibre hormonal – même des années après avoir arrêté (mais la prendre pendant plus de dix ans est également un facteur de risque de déséquilibre).

DÉSÉQUILIBRES HORMONAUX

Vous trouverez ci-après une liste de symptômes associés à un excès ou une carence d'estrogènes, de progestérone, ou de testostérone. Si vous êtes concernée, vous devriez faire tester votre activité hormonale, puis comparer vos résultats d'examen avec vos symptômes.

SYMPTÔMES POSSIBLES D'UN DÉSÉQUILIBRE EN PROGESTÉRONE

• Envies de sucré	• Constipation
• Fatigue	• Dépression
• Ballonnements	• Libido en berne[5]
• Insomnie	• Seins ramollis
• Perte osseuse	• Acné[6]

SYMPTÔMES POSSIBLES D'UN DÉSÉQUILIBRE EN ESTROGÈNES

- Irritabilité, négativité
- Perte osseuse
- Tension artérielle élevée[7]
- Seins ramollis
- Insomnie
- Diarrhée
- Sensibilité accrue à la douleur
- Tension, anxiété
- Prise de ventre
- Bouffées de chaleur
- Maux de têtes[8]
- Accélération du rythme cardiaque
- Cholestérol élevé
- Problèmes de mémoire, de concentration[9]
- Pleurs
- Intolérance à la pilule
- Calculs biliaires

SYMPTÔME D'UN DÉSÉQUILIBRE EN TESTOSTÉRONE CHEZ LES FEMMES

Carence
- Faible énergie
- Libido en berne
- Ralentie
- Légèrement déprimée
- Cheveux fins
- Peau sèche et fine
- Rêve moins

Excès
- Agitation
- Libido renforcée
- Pensées éparses
- Irritable, anxieuse
- Poils sur le visage
- Acné
- Rêve plus intensément : rêves agressifs ou violents[10]

Stress des surrénales et équilibre hormonal

Ce sont les surrénales et les ovaires qui fabriquent les hormones sexuelles. En fait, les surrénales contrôlent la production d'hormones par les ovaires, et fabriquent elles-mêmes les mêmes hormones sexuelles, ainsi que d'autres hormones qui servent à protéger de toutes sortes de stress. Ces hormones du stress (adrénaline, cortisone, DHEA) sont sécrétées au premier signe de bouleversement émotionnel ou de danger physique. Les taux de cortisone et de DHEA restent élevés lors d'un stress prolongé, comme une maladie. Les surrénales réagissent aussi agressivement lors d'un régime. Dans cette situation, leur mission est d'organiser la cannibalisation de vos muscles et de vos os pour procurer à votre corps les protéines et les minéraux dont il a besoin. Si en plus, comme tant d'autres, vous vous épuisez dans la salle de gym pour perdre du poids, les surrénales y voient également un danger et se mobilisent d'autant plus... pour faire fondre vos muscles, ralentir votre métabolisme et affaiblir vos os.

Tout ceci détourne évidemment les surrénales de vos besoins sexuels, et peut faire baisser vos niveaux d'estrogènes, de progestérone et de testostérone. En fait, l'épuisement des surrénales, quelle qu'en soit la cause, est peut-être un facteur majeur dans tous les déséquilibres hormonaux. Au chapitre 8 page 132, j'en dis plus

LA PETITE BOÎTE DES HOMMES : SYMPTÔMES D'UN MANQUE DE TESTOSTÉRONE

- Mal-être
- Manque d'énergie, de vitalité
- Libido en berne
- Perte musculaire
- Apathie, manque de courage, de détermination, de constance
- Augmentation des taux de sucre dans le sang et d'insuline
- Prise de ventre
- Obstruction coronarienne
- Cholestérol total élevé, « mauvais » cholestérol (LDL) élevé
- Perte osseuse, fractures de la hanche[11]

sur l'épuisement des surrénales et les manières d'y remédier. Il est souvent en jeu dans la péri-ménopause et la ménopause, où les stress accumulés peuvent naturellement s'accélérer, provoquant de graves déséquilibres et des carences hormonales.

CHAPITRE 13

ÉTAPE 6 : SE LIBÉRER DES FRINGALES HORMONALES

AVEZ-VOUS DE PUISSANTES FRINGALES DE SUCRÉ OU DE GRAS avant vos règles, ou à l'approche de la ménopause ? La plupart des ces fringales d'origine hormonales s'estompent dès qu'on arrête de consommer des aliments-drogues : le chocolat, le sucre, les produits à base de farine blanche, la caféine, le faux sucre contribuent tous à perturber le fonctionnement hormonal. Si vous voulez vous défaire de vos SPM ou de vos fringales et problèmes de poids liés à la ménopause, il faudra vous en passer complètement. Mais la bonne nouvelle est qu'ils ne devraient pas vous manquer si vous prenez les compléments que je recommande. Même le chocolat perdra de son irrésistible attrait. Une fois débarrassée de vos fringales (il n'y en a pas pour longtemps), les aliments vraiment nutritifs, loin de vous frustrer, vous apporteront une satisfaction profonde. Vous prendrez un vrai plaisir à consommer les légumes verts, violets, jaunes et rouges. Le poisson, le tofu, les œufs, la viande vous feront du bien et vous feront vous sentir bien. Avec modération, vous pourrez aussi apprécier des sources de glucides complets comme les haricots secs, les pommes de terre, le riz complet et la polenta.

Le problème, c'est que les aliments-drogues sont partout. Ce sont les plus « pratiques », si on met à part leur effet sur le comportement alimentaire et la santé. Si on trouve les SPM et les bouffées de chaleurs « pratiques », alors, en effet, les aliments préparés, les fast-foods, les pâtisseries sont bien pratiques. Il est vrai que préparer de vrais repas à base d'aliments frais prend du temps. Même trouver des endroits où on peut manger sainement prend du temps, et de l'argent. Mais quand la qualité de vie se dégrade dans un cercle vicieux où les dérèglements hormonaux provoquent des fringales, lesquelles aggravent à leur tour les dérèglements hormonaux, il est temps de repenser ses priorités, l'usage de son temps et ce qui fait qu'on profite de la vie.

LES ACIDES AMINÉS

Ce sont les nutriments dont vous avez besoin pour échapper à ce cercle vicieux. Quelle que soit votre état hormonal, les acides aminés vous permettront de réduire vos fringales de sucré et vos sautes d'humeur. Je les décris plus en détail au chapitre 2 (page 25).

Les changements hormonaux, en particulier la diminution des estrogènes et de la progestérone et l'augmentation des hormones du stress, peuvent radicalement altérer nos stocks de neurotransmet-

CONTRE LES FRINGALES ET LES SAUTES D'HUMEUR DES SPM – À UTILISER SELON LE BESOIN

	L	P	MM	DÉJ.	MA	DÎN.	C*
• L-glutamine	1-2		1-2		1-2		
• 5-HTP, 50 mg			1-2		1-2		2
• Millepertuis, 500 mg (avec 900 µg d'hypericine)			1		1		1
• GABA 100-500 mg			1		1		1
• DLPA 300-500 mg	1-2		1-2		1-2		
• Ou DPA, 200-500 mg	1-3		1-3		1-3		
• L-tyrosine, 500 mg	2-4		2-4		2-4		

* L= Au lever, P=Au petit déjeuner, MM=Milieu de matinée, Déj.=déjeuner, MA=En milieu d'après-midi, Dîn.=Au dîner, C=Au coucher

teurs « de la bonne humeur » : sérotonine, endorphines, noradréna-line et GABA. Vous n'aurez pas besoin de prendre les acides aminés longtemps, parce qu'ils vous permettront immédiatement de modifier facilement votre comportement alimentaire, ce qui corrigera les dérèglements hormonaux en quelques mois.

Référez-vous au tableau des acides aminés, page 38 pour déterminer plus précisément desquelles vous avez besoin (L-glutamine, 5-HTP ou millepertuis, GABA, DLPA ou tyrosine), en fonctions de vos symptômes spécifiques.

PRENEZ VOS COMPLÉMENTS ALIMENTAIRES

Plusieurs études ont démontré que des doses modestes de vitamines et de minéraux peuvent apporter un soulagement spectaculaire aux SPM et aux symptômes de ménopause. Avec une alimentation appropriée, les compléments de base décrits page 300 devraient vous permettre de réduire, voire de supprimer, la plupart des symptômes des SPM ou de la ménopause. Les vitamines B (en particulier la vitamine B_6), ainsi que le calcium, le magnésium et le zinc jouent tous un rôle important. Parce que nous ne mangeons pas assez de produits frais, et aussi parce que nos fruits et légumes proviennent de sols eux-mêmes carencés en minéraux, la plupart d'entre nous sont déficients en ces nutriments fondamentaux. Il arrive aussi que l'huile de poisson puisse mettre un coup d'arrêt aux symptômes de dérèglements hormonaux. Les SPM, entre autres, sont un problème nutritionnel qui peut souvent aisément être corrigé.

Les remèdes naturels pour les règles douloureuses

Les six compléments de base et les acides aminés permettent de se défaire rapidement des fringales de malbouffe et de (re)commencer à manger bien, tout au long de votre cycle. Si toutefois vos règles vous font encore souffrir, essayez de prendre un remède à base d'angélique chinoise, ou Dong Quai. En Chine, les femmes l'utilisent depuis des milliers d'années pour aider à réguler leurs niveaux d'estrogène. Elle permet ainsi de soulager de nombreux problèmes gynécologiques et liés à la ménopause.

En France, on peut se procurer du Dong Quai isolément (par exemple en gouttes de la marque *Nature's Answer* ou en pilules chez *Nature's Plus* ou encore sur le site www.lantandessaveurs. fr), ou en association avec d'autres nutriments (par exemple dans *PMS control*, de *Natrol*), dans les magasins diététiques, les para-pharmacies, et sur des sites Internet comme biovea.fr.

Les remèdes naturels pour accompagner la ménopause

Nous avons essayé bien des compléments qui contenaient du Dong Quai et de l'actée à grappes noires (*Actea racemosa*). Ils se trouvent en magasin diététique, et aident beaucoup de femmes à surmonter leurs problèmes hormonaux, à éliminer les bouffées de chaleur et les insomnies. L'actée à grappes noires se trouve par exemple en pilules chez *Biovéa*, et en gouttes chez *Nature's Answer*. Elle se trouve aussi sous forme de gélules dans les pharmacies.

Les bénéfices de ces remèdes naturels sont confirmés par de nombreuses études. Mais, chez la plupart des femmes, sinon toutes, ils ne suffisent pas à normaliser entièrement les hormones. Par exemple, nous observons parfois de l'ostéoporose chez des femmes qui, parce qu'elles n'ont plus de bouffées de chaleurs, supposent que tout va bien. Et leurs tests de salive montrent que leurs estrogènes, leur progestérone et leur DHEA sont à des niveaux faibles. C'est pourquoi il faut faire tester d'emblée ses niveaux d'hormones, puis les tester à nouveau tous les six mois jusqu'à ce qu'ils soient normaux, et continuer à les contrôler tous les ans après cela (voir page 234).

COMPLÉMENTS ET MÉDICAMENTS SPÉCIFIQUES POUR LA RÉPARATION HORMONALE

	L	P	MM	DÉJ.	MA	DÎN.	C*
• Mélanges d'herbes pour SPM (p. ex. PMS Control, de Natrol), suivre les indications							
Herbes pour la ménopause, suivre les indications • Dong Quai (p. ex. Nature's Plus ou Nature's Answer) • Cohosh noir (p. ex. Biovéa ou Nature's Answer)							
• Traitements hormonaux, selon prescription • Progestérone (progestine) • Estrogène (estradiol) • Testostérone							

* L= Au lever, P=Au petit déjeuner, MM=Milieu de matinée, Déj.=déjeuner, MA=En milieu d'après-midi, Dîn.=Au dîner, C=Au coucher

MANGEZ BIEN ET ARRÊTEZ LES RÉGIMES

À partir d'aujourd'hui, il faut manger au moins trois vrais repas par jour. En mangeant plus de légumes et de protéines (viande, poisson, œufs), plus de bonnes graisses (huile d'olive extra vierge, beurre, huile de noix de coco, graisse d'oie, de canard, lard, olives, avocats, noix, graines…), en éliminant les sucreries et les produits à base de farine blanche (pain, viennoiseries, céréales de petit déjeuner,

SOY STORY (L'HISTOIRE DU SOJA)

Il était une fois des chercheurs qui remarquèrent que les femmes d'Asie orientale présentaient peu de cancers du sein. Était-ce par hasard dû à leur consommation de soja ? Ou bien parce qu'elles consommaient en moyenne 20 % de calories en plus par rapport aux femmes américaines ? Était-ce parce qu'elles mangeaient moins d'aliments raffinés et industriels et plus de légumes ?[12]

Pour une raison ou une autre, le soja devint le centre d'attention. C'est un haricot très complexe qui contient de nombreux nutriments. Certains d'entre eux, les phyto-estrogènes, agissent comme des estrogènes, et nos cellules s'y méprennent. Un bol de tofu contient autant d'estrogènes qu'une dose de Premarin®[13], ce médicament hormonal puissant fait à partir d'urine de jument. Les premières recherches suggérèrent que le soja pourrait avoir un effet protecteur contre le cancer du sein, l'ostéoporose et la maladie d'Alzheimer au moment de la ménopause. Cependant, il y avait encore beaucoup de questions sans réponse qu'en est-il de la préménopause ? À quel moment devrait-on prendre du soja à des fins thérapeutiques ? Quel est l'effet du soja sur les personnes qui ne sont ni à l'approche de la ménopause, ni déficientes en estrogènes ?

Telles sont certaines des questions lancinantes à propos du soja. Et des réponses dérangeantes commencent à apparaître :

• en dépit de leur consommation élevée de soja, les femmes japonaises ont beaucoup *plus* d'ostéoporose que les Américaines (une sur trois contre une sur 11). La réduction de la densité osseuse commence en moyenne à l'âge de 20 ans chez les Japonaises, contre 35 pour les Américaines[14].

• Le soja favorise la croissance des cellules cancéreuses dans le sein, que ce soit en condition réelles (*in vivo*) ou en laboratoire (*in vitro*)[15].

• Le soja augmente l'activité de la progestérone et la croissance des cellules du sein chez les femmes réglées[16].

• Le soja réduit l'activité thyroïdienne (T3) et les niveaux de DHEA chez les femmes (ces deux hormones sont essentielles à la santé, à l'énergie et à la stabilité du poids), et diminue les niveaux d'estrone, de LS et de FSH (les hormones reproductrices féminines)[17].

• Le soja inhibe la conversion de la tyrosine en catécholamines[18].

• Une étude portant sur un groupe de femmes pré-ménopausées a montré que le soja perturbait leurs règles[19].

• Les bébés des deux sexes qui ont été nourris au lait de soja développent plus tard des anomalies hormonales comme une puberté précoce chez les filles ou un développement génital retardé chez les garçons. C'est qu'ils ont été exposés à des niveaux d'estrogènes de 13 000 à 22 000 fois supérieurs à ceux naturellement présents dans le lait maternel[20].

La morale de l'histoire est que la bonne santé des femmes asiatiques est probablement due à d'autres facteurs que le soja. Après tout, la plupart des peuples qui suivent des régimes traditionnels sont en meilleure santé que les Américains. Or, la plupart de ces régimes traditionnels ne contiennent pas de soja. Et des centaines de fruits, de légumes et de céréales contiennent des phyto-estrogènes comparables à ceux contenus dans le soja.

Si vous consommez du soja, soyez conscient qu'en plus de ralentir la thyroïde, il est difficile à digérer. C'est d'ailleurs pourquoi, en Asie, on le consomme de préférence sous forme fermentée, plus facile à digérer. Il ne nous paraît pas avisé de se forcer à consommer des produits à base de soja. Ce n'est pas un aliment indispensable, et il peut se révéler nuisible. Je ne recommande donc pas, pour traiter vos problèmes hormonaux, les produits à base d'isoflavones de soja.

pâtes…) et en prenant vos compléments alimentaires, vous serez débarrassée de vos fringales et de la prise de poids en deux mois, même avant les règles. *Rappelez-vous seulement que l'excès de glucides et toute forme de régime contribue aux déséquilibres hormonaux.* Par exemple, l'excès de glucides provoque une poussée d'insuline, laquelle diminue la production de testostérone chez l'homme, et cause donc un gain de poids, une perte musculaire, et une diminution de la libido. Chez les femmes, l'insuline a l'effet inverse et augmente la production de testostérone, ce qui favorise une prise de poids autour du ventre et un syndrome de Stein-Leventhal, ou syndrome des ovaires polykystiques, entre autres (d'autres effets négatifs de l'excès de testostérone chez les femmes en page 223)[21].

Soyez attentive à la façon dont votre corps réagit aux protéines que vous lui fournissez. Il semble en effet que certaines d'entre nous soient génétiquement programmées pour les protéines animales, ce qui fait qu'en dépit de leurs idées végétariennes, les protéines végétales ne leur réussissent pas. Rappelez-vous que la viande rouge est une excellente source de zinc et de fer bio-disponibles, et que ces deux minéraux sont très importants pour les femmes réglées, qui en perdent des quantités importants à chaque cycle. Cela pourrait suffire à expliquer pourquoi tant de nos clientes végétariennes rêvent de hamburgers tous les mois avant leurs règles : leur corps réclame du fer et du zinc. Si vous êtes végétarienne *et* en pré-ménopause, assurez-vous de prendre ces deux minéraux sous forme de compléments alimentaires. Vérifiez si votre multivitamines/minéraux de base en contient.

FAITES TESTER VOS HORMONES

Les compléments alimentaires et le changement d'alimentation font des merveilles pour les SPM et les symptômes de ménopause de la plupart des femmes. Mais certaines ont besoin de plus d'aide. Si, après deux mois de ce programme, vous n'allez pas mieux, je vous suggère de demander à votre médecin de faire tester vos niveaux hormonaux. Les déséquilibres hormonaux sérieux peuvent commencer jusqu'à 10 ans avant la ménopause : n'ignorez donc pas vos éventuels symptômes de perturbations hormonales, car ils peuvent être un signe de pré-ménopause sans pour autant annoncer une ménopause proche. Par exemple, si vos règles n'ont jamais été douloureuses mais qu'elles commencent soudain à l'être à la trentaine, vous devriez faire tester vos hormones. Pour la plupart d'entre vous, cela ne sera pas nécessaire parce que l'approche nutritionnelle suffira à mettre un terme à vos problèmes : seules un dixième de nos patientes atteintes de SPM ont besoin de passer un examen hormonal. Mais si c'est votre cas, lisez les recommandations ci-dessous.

La prudence s'impose face aux idées rigides sur les hormones. Le seul problème indubitable est de savoir si vous avez assez de toutes vos hormones, et si leurs niveaux sont équilibrés. Il est toujours possible d'expérimenter, par exemple avec un traitement d'estrogènes, puis un traitement de progestérone si ça ne marche pas. Mais je crois largement préférable de faire tester ses niveaux d'hormones avant d'entamer tout traitement, même à base de médecines douces et de plantes. Dans mon expérience, ce sont certains tests de salive qui sont les plus fiables. Si vous devez, en fin de compte, prendre des hormones de remplacement, qu'elles soient naturelles ou synthétiques, vous pourrez être certaine d'aborder d'attaquer le bon problème. Vous pourrez aussi comparer vos résultats d'examen et vos symptômes. Il est important que vous teniez un carnet de bord de vos humeurs et de votre alimentation, pour noter comment votre alimentation et les compléments que vous prenez influencent votre bien-être.

Vos symptômes doivent vous donner une première idée de ce qui ne va pas : estrogènes, progestérone, testostérone, DHEA, ou n'importe quelle combinaison des quatre. Avant d'essayer de corriger ces déséquilibres, confirmez-les par un examen de laboratoire. Si vous êtes à l'approche de la ménopause, et en particulier si vous êtes atteinte de symptômes pénibles, je crois que le jeu en vaut vraiment la chandelle. Vous devriez également faire tester vos hormones si vous avez des raisons de croire que vous souffrez d'une affection hormono-dépendante comme un fibrome, une endométriose, ou un problème de fertilité. Si vous commencez à prendre des hormones suite à l'examen, refaites tester vos hormones six mois plus tard, et aussi à chaque fois que de nouveaux symptômes de perturbations hormonales apparaissent. Continuer à tester vos hormones au moins une fois par an, toute votre vie. Pour ce faire, les tests-salives sont considérés comme la référence par l'Organisation mondiale de la santé (OMS) – je ne m'étendrai pas donc sur les examens sanguins, fastidieux et peu utiles.

Vous pouvez collecter un échantillon de salive à n'importe quel moment de votre cycle. Si vous êtes encore réglée, vous pouvez même suivre en détail l'évolution de vos niveaux hormonaux au cours de votre cycle en prélevant un échantillon de salive tous les jours.

Pourquoi est-il important de faire mesurer vos niveaux d'hormones ?

La plupart des femmes qui viennent à notre clinique et présentent des perturbations hormonales n'ont jamais fait tester leurs hormones, même celles qui voient leur gynécologue régulièrement et prennent des médicaments qui ont un profond effet sur les hormones !

Parce que les déséquilibres hormonaux peuvent être très mauvais pour la santé, il faut impérativement faire tester ses hormones avant tout traitement hormonal, aussi naturel soit-il. De nombreuses études ont montré que des niveaux excessifs d'estrone, d'estradiol ou de testostérone peuvent favoriser le cancer du sein. D'autres ont montré une corrélation entre faible estriol et cancer du sein. Mesurer vos hormones peut vous alerter de tels signes précurseurs, et vous aider à maintenir préventivement votre équilibre hormonal. Mesurer vos hormones peut également vous permettre de suivre l'effet de votre traitement hormonal, si vous en suivez un, et de l'adapter en conséquence (selon les prescriptions de votre médecin). En général, les patientes atteintes de SPM montrent un écroulement de la progestérone à la fin de leur cycle. Les patientes ménopausées sont majoritairement carencées en estrogènes et progestérone, mais un nombre significatif sont beaucoup plus carencées en progestérone qu'en estrogènes.

Faire tester sa densité osseuse

Le secret d'une ménopause réussie réside dans vos os. À partir de 35 ans, ils commencent à s'alléger doucement, puis plus rapidement dans la dernière décennie avant la ménopause, puis doucement à nouveau. On peut maintenant mesurer la densité osseuse au moyen d'un scanner (donc sans utiliser de radiations), et un simple test urinaire permet de déterminer à quelle vitesse les os se détériorent. Pour contrôler l'avancement de votre programme d'équilibrage de vos hormones, vous pouvez refaire ces tests régulièrement. Un cortisol élevé et des estrogènes, progestérone et testostérone et DHEA faibles contribuent tous à la perte de matière osseuse, ce qui est une raison supplémentaire de s'assurer que vos hormones fonctionnent bien.

INTERPRÉTEZ VOS RÉSULTATS D'EXAMEN

Le laboratoire devrait vous renvoyer une description détaillée de votre activité hormonale, ce qui s'avère souvent riche d'enseignements et fascinant. Certaines femmes découvrent qu'elles ovulent en fait deux ou trois fois par mois, par exemple. D'autres, pas du tout. Certaines ont beaucoup d'estrogènes et de progestérone, mais pas avant les règles (d'où les SPM). Au fur et à mesure que vous vous approcherez de la ménopause, votre profil hormonal changera et cela vous aidera à comprendre les changements de vos symptômes et de votre corps.

SPM, MÉNOPAUSE ET FONCTION THYROÏDIENNE AFFAIBLIE

Une faible thyroïde est souvent en cause dans les SPM, dans les règles abondantes ou douloureuses, et quand l'énergie et la libido sont en berne. D'autres indices de possibles problèmes de thyroïde sont la frilosité, ou des premières règles précoces ou tardives (voir la liste complète des symptômes thyroïdiens, et les indications pour tester la fonction thyroïdienne aux chapitres 9 et 10, page 154 et suivantes). Une thyroïde ralentie est souvent en cause chez les patients qui viennent nous voir pour des SPM ou des problèmes liés à la ménopause. Si la thyroïde fonctionne au ralenti, toutes les hormones sexuelles seront à des niveaux très faibles. Les estrogènes peuvent inhiber la fonction thyroïdienne, la progestérone la ralentir. Avant les règles et autour de la ménopause, les niveaux de progestérone tendent à baisser plus vite que ceux d'estrogènes.

De l'aide pour vos hormones

Dans chaque échantillon de salive, on peut mesurer toutes les hormones suivantes : estradiol, estriol, estrone, progestérone, testostérone, DHEA et cortisol (les deux dernières permettant de mesure la fatigues surrénale). Avant d'envisager un traitement hormonal de substitution, je vous conseille de faire tester toutes ces hormones plusieurs fois. Quoiqu'il en soit, n'essayez pas d'entamer un traitement hormonal sans qu'il soit prescrit par un médecin !

Si vos résultats d'examen montrent des niveaux trop faibles d'estrogènes, de progestérone, ou de testostérone, il est impératif de consulter votre médecin et de mettre au point un traitement. Si vous utilisez des crèmes, surveillez attentivement vos niveaux d'hormones et vos symptômes, car votre corps absorbe beaucoup d'hormones de cette façon. Refaites le test au bout d'un mois de traitement, puis tous les six mois jusqu'à ce que vous n'ayez plus de symptômes. Refaites le test à la moindre réapparition de symptôme, ou si un scanner ou une radio révèle de nouvelles pertes osseuses.

Si vos niveaux de cortisol ou de DHEA sont trop faibles, vous tenez peut-être la clé de vos problèmes hormonaux, parce qu'il s'agit là d'un signe indubitable de fatigue de vos glandes surrénales, lesquelles deviennent, à la ménopause, les seuls producteurs d'estrogènes et de progestérone, puisque les ovaires ont abandonné ce rôle. Référez-vous aux suggestions du chapitre 11 pour raviver vos surrénales aussi vite que possible. Au cours des mois suivants, re-testez tout (DHEA, cortisol, hormones sexuelles...) pour vérifier si l'augmentation de votre DHEA et de votre cortisol ont permis de remonter aussi vos hormones sexuelles. Il se peut que vous deviez adapter, voire arrêter, votre traitement hormonal substitutif en fonction.

Si vos niveaux de testostérone sont trop bas, une prescription de testostérone à faible dosage peut faire des merveilles. Là encore, il vous faudra re-tester vos niveaux d'hormones régulièrement, car l'excès de testostérone peut être très nocif.

Si vos niveaux de n'importe quelle hormone sont trop élevés, voici quelques mesures à prendre :

• Arrêtez tout traitement visant à remonter vos niveaux hormonaux : compléments alimentaires, changement de régime, remèdes à base d'herbe, hormones (en particulier les crèmes).

• Augmentez votre prise quotidienne de vitamine C jusqu'à 5 g.

• Consommez quotidiennement des compléments alimentaires de fibres douces, comme de la pectine, avec beaucoup d'eau. Mangez des aliments riches en fibres : fruits et légumes, haricots, céréales complètes.

Si vos niveaux d'hormones sont déséquilibrés, mais que vous ne souhaitez pas utiliser de traitement hormonal, vous pouvez envisager les remèdes homéopathiques*. À notre clinique, nous n'avons pas encore eu l'occasion d'utiliser des remèdes homéopathiques contre les déséquilibres hormonaux, mais nous avons obtenu de très bons résultats avec d'autres déséquilibres.

Si vous avez un problème hormonal que vous n'arrivez pas à résoudre par la nutrition et les traitements hormonaux, vous pouvez aussi essayer de consulter un acupuncteur formé à la médecine chinoise.

Relaxation, exercice et soleil

Les neurotransmetteurs de la bonne humeur diminuent avec les estrogènes, et l'exercice physique peut les stimuler, en particulier la sérotonine. Pour produire des endorphines par le biais de l'exercice physique, il faut s'y exténuer, mais une activité douce et modérée stimule les sécrétions de sérotonine, même si c'est temporaire. Si vous vous sentez beaucoup mieux après une séance de gym, c'est probablement grâce à une bouffée de sérotonine. Prendre du 5-HTP fera monter vos niveaux de sérotonine plus durablement, de sorte que vous n'aurez pas à craindre la dépression par manque d'exercice. La lumière du soleil (ou la luminothérapie) augmente également les niveaux de sérotonine. Du coup, faire de l'exercice en plein air, au soleil (en se protégeant si besoin) est presque toujours une bonne idée. Augmenter les niveaux de sérotonine aide à contrôler les fringales, les sautes d'humeurs, et l'insomnie.

À la ménopause, on peut compenser un peu de la prise de poids naturelle grâce à l'exercice, en transformant la graisse nouvellement formée en muscle. Les muscles peuvent utiliser le gras comme carburant. Cependant, il y a une excellente raison pour laquelle on

---

* Ceux-ci sont détaillés dans le livre *Menopause and Homeopathy*, du Dr Ifeoma Ikenza.

prend du poids à la ménopause : c'est grâce aux tissus gras que les surrénales peuvent prendre le relais des ovaires pour produire des estrogènes. Il est donc normal, et souhaitable, de s'enrober un peu avec l'âge. Avant la ménopause, la production intensive d'estrogènes empêche le développement de la graisse abdominale, mais cet effet cesse quand la production d'estrogènes diminue.

Le stress est également un facteur bloquant pour la construction de muscles. En fait, le stress fait « fondre » les muscles et les os, car c'est là que sont les réserves dans lesquelles notre corps puise quand nous nous sentons en danger. L'exercice physique trop intensif peut ainsi épuiser les surrénales, et il faut savoir ralentir son programme d'exercice si on est trop fatigué après. Mais une activité physique modérée est en revanche d'une aide démontrée contre le stress. N'oubliez pas que le stress peut détruire les hormones qui réduisent les symptômes de ménopause, parce qu'il épuise les surrénales censées prendre le relais des ovaires pour la production de ces hormones. Si elle sont tout entières occupées à gérer votre stress, elles vous laisseront sans défense face aux problèmes de la ménopause. Tout ce qui vous dé-stresse augmente vos niveaux d'estrogènes, de progestérone, de testostérone et de DHEA.

TRAITEMENT HORMONAL DE SUBSTITUTION, MÉNOPAUSE ET PÉRI-MÉNOPAUSE

Beaucoup de nos patientes trouvent que le traitement hormonal substitutif de la ménopause (THS), non seulement n'élimine pas tous les symptômes, mais cause en plus de nouveaux problèmes. Les effets indésirables les plus courants sont les sautes d'humeur et les fringales. Mais ces médicaments peuvent déclencher des changements bien plus sérieux, parfois mortels, et dont on est parfois pas conscients jusqu'au moment où se déclare un cancer du sein ou de l'utérus. Ce genre de problème peut apparaître du seul fait des carences en hormones naturelles, mais le THS peut parfois aggraver ces déséquilibres et augmenter le risque de cancer de 36 à 240 % selon les combinaisons de médicaments[22].

L'Agence Française de Sécurité Sanitaire des Produits de Santé (AFSSAPS) a publié en 2004 un rapport sur le THS tel qu'il est pratiqué en France, c'est-à-dire à base d'hormones bio-identiques (17-bêta estradiol et progestine), qui concluait en particulier que :

• Le THS est efficace sur les symptômes de la ménopause mais n'a pas d'effet sur les troubles cognitifs.

• Un traitement à base des seuls estrogènes ne semble pas augmenter le risque de cancer, mais élève le risque cardiovasculaire – ce risque redevient normal quand on arrête le traitement.

• Un traitement combiné estrogène et progestine augmente le risque cardiovasculaire et le risque de cancer du sein (le surcroît de risque se résorbe cinq ans après l'arrêt du traitement), mais semble diminuer celui de cancer colorectal et ne pas augmenter le risque de cancer de l'endomètre (tissu qui tapisse l'utérus).

FEMMES À BARBE : LE POUVOIR DES THÉRAPIES HORMONALES (MÊME NATURELLES)

Il faut être particulièrement prudent quand on utilise des crèmes à base de progestérone. Il ne faut pas en abuser, et il est impératif de re-tester ses niveaux hormonaux tous les trois à douze mois, et surtout dès que des effets indésirables, comme l'apparition de poils de barbe, se manifestent. Il faut aussi immédiatement arrêter le traitement. Par voie cutanée, on a tôt fait d'absorber trop d'hormones. Ainsi une de nos clientes utilisait-elle sa crème hormonale comme une lotion pour le corps, au lieu de se limiter au quart de cuillère à café qu'on lui avait prescrit. Il lui fallut plusieurs mois après l'arrêt du traitement pour perdre ses rouflaquettes.

• Les phyto-estrogènes à base de soja peuvent présenter des effets et des risques similaires. Leur fiabilité et leur sécurité n'ont pas été évaluées[23].

Compléments hormonaux naturels pour la péri-ménopause

Il faudra aussi vraiment tester vos hormones pour gérer cette zone mystérieuse pour les hormones qu'est la péri-ménopause. Il est important de faire mesurer sa densité osseuse, car il se peut que vous ayez suffisamment augmenté vos niveaux d'hormones pour soulager vos symptômes mais pas assez pour vous protéger de l'érosion osseuse. Si vous avez déjà de l'ostéoporose, des médicaments comme Fosamax, une supplémentation en estrogènes, progestérone, testostérone ou DHEA, et en vitamine K, peuvent être d'une grande aide.

PLAN D'ACTION

1• Utilisez la liste de symptômes page 216 et suivantes pour déterminer quels peuvent être vos déséquilibres hormonaux.
2• Utilisez les compléments alimentaires et les plantes (voir page 231) pour soulager les symptômes de SPM ou de ménopause comme les fringales et les sautes d'humeur.
3• Suivez bien nos recommandations alimentaires : ce que vous évitez est aussi important que ce que vous consommez.
4• Si vous souffrez de SPM et que la stratégie nutritionnelle ne suffit pas à éliminer vos symptômes, consultez votre médecin et demandez-lui de faire tester vos niveaux d'hormones comme il est expliqué page 234.
5• Si vous êtes en péri-ménopause et que la stratégie nutritionnelle ne suffit pas à supprimer tous vos symptômes, faites également tester vos niveaux d'hormones.

6• Faites les examens d'hormones sexuelles, de thyroïde, de surréna-les ou de densité osseuse, selon vos besoins.

7• Décidez avec votre docteur d'une stratégie de rééquilibrage hor-monale (traitement substitutif, remèdes naturels, etc.) en fonction de vos résultats.

8• Envisagez l'homéopathie et l'acupuncture.

9• Surveillez vos symptômes, refaites mesurer vos niveaux d'hormo-nes régulièrement, pour ajuster votre traitement en conséquence, selon les indications de votre médecin.

CHAPITRE 14

LA PROLIFÉRATION DES LEVURES

L Y A BIEN DES ANNÉES, À RECOVERY SYSTEMS NOUS ÉTIONS déjà fiers des succès obtenus en matière d'élimination des fringales. Néanmoins, il y avait encore quelques clients qui ne réagissaient pas comme prévu, et cela nous laissait perplexe. Typiquement, leur fringales s'étaient dans l'ensemble considérablement réduites, mais explosaient encore tous les trois ou quatre jours. Souvent, les patients nous disaient : « c'est comme si ces fringales n'étaient même pas les miennes ». Ils avaient raison : *ce n'était pas eux*, c'était des organismes qu'on appelle levures.

Ces levures sont semblables à celles qu'on utilise pour faire lever du pain ou un gâteau. Pour faire du pain, c'est formidable : les levures digèrent le sucre ou le miel dans la pâte, et créent des gaz dans le processus, et c'est ce qui fait que le pain est moelleux, alvéolé, et développe ses arômes caractéristiques. À l'intérieur des patients, le processus est le même, mais le résultat est nettement moins souhaitable : ils se sentent ballonnés, bouffis, à l'étroit dans leur corps, en particulier après avoir mangé des sucreries, des féculents ou bu de l'alcool. Ils tendent aussi à avoir des mycoses, ce qui est un indice fort qu'il y a plus à l'œuvre qu'un déséquilibre de la chimie du cerveau ou des sensibilités alimentaires. Les patients atteints d'une prolifération de levures ont aussi souvent des sinusites à répétition, des mycoses des ongles, et, du point vue mental, sont souvent confus, absents, au point de sembler parfois farfelus.

Dans le questionnaire ci-contre, vous découvrirez s'il est probable que vous ayez un problème de levures. Si votre score est élevé, vous aurez intérêt à confirmer ce résultat par un examen de salive ou des selles, comme je l'explique plus loin dans ce chapitre.

IDENTIFIER LES PROBLÈMES DE LEVURES

Encerclez le chiffre qui correspond le mieux à votre réponse selon l'intensité du symptôme.

Pour le tableau A :
0 = Je n'ai pas ce symptôme ;
4 = Légèrement ;
8 = Moyen ;
12 = Fort

Pour le tableau B :
0 = Non ;
3 = Un peu ;
6 = Modérément ;
9 = Beaucoup

Pour le tableau C :
Oui = nombre indiqué ;
Non = 0

A. SYMPTÔMES PRINCIPAUX

				TOXICITÉ ET ÉNERGIE
0	4	8	12	Fatigue, léthargie
0	4	8	12	Quand j'ai faim, je suis de mauvaise humeur ou je me sens très mal
0	4	8	12	Maux de tête
				FONCTIONNEMENT MENTAL ET ÉMOTIONNEL
0	4	8	12	Anxiété sans cause apparente
0	4	8	12	Dépression
0	4	8	12	Confusion, absences, étourdissements
0	4	8	12	Problèmes de mémoire
0	4	8	12	Indécision, difficultés de concentration
				SYMPTÔMES DIGESTIFS
0	4	8	12	Ballonnements, gaz
0	4	8	12	Diarrhée chronique
0	4	8	12	Constipation chronique
0	4	8	12	Douleurs abdominales
				FONCTION SEXUELLE
0	4	8	12	Perte d'intérêt, ou d'aptitude
0	4	8	12	Démangeaisons, inflammations ou pertes vaginales problématiques
0	4	8	12	Tensions prémenstruelles, crampes
				MUSCLES ET ARTICULATIONS
0	4	8	12	Douleurs et faiblesse musculaires
0	4	8	12	Mains ou pieds froids, frilosité
0	4	8	12	Douleurs ou gonflements au niveau des articulations
				TOTAL A

B. AUTRES SYMPTÔMES

0	3	6	9	Eczéma chronique, démangeaisons, rougeurs
0	3	6	9	Mauvaise odeur corporelle ou mauvaise haleine qui résistent au lavage/brossage
0	3	6	9	Maux de gorge, laryngite, angine ou toux chroniques, ganglions enflés
0	3	6	9	Problème de miction : trop fréquente, trop urgente, brûlures
0	3	6	9	Sensation d'étouffement, douleurs dans la poitrine, respiration sifflante
0	3	6	9	Otites à répétition, cire dans les oreilles, encombrement du nez
0	3	6	9	Se fait des bleus facilement
0	3	6	9	Insomnie
0	3	6	9	Manque de coordination ou d'équilibre, vertiges
0	3	6	9	Sensibilités ou intolérances alimentaires
				TOTAL B

C. ANTÉCÉDENTS PERSONNELS

		ANTIBIOTIQUES ET MÉDICAMENTS
NON = 0	OUI = 35	Avez-vous pris de la tétracycline (Amphocycline ®, Tetralysal ®) ou d'autres antibiotiques pendant un mois ou plus ?
NON = 0	OUI = 35	Avez-vous suivi beaucoup de traitements antibiotiques à large spectre, même de courte durée ?
NON = 0	OUI = 15	Avez-vous pris de la cortisone ou d'autres corticoïdes (Cortancyl ®, Solupred ®...) pendant un mois ou plus ?
NON = 0	OUI = 10	Avez-vous pris la pilule pendant plus d'un an ?
		SYMPTÔMES ET SENSIBILITÉS
NON = 0	OUI = 25	Avez-vous eu des mycoses, des prostatites, des vaginites persistantes ou d'autres infections de l'appareil reproductif ?
NON = 0	OUI = 20	Avez-vous beaucoup fréquenté des endroits humides, avec des moisissures, ou démontré une sensibilité aux moisissures ?
NON = 0	OUI = 20	Avez-vous eu des mycoses chroniques, qu'elles soient de l'ongle, de la peau, du pied ?
NON = 0	OUI = 10	Avez-vous été traité pour des parasites ?
NON = 0	OUI = 20	Présentez-vous de fortes réactions aux parfums, aux insecticides ou à d'autres substances chimiques ?
NON = 0	OUI = 10	Est-ce que la fumée de cigarette vous dérange vraiment ?

FRINGALES		
NON = 0	OUI = 10	Avez-vous des fringales de sucré, ou mangez-vous beaucoup de sucreries ?
NON = 0	OUI = 10	Avez-vous des envies incontrôlables de féculents comme les pâtes ou le pain, ou en mangez-vous beaucoup ?
NON = 0	OUI = 10	Avez-vous des fringales d'alcool, ou buvez-vous beaucoup ?
		TOTAL C

		TOTAL A
		TOTAL B
		TOTAL C
		GRAND TOTAL A+B+C

Un score supérieur à 100 suggère la probabilité d'une prolifération de levures ; un score supérieur à 175 indique une forte probabilité.

La prolifération des levures est-elle un problème répandu ? Il y a débat dans la communauté médicale. Nous-mêmes, nous étions sceptiques. Mais nous ne le sommes plus depuis que nous avons vu des centaines de patients débarrassés de leurs ballonnements et de leurs fringales après un traitement contre la prolifération des levures.

QU'EST-CE QUE LE CANDIDA ?

Le candida, ou *Candida albicans* est une des levures qu'on trouve naturellement dans le corps humain et dans l'environnement. Sa prolifération, ou *candidose,* est le plus connu des problèmes de prolifération de levures, mais pas le seul. Le candida est une composante normale de la flore intestinale : il vit en symbiose avec nous, dans notre intestin, depuis notre naissance. Mais sa prolifération pose un problème.

Quand une levure se développe à l'excès à l'intérieur de notre corps, on parle de prolifération ou d'infection aux levures. Les levures préfèrent les endroits chauds, de sorte qu'elles ont tendance à proliférer au niveau des intestins, du vagin ou de la bouche. De plus, elles ont la capacité de se transformer en champignons lorsqu'elles prolifèrent, produisant des longues structures semblables à des racines qui peuvent devenir envahissantes et traverser la paroi intestinale. Un champignon peut aussi relâcher dans le sang des toxines et des aliments partiellement digérés. Tout ceci endommage le tube digestif et peut déclencher des sensibilités alimentaires, des allergies et d'autres problèmes digestifs.

L'ÉMERGENCE DES LEVURES : UNE CAUSE MAJEURE DES FRINGALES

Les infections aux levures sont assez courantes. Les chercheurs estiment que 25 à 35 % de la population en est atteinte, en majorité des femmes[1].

Ces infections aux levures sont devenues un problème de santé beaucoup plus important pendant la seconde moitié du XXe siècle. Le développement des ces drogues miracles que sont les antibiotiques en est une des raisons principales : les antibiotiques tuent en effet toutes les bactéries sans discrimination. Ce qui signifie qu'ils tuent aussi les bonnes bactéries, celles qui contribuent à notre bonne digestion ou à notre système immunitaire. Ainsi les bactéries « amies » comme le *bifidus* ou le *Lactobacilli acidophilus* sont éradiquées par un traitement antibiotique. Les levures, qui sont opportunistes, profitent de cette absence pour proliférer, remplissant le vide laissé dans l'intestin par le traitement antibiotique. La pilule contraceptive et les stéroïdes contribuent aussi directement à la prolifération des levures.

Quand on mange des sucreries, des féculents ou de l'alcool, on nourrit ces levures, et on commence un processus de fermentation – d'où les gargouillis et les ballonnements. De tous les types d'aliments, ce sont en effet les glucides mal digérés et mal absorbés (donc les sucreries, les féculents et l'alcool) qui nourrissent le mieux les levures. Quand on a une bonne digestion, ces glucides sont absorbés par le corps, mais quand on mange trop de sucreries et de féculents, on peut saturer les capacités digestives de son tube digestif, et encourager ainsi la prolifération des levures. C'est ainsi que tant de gens, aujourd'hui, ont des fringales de sucré incontrôlables, qui ne sont en fait que l'expression de l'appétit des levures.

QUI EST CONCERNÉ ?

Beaucoup de femmes sont accablées de mycoses vaginales, parfois chroniques et parfois occasionnelles. Les symptômes les plus courants en sont des pertes blanches et des démangeaisons. Des rougeurs, irritations et gonflements vaginaux, ainsi qu'une gêne durant les rapports sexuels ou une sensation de brûlure à la miction sont d'autres symptômes possibles. Ces infections aux levures peuvent être une indication que les levures ont en fait infecté tout le corps. Mais, parmi nos patientes, nombreuses sont celles qui ont un problème de prolifération des levures sans pour autant présenter de mycose vaginale. En ce qui concerne les hommes qui ont des levures proliférantes, il est rare qu'ils présentent des problèmes génitaux, mais ils peuvent infecter leur partenaire.

COMMENT LES LEVURES PRENNENT LE POUVOIR

Les antibiotiques. Ces médicaments miracles tuent indistinctement bonnes et mauvaises bactéries. Ils déciment en particulier des populations de bactéries qui, en temps normal, contribuent à l'équilibre de la flore intestinale.

La pilule. Les hormones de la pilule contraceptive favorisent la prolifération des levures. Elles augmentent également le niveau de glycogène (de sucre) dans les sécrétions vaginales, ce qui favorise également la prolifération.

Mousses et crèmes spermicides. Les ingrédients actifs de ces crèmes (nonoxynol 9) favorisent à la fois la prolifération des levures et celle de la bactérie E. coli (qui provoque des cystites). Le nonoxynol 9 détruit également la bactérie *lactobacilli*, qui fait partie des défenses naturelles du corps[2].

Cortisone, prednisone et autres stéroïdes. L'usage de ces médicaments favorise la prolifération des levures car ils affaiblissent le système immunitaire.

Carences alimentaires. Les carences en *Lactobacillus acidophilus* et en vitamines B sont un terrain favorable pour les levures.

Mauvaise digestion. Une mauvaise digestion est un terrain favorable à la prolifération des levures. Ainsi, quand votre estomac fabrique suffisamment de sucs digestifs, les levures y sont supprimées, ce qui évite la prolifération. Manger des aliments auxquels on est allergique, comme les produits laitiers et les céréales à gluten (en particulier le blé) peut ralentir la digestion et irriter, voire abîmer, le tube digestif. Du coup, les levures ont plus de temps pour se nourrir et proliférer, et plus de tissus sans défenses à envahir (le tube digestif étant devenu perméable).

Mauvaise alimentation. Un régime de malbouffe affaiblit le système immunitaire, ce qui facilite la prolifération des levures.

Trop de sucre et de féculents. De tous les types d'aliments, ce sont ceux qui nourrissent le plus directement la prolifération[3].

Traces d'antibiotiques dans la viande. La plupart des viandes et volailles de boucherie contiennent des traces des antibiotiques utilisés dans les élevages de façon prophylactique et pour accélérer la croissance. Préférez les viandes garanties sans antibiotique et sans hormone*.

---

* L'usage d'hormones dans les élevages est interdit en France (NdT).

Système immunitaire affaibli. Êtes-vous très stressé ? Enchaînez-vous les rhumes et les grippes ? Les levures prospèrent quand votre système immunitaire est affaibli. Ainsi les candidoses sont une cause important de mortalité chez les malades du SIDA.

Drogues. L'alcool, la marijuana, le tabac et les autres drogues fatiguent le foie, les surrénales et le système immunitaire, ce qui affaiblit encore le corps face à la prolifération des levures.

Opérations, radiothérapie, chimiothérapie, etc. Les levures prospèrent quand le corps est traumatisé.

PRÉVENIR LA PROLIFÉRATION DES LEVURES

Quand les trois conditions suivantes sont réunies, les levures demeurent généralement inoffensives :

1• Vous avez une population de stables de « bonnes » bactéries dans vos intestins.

2• Votre système immunitaire fonctionne bien.

3• Votre alimentation est équilibrée, avec suffisamment de protéines, de légumes et de graisses essentielles, et vous n'abusez pas des glucides (en particulier le sucre, la farine et les céréales).

QUAND LES LEVURES SE PROPAGENT

On sait que les levures ont proliféré à cause des gaz, des ballonnements, des indigestions, des brûlures d'estomac, des nausées et de la constipation et/ou diarrhée qu'elles déclenchent. Il y a aussi les énormes fringales de sucre, de féculents et d'alcool, les nourritures préférées des levures. Plus on nourrit les levures, plus elles prolifèrent, sécrètent des toxines et interfèrent avec votre digestion.

À la longue les levures peuvent pénétrer dans le sang et se propager dans tout le corps. À ce point, le système immunitaire peut être vraiment débordé et commencer à faiblir. Un système immunitaire ralenti et fragilisé est la porte ouverte à une prolifération encore plus intense des levures, car elles sont encore plus agressives que les virus[4].

Au fur et à mesure de la propagation de l'infection, les symptômes peuvent devenir plus complexes et plus diffus : dépression, léthargie, « brouillard » et confusion mentale, sautes d'humeur, syndrome prémenstruel, perturbations de la fonction thyroïdienne, sensibilité aux infections (des sinus, des voies respiratoires, de l'appareil urogénital, des gencives, etc.), sensibilité aux polluants et aux fumées (qui peut dégénérer en véritable « maladie environnementale »), douleurs musculaires et articulaires, mycoses de la peau ou des ongles.

TESTS D'INFECTION AUX LEVURES

Si le test de l'introduction et le questionnaire plus complet de ce chapitre vous mènent à soupçonner que vous avez un problème de prolifération de levures, il existe des tests pour confirmer ou infirmer cette suspicion. Si votre auto-diagnostic est confirmé, vous pourrez entamer notre programme anti-levures de trois mois. Les symptômes s'améliorent en général grandement dès la première semaine.

Nombreux sont ceux qui bataillent depuis des années contre les levures, sans succès. Mais avec les méthodes que nous avons développées à notre clinique, les levures sont facilement liquidées.

Une analyse des selles dans un laboratoire spécialisé est une bonne méthode de diagnostic. N'importe quel praticien peut prescrire cette analyse, et certains laboratoires peuvent la réaliser sans ordonnance.

LE PROBLÈME DES PARASITES

Comme les levures, les parasites microscopiques sont des organismes agressifs dont la prolifération peut provoquer fringales, ballonnements et une foule d'autres problèmes. On peut être infecté par un parasite comme le giardia sans présenter de symptômes, et on peut aussi présenter des symptômes sévères. Les parasites s'en prennent généralement aux systèmes qui sont affaiblis : par exemple, les poumons chez les asthmatiques ou les personnes qui ont eu un pneumonie. Dans cet exemple, les symptômes d'une infection parasitaire seront respiratoires : sifflements, souffle court...

Les parasites sont beaucoup plus répandus depuis que les voyages internationaux sont beaucoup plus fréquents. Ils se propagent ainsi même chez les personnes qui n'ont pas voyagé, mais qui se retrouvent au contact de voyageurs. Les parasites, **par ce biais**, peuvent faire des ravages et **devenir** très difficiles à éradiquer. Il est donc très important de consulter un praticien de santé compétent si vous suspectez que vous êtes infecté par un parasite.

Un examen des selles en laboratoire permet de détecter à la fois les infections à levures et les parasites. Parce que la prolifération des levures affaiblit le système immunitaire, elle crée un terrain favorable pour une infection parasitaire, et vice-versa. S'il s'avère que vous êtes atteint des deux, il faut *d'abord* éliminer les parasites avant de traiter les levures – c'est notre expérience à la clinique qui nous l'a appris. Fort heureusement, cette double infection n'est pas courante (même si elle est de plus en plus fréquente). Chez nos patients, les levures sont un problème beaucoup plus courant que les parasites.

Il est également possible de faire un examen sanguin testant la présence d'anticorps aux levures. Mais la façon la plus facile de tester si on a un problème de prolifération de levures est un test de salive. On peut le commander soi-même ou via un praticien. En général, nous conseillons à nos patients de faire ce test de salive d'abord, et de ne faire examiner leurs selles que comme confirmation.

TEST : SOUFFREZ-VOUS D'UNE INFECTION PARASITAIRE ?

Encerclez le nombre correspondant à votre réponse pour chaque question, puis additionnez les nombres entourés. Si votre score est supérieur à 15, consultez votre praticien de santé pour discuter de votre situation et faire des examens.

A = Non, ça ne m'arrive jamais
B = Ça m'arrive parfois
C = Ça m'arrive souvent
D = Oui, ça m'arrive la plupart du temps

SYMPTÔMES	A	B	C	D
Fatigue chronique sans raison apparente	0	1	2	3
Articulations enflées ou douloureuses	0	1	2	3
Fort appétit, sensation de faim après les repas	0	1	2	3
Repas au restaurant fréquents	0	1	2	3
Nerveux, irritable	0	1	2	3
Sommeil non réparateur / grincement des dents la nuit	0	1	2	3
Suées nocturnes	0	1	2	3
Vision floue, trouble (même avec des lunettes)	0	1	2	3
Fièvres inexpliquées	0	1	2	3
Grippes, rhumes, maux de gorge fréquents	0	1	2	3
Sentiment de malaise, sans raison particulière	0	1	2	3
Constipation	0	1	2	3
Alternance diarrhée/constipation	0	1	2	3

	0	1	2	3
Perte de cheveux, cheveux fragilisés et plus fins	0	1	2	3
Allergies, sensibilités alimentaires	0	1	2	3
Intestins irritables, selles irrégulières	0	1	2	3
Démangeaisons anales	0	1	2	3
Ballonnements et gaz	0	1	2	3
Douleurs « au foie », crampes abdominales	0	1	2	3
Mucus dans le nez, humide ou incrusté	0	1	2	3
Poches noires sous les yeux	0	1	2	3
Problèmes de peau, démangeaisons, picotements, rougeurs	0	1	2	3
Rides verticales autour de la bouche	0	1	2	3
Contacts rapprochés avec des animaux (bisous, etc.)	0	1	2	3
Marche pieds nus en dehors de la maison	0	1	2	3
Voyage récent dans des pays en développement	0	1	2	3
Ingestion de porc et de saumon peu cuit	0	1	2	3
Ingestion de poisson cru	0	1	2	3
Nage dans des lacs, des rivières	0	1	2	3
Antécédents d'infection parasitaire	0	1	2	3
Selles molles, diarrhée	0	1	2	3
Peau pâle, anémique ou jaunâtre	0	1	2	3
Selles malodorantes	0	1	2	3
Douleurs dans le bas du dos ou au niveau des reins	0	1	2	3
Indigestion, mauvais absorption des nutriments	0	1	2	3
TOTAL				

Résultats

0-19 : *Il est possible que vous soyez infecté par des parasites.*

20-29 : *Il est vraisemblable que vous soyez infecté par des parasites.*

30-39 : *Il est probable que vous soyez infecté par des parasites.*

>40 : *Il est très probable que vous soyez infecté par des parasites*.*

* Ce questionnaire a été développé par Timothy Kuss et le Dr Jack Tips de la clinique Apple-a-day à Austin, au Texas. © 1996 Timothy Kuss, Infinity Health, 1519 Contra Costa Blvd, Pleasant Hill, CA 94523, USA. Tél: +1 925 676-9882.

CHAPITRE 15

ÉTAPE 7 :
ÉLIMINER LES LEVURES

JUSQU'À PRÉSENT, TOUS LES DÉSÉQUILIBRES QUE NOUS AVONS abordés dans ce livre pouvaient être traités relativement facilement et rapidement, souvent sans consulter un professionnel. La détection et l'élimination des levures est un problème plus délicat. Peut-être essayez-vous de vous débarrasser de cette engeance depuis très longtemps. À notre clinique, nous avons passé des années à développer des techniques efficaces pour contrer la prolifération des levures. Aucun des remèdes disponibles n'était vraiment efficace (nous les avons tous essayés), alors nous avons dû expérimenter avec toutes sortes de compléments alimentaires spécifiques. En fin de compte, notre nutritionniste en chef, Timothy Kuss, a fini par créer ses propres produits.

Mais de nos jours, des remèdes naturels efficaces sont facilement disponibles. Avec l'aide de Tim, je vais donc vous présenter un panorama des méthodes que nous utilisons pour éradiquer les levures.

Je ne saurais trop vous recommander de consulter un professionnel qualifié. Tous ont leurs méthodes, leurs idées, et leurs expériences. Vous pourrez leur soumettre les informations de ce chapitre, qui détaille les techniques dont, au fil du temps, nous avons vérifié l'efficacité. Notre protocole n'a plus changé depuis des années. Il combat les levures efficacement mais en douceur, de sorte qu'il est facile à tolérer et n'implique pas des restrictions alimentaires aussi drastiques que d'autres protocoles. À une époque, nous pensions que la meilleure méthode était « d'affamer la bête » avec un régime totalement dépourvu de glucides. Ça ne marchait pas souvent (parce que c'est une méthode trop difficile à mener à son terme).

Il y a cinq règles fondamentales pour contrôler la prolifération des levures :

1• Au cas où il y a à la fois une infection par une levure et par un parasite, traiter d'abord le parasite (c'est l'examen des selles qui permet de savoir avec certitude si c'est le cas).

2• Réduire progressivement mais significativement la population de levures grâce aux compléments alimentaires et médicaments.

3• Affamer les levures en mangeant peu de glucides (et plus de protéines et de graisses).

4• Renforcer le système immunitaire.

5• Réparer la paroi intestinale, qui peut avoir été endommagée par une infection importante.

L'ALIMENTATION ANTI-LEVURES

L'alimentation est la clé de l'éradication des levures. Il est quasiment impossible de se débarrasser d'une infection aux levures sans éviter certains aliments qui favorisent leur prolifération et sans mettre l'accent sur certains aliments anti-levures. Mais il y a deux bonnes nouvelles : (1) les compléments alimentaires anti-levures sont efficaces et vous permettent de maintenir un régime varié et (2) vous n'aurez besoin de suivre le régime anti-levures que pour une durée limitée. Au fur et à mesure que vous vous débarrasserez des levures, vous pourrez recommencer à manger une grande variété d'aliments sains.

Les stimulants naturels du système immunitaire

Pour triompher des levures, votre meilleur atout est de rendre votre système immunitaire aussi fort que possible. Voici quelques moyens de le renforcer et de le stimuler :

• Recherchez le soleil et la chaleur sèche. Les levures prolifèrent dans des environnements froids et humides : elles sont moins courantes dans les climats chauds et secs. Les moisissures sont souvent un problème dans les maisons froides, sombres et humides. Prenez l'air et le soleil tous les jours pour favoriser votre immunité naturelle. Évitez les endroits frais et humides, mal ventilés.

• Évitez l'exposition aux toxines. Les bombes aérosols, les solvants, les aliments industriels (ceux qui ont des ingrédients dont on ne peut pas prononcer ou comprendre le nom, en particuliers les additifs en tous genres) contiennent des substances qui peuvent affaiblir le système immunitaire. Voyez aussi, au chapitre 19 (page 319), comment manger pour renforcer son système immunitaire.

• Bougez. La lymphe, le liquide qui évacue les bactéries du corps, ne circule pas si on ne bouge pas ses bras et ses jambes.

• Détendez-vous. Tout ce qui vous relaxe, qu'il s'agisse de méditation, de yoga, de massage, de jardinage, de peinture, ou de promenades en forêt, stimule l'immunité. Testez vos surrénales pour déterminer si le stress les a tellement épuisées qu'elles ne sont plus en mesure de soutenir votre système immunitaire. Voyez les informations à ce sujet au chapitre 8 (page 131).

• Voyez un acupuncteur. La médecine chinoise traditionnelle aide le corps à réparer ses systèmes immunitaires, digestifs, et d'élimination, ainsi que les glandes surrénales. L'acupuncture soulage aussi les maux liés à la détoxification, ce qui est particulièrement utile quand vous êtes en train de vous débarrasser des levures et des toxines qu'elles ont produites dans votre corps.

• Prenez de l'ail. Dans vos repas ou comme complément alimentaire, l'ail stimule l'immunité et aide à combattre les levures et les parasites. Combinez-le avec du persil, du fenouil, du fenugrec si vous craignez les conséquences sur votre haleine.

• Buvez. L'eau purifiée et les tisanes comme le gingembre, la menthe ou la framboise sont des soutiens de l'immunité.

Ravivez votre feu digestif

Dans les médecines orientales et ayurvédiques, le processus digestif est considéré comme un processus « chaud ». Pour décomposer les aliments, l'estomac a besoin de produire beaucoup d'acide chlorhydrique

ALIMENTS À ÉVITER

ALCOOL ET ALIMENTS CONTENANT DES LEVURES	Tous les alcools, les aliments contenant de l'alcool, la levure de boulanger, la bière
PRODUITS LAITIERS	Fromages et lait de vache, fromage blanc, yaourts sucrés (les yaourts nature et le beurre ne posent en général pas de problèmes)
PRODUITS FERMENTÉS	Vinaigre de cidre, autres vinaigres (sauf le vinaigre de riz), sauce soja, cornichons et autres légumes marinés au vinaigre
FRUITS	Au début, il faut éviter tous les fruits, et plus encore les jus de fruits et les fruits secs (qui sont à éviter tout le temps de toute façon)
CHAMPIGNONS	Tous
VIANDES TRANSFORMÉES	Toutes les viandes transformées et fumées, charcuteries, corned-beef, jambon industriel, aliments contenant du glutamate de sodium...
FÉCULENTS	Toutes les céréales (sauf le riz complet, le maïs et le millet), le pain, les gâteaux, les sauces contenant de la farine, les viennoiseries, les frites, les gaufres
SUCRERIES (DANS NOTRE PROGRAMME, VOUS N'EN MANGEZ DE TOUTE FAÇON PAS)	Bonbons en tous genres, desserts, sucre (blanc, roux, pur, etc.), miel, molasse, sirops, sucrose, fructose, faux sucres, mayonnaise, ketchup, sauce barbecue...

et d'enzymes digestives. Quand les levures prolifèrent, ce « feu digestif » est amoindri. On peut raviver cette flamme avec des aliments « réchauffants » comme le gingembre, l'origan, la cannelle, les clous de girofle ou le poivre – toutes ces épices activent la sécrétion de sucs gastriques et améliorent l'assimilation des nutriments (mais attention : n'utilisez pas ces aliments réchauffants si vous avez un ulcère, si votre estomac est sensible, ou si vous trouvez qu'ils vous stimulent à l'excès)[5].

Cette liste n'est pas complète parce qu'il y a de nombreuses théories quant à ce qui peut favoriser le développement des levures, et beaucoup d'incertitudes à ce sujet. En cas de doute, consultez un professionnel et soyez attentif aux réactions de votre corps.

Les quatre premières semaines

Au cours des quatre premières semaines, vous mettrez l'accent sur les aliments suivants, qui sont tous riches en nutriments. Et y ajouter des aliments anti-levures et anti-moisissures ne peut qu'aider.

ALIMENTS SANS RISQUE

ŒUFS	Cuits à basse température (pas frits)
SOUPES FRAÎCHES	Sans crème, lait, farine ni sucre
NOIX ET GRAINES FRAICHES	De préférence trempées dans l'eau pendant une nuit
FROMAGE DE CHÈVRE, YAOURT NATURE, BABEURRE	Pour ceux qui n'ont pas de problème avec le lactose, ce sont des sources de bonnes bactéries, sans sucre
LÉGUMINEUSES	Haricots, lentilles, pois chiches (au plus une portion par jour)
PROTÉINES	Poisson, volailles sans antibiotiques, bœuf, agneau
LÉGUMES	De préférence à la vapeur, ou légèrement sautés
CÉRÉALES COMPLÈTES	Riz basmati, millet, amaranthe, quinoa ou maïs (avec modération, une fois par jour)

Aliments anti-moisissures et anti-levures

- Avocats
- Brocolis
- Choux : de Bruxelles, vert, frisé...
- Cannelle, clous de girofle, origan, romarin, sauge, thym, curcuma
- Huile de noix de coco (non hydrogénée) ou lait de noix de coco entier
- Citron frais, utilisé comme condiment (pour aider le corps à détoxifier)
- Ail
- Huile d'olive, huile de lin
- Oignons

Autres mesures à prendre

- Utilisez de l'oignon, du curry et du poivron comme condiments (mais avec modération).
- Pour la cuisson comme pour l'assaisonnement, n'utilisez que de l'huile d'olive extra vierge, du beurre ou de l'huile de coco.
- Buvez au moins huit verres d'eau par jour. Pour soutenir les efforts d'élimination de votre foie, pressez-y à l'occasion un petit peu de citron, juste avant les repas. Les jus de légumes (pas trop sucrés, donc sans trop de carottes et d'autres légumes racines) et les tisanes sont aussi bienvenus, comme le gingembre, la menthe ou le pau d'arco.
- Vous pouvez aussi prendre des compléments alimentaires riches en chlorophylle (par exemple de la chlorella, de la spiruline, de l'alfalfa ou de l'orge) ou les ajouter à vos jus de légumes et smoothies.

Après les quatre premières semaines

Au bout de quatre mois, vous pouvez essayer de manger un fruit et de bien observer votre réaction. Si vous avez des ballonnements, ou des envies de sucré, attendez encore une semaine ou deux avant de

COMMENT SE PASSE LA GUÉRISON ?

Si vous faites des écarts par rapport à ce régime, ne désespérez pas, et surtout continuez. Les compléments agissent de toute façon. Avec les compléments et votre régime spécial pour neutraliser les parasites et les levures, vous devriez rapidement vous défaire de vos fringales, de vos ballonnements et de vos autres symptômes. Cependant le processus d'élimination peut présenter des effets secondaires désagréables, comme des diarrhées ou des symptômes semblables à ceux de la grippe. Comme de nombreuses levures sont tuées très rapidement, votre organisme peut en effet avoir des difficultés à les éliminer toutes. Si nécessaire, vous pouvez ralentir le processus en diminuant les doses des compléments alimentaires, voire en les supprimant pour quelques jours. Heureusement, ces réactions d'élimination ne durent pas, en général. De plus, avec le plan de supplémentation que nous utilisons maintenant, ces réactions sont beaucoup plus rares. Néanmoins, c'est là une des raisons pour lesquelles je vous recommande de vous faire accompagner dans ce protocole : un professionnel compétent saura reconnaître les crises d'élimination et vous conseiller pour adapter le protocole à vos réactions et à votre situation spécifique.

La durée du processus dépend de la durée pendant laquelle vous avez été infesté, de l'état de vos systèmes digestifs, endocriniens, et immunitaires, et du degré de rigueur avec lequel vous adhérez au régime anti-levures. Se débarrasser des levures peut prendre jusqu'à six mois, mais en général, plutôt deux à trois mois. Pour vous assurer que vous en avez fini avec l'infestation, refaites le questionnaire et au moins un test de salive au bout de trois mois. Attention, si vous vous arrêtez trop tôt, les levures proliféreront à nouveau et les ballonnements et autres désagréments reviendront.

réintroduire des fruits dans votre alimentation. Procédez de même pour les céréales et les légumineuses. Faites vos propres expériences et soyez juge de ce que vous tolérez bien ou pas. En général, les patients peuvent augmenter, au moins légèrement, leurs apports de glucides à la cinquième semaine.

L'alcool, le sucre et quelques autres substances ne doivent pas, par contre, être réintroduites. Seule l'efficacité de notre programme de supplémentation permet de réintroduire les fruits aussi rapidement. Sans ces compléments alimentaires, il faudrait continuer à se passer de fruits pendant au moins quatre à six semaines de plus.

Les compléments anti-levures

NB : ce programme ne s'applique qu'aux proliférations de levures ou de champignons qui sont hors de contrôle. Il n'est pas pertinent pour une infection ponctuelle, par exemple une mycose vaginale ou un pied d'athlète occasionnels.

Risa est un de nos succès dans la lutte contre la prolifération des levures. C'était une brune aux yeux bleus, violoniste de son état, qui souffrait d'infections à levures chroniques. Elles éclataient tous les mois avant ses règles, depuis trois ans. Parfois, les ballonnements étaient tels qu'elle se croyait enceinte. Elle ne se nourrissait presque exclusivement de glucides, et elle était très malheureuse et souvent absente. Au questionnaire sur les levures de la page 247, son score était de 300 ! En suivant notre programme, fringales et ballonnements avaient quasiment disparu au bout d'une semaine. À la fin du programme, son score au questionnaire était de 59 !

Comme d'autres patients de notre clinique, Risa prit des combinaisons de remèdes à base de plantes. Il existe de nombreuses plantes aux propriétés anti-levures reconnues, mais la plupart des herboristes s'accordent à dire que les combinaisons sont plus efficaces que les plantes isolées. La plupart des remèdes suivants à base de plantes sont disponibles dans les magasins diététiques et auprès de professionnels de santé.

Les ingrédients de votre programme anti-levures

• Un produit contenant des lactobacillus et du bifidus qui contribuent à maintenir et à restaurer une flore intestinale saine, par exemple Lactibiane ® de Pileje. Il vous faut au moins 100 milliards de ces bactéries par jour.

• Pau d'arco. Cet arbre tropical contient trois substances anti-levures qui sont efficaces contre *Candida albicans* et contre les levures. Le pau d'arco est efficace en tisane, en extrait liquide, et en capsules.

• Extrait de pépins de pamplemousse. Il tue les levures sans être toxique pour les humains. Disponible en extrait liquide et en capsules, on peut également l'utiliser comme nettoyant pour la peau, pour des bains de bouche, des douches vaginales, et comme un remède rapide contre les dérangements intestinaux, par exemple lorsqu'on est en voyage (il repousse également les parasites).

• L'ail s'oppose aux microbes de toutes sortes, y compris les levures et les parasites. C'est sous sa forme fraiche et crue qu'il est le plus efficace, mais on peut aussi le prendre en capsule, une à trois fois par jour, au moment des repas (trois capsules représentent l'équivalent d'une gousse de taille moyenne). Pour limiter les désagréments liés à l'odeur de l'ail, consommez-le avec une ou plusieurs des herbes suivante : persil, fenugrec, ou fenouil.

• L'huile d'origan est très efficace contre une grande variété de levures, et présente aussi des caractéristiques anti-parasites. Attention : la plupart des huiles étiquetées comme huile d'origan sont en fait à base de thym et de marjolaine, et sont loin d'être aussi efficaces que la vraie huile d'origan. On peut la prendre sous forme de capsules, ou bien directement comme huile, par exemple en ajoutant deux gouttes (l'équivalent d'une capsule) à une soupe.

• Le gingembre ralentit la croissance des champignons comme des levures, et favorise la croissance d'une flore intestinale favorable.

• La biotine (ou vitamine B_8), qui aide à contrôler les envies de sucré, est aussi étonnamment efficace contre la prolifération des levures.

Exemple de protocole anti-levures

• **Au lever :** prenez votre dose de « probiotiques » (*Lactobacillus acidophilus*, bifidus et autres), à jeun (les meilleurs se trouvent au rayon réfrigéré des magasins diététiques). Il vous en faut au moins 100 milliards par jour.

• **Aux repas :** prenez une à deux capsules d'extrait de pépins de pamplemousse, une capsule de biotine (1 000 µg), deux capsules d'ail (ou une petite gousse), et de l'huile d'origan.

• **Toute la journée :** buvez des tisanes de pau d'arco et de gingembre.

QUAND LES LEVURES NE VEULENT PAS PARTIR

Si vous avez suivi un traitement pour une prolifération de levures pendant trois mois ou plus, et que vous ne vous sentez pas beaucoup mieux, il se peut que vous soyez atteint d'une des conditions suivantes :

• Parasites ou organismes microbiens (par exemple des amibes ou une gardiase).

• Allergie aux compléments alimentaires du programme (ou inefficacité). Voir dans ce cas le paragraphe ci-contre.

• Allergies aux aliments de la liste page 265 ou aux compléments alimentaires du programme.

Consultez un professionnel de santé.

Je ne saurais trop vous recommander de consulter un professionnel qualifié pour mettre au point votre programme personnel.

TRAITEMENT MÉDICAMENTEUX DES LEVURES

Une petite minorité de personnes ne répondent pas bien aux remèdes à base de plantes que nous venons de proposer. Quand on n'a pas trouvé trace d'une infection parasitaire chez ces personnes, nous les envoyons chez un médecin pour se faire prescrire un médicament antifongique comme le Sporanox ® (Itraconazole) du Triflucan ® (fluconazole), ou de la Mycostatine ® (nystatine).

Lors de ces traitements, une réaction de « sursaut » des levures a généralement lieu au cours de la troisième semaine. Il faut le savoir, car sinon on risque de conclure que le médicament n'est pas efficace. Pour limiter cette réaction, il faut boire beaucoup, prendre beaucoup de vitamine C, et utiliser des sels de bain « d'Epsom » (ou « amers »), à base de sulfate de magnésium (la valeur de 3 verres dans un bain).

Il vous faudra quelques mois et un peu de travail pour vous débarrasser une fois pour toutes de vos levures, mais je vous promets que vous commencerez à aller mieux immédiatement, ce qui devrait vous encourager à mener le processus à son terme. Il y a une vie après les levures !

PLAN D'ACTION

1• Faites procéder à un examen des selles pour déterminer si vous avez une prolifération de levures et/ou une infection parasitaire.
2• Mettez au point votre programme de supplémentation anti-levures (et/ou anti-parasites), en commençant par les compléments de base (page 307).
3• Entamez votre régime anti-levures pendant quatre semaines.
4• Au bout de quatre semaines, commencez à adoucir progressivement ce régime.
5• Refaites le test au bout de quatre mois.
6• Si nécessaire, passez à l'approche pharmaceutique (sur prescription médicale).

CHAPITRE 16

LA CARENCE EN ACIDES GRAS ESSENTIELS

P EUT-ÊTRE N'ÊTES-VOUS PAS VRAIMENT UN AMATEUR DE pain ou de pommes de terre, sauf quand c'est frit, sauté au beurre, avec de la crème ou du fromage ? En matière de sucreries, peut-être préférez-vous le chocolat, les gâteaux à la crème ou les glaces (tous aliments très gras) aux bonbons ? Aimez-vous les pommes de terre sautées, mais pas les pommes au four ? Perdez-vous tout intérêt pour un blanc de poulet quand il est servi sans la peau ? Si vous avez répondu oui à chacune de ces questions, il y a de bonnes chances que vous soyez « accro » au gras.

Je rencontre tous les mois plusieurs vrais drogués du gras. Mais en général, ce sont aussi des gluco-drogués : ils ont de sérieuses fringales de sucreries et de féculents, tout autant que d'aliments gras. Dans ce chapitre, j'expliquerai la cause des fringales de gras, et je présenterai des façons faciles d'y remédier.

Vous êtes peut-être comme Bronnie, 32 ans, une droguée typique du gras et des glucides. Productrice de spectacles de danse à travers les États-Unis, Bronnie avait une vie fascinante qui exigeait beaucoup d'énergie. Elle avait beaucoup d'amis qu'elle aimait recevoir et gâter lors de longs dîners aux chandelles. Ces dîners, comme tout ce qu'elle mangeait, avaient tendance à être excessivement riches. Elle aimait par dessus tout le fromage, les chips, les olives, les charcuteries, les glaces, et mettait toujours beaucoup de beurre dans sa nourriture et beaucoup de crème et de sucre dans son café.

À 18 ans, elle avait 45 kg en trop ; elle pesait 130 kg quand elle vint nous demander de l'aide. Nous avons commencé par éliminer ses fringales de sucré avec de la L-glutamine, puis nous nous en sommes pris à ses fringales de gras.

Bronnie avait des Scandinaves parmi ses ancêtres. Elle avait aussi des antécédents familiaux d'anxiété, d'alcoolisme, de syndrome prémenstruel, de dépression hivernale, et d'intestins sensibles, autant d'indices d'une simple carence nutritionnelle. Avec les compléments alimentaires appropriés, elle devint soudain capable de changer ses habitudes alimentaires si bien ancrées.

En fait, pour la plupart des « junkies » du gras avec lesquels nous travaillons, les graisses alimentaires perdent tout intérêt au bout de quelques jours de traitement. Le secret ? Des compléments alimentaires qui contiennent... des graisses ! Ces huiles à la riche valeur nutritive aident également le corps à brûler les graisses superflues : j'espère que vous n'aurez pas peur de les essayer. Je voudrais aider à dissiper la phobie du gras que l'Occident entretient depuis des années sans raison valable.

Le fait est que les humains ont besoin de beaucoup de graisses de bonne qualité pour faire fonctionner leur corps au mieux. Les graisses sont nécessaires à la production d'hormones, à la protection des organes internes, à la souplesse des membranes de chaque cellule, comme carburant, pour la libido, pour la fertilité, pour une belle peau et de beaux cheveux, et pour la régulation du transit intestinal.

LE GRAS N'EST PAS L'ENNEMI

Beaucoup de gens craignent de manger des aliments gras non pas tant à cause du risque pour la santé qu'ils croient que cela représente, que parce qu'ils craignent que manger gras les fasse grossir. Les canons de beauté des êtres humains sont souvent grotesques. Ainsi les anciens Chinois pensaient-ils que la femme idéale devait avoir des pieds de la taille d'une tasse de thé. En Afrique, les femmes Ubangie étirent leur lèvres jusqu'à ce qu'elles aient la taille d'une soucoupe. Mais, nous sommes la première civilisation dans l'histoire de l'humanité à trouver de la beauté dans l'absence totale de graisse corporelle. Il est temps de surmonter cette phobie et de s'assurer qu'on mange *suffisamment* de bonnes graisses.

LA PART DU GRAS DANS NOTRE ALIMENTATION

Une consommation excessive de graisses hydrogénées (présentes par exemple dans les margarines, les fritures et les aliments transformés industriellement) peut causer des problèmes cardiaques. Tout comme les excès de glucides. Mais comme pour les calories, le pourcentage de graisse alimentaire idéal continue de nous échapper et de faire l'objet de débats. Est-ce 10 % comme dans les régimes pauvres en gras ? 30 % comme dans les Apports journaliers recommandés (AJR) ? 40 % comme dans le régime méditerranéen, celui des gens qui sont en meilleure santé du monde ? 75 %, comme dans l'alimentation des Esquimaux ? Ce qu'on sait, c'est que tout le monde a besoin d'un apport suffisant en acides gras essentiels, les oméga-3 et les oméga-6. Tant qu'on mange bien, on peut ingérer autant de graisses *saines* que le corps en réclame. Si vous avez des fringales de gras, demandez-vous si vous mangez assez en général, et assez de bonnes graisses en particulier. Vos fringales sont-elles apparues quand vous avez commencé à manger moins de poisson ? Vous seul pouvez savoir quel est votre pourcentage idéal de graisses dans l'alimentation. Souvent, les cultures traditionnelles sont un bon guide en la matière.

La plupart de ceux qui mangent trop gras sont carencés en certaines graisses essentielles. Si vous êtes un drogué du gras, votre problème n'est probablement pas que vous mangez trop gras, mais que vous ne mangez pas assez de bonnes graisses. Votre corps réclame alors avec insistance que vous mangiez gras, dans l'attente que vous finissiez par vous procurer au passage ce dont il a réellement besoin*. Et vous n'êtes pas le seul. Selon le Dr Artemis Simopoulos nous ne recevons qu'un dixième des graisses dont nous avons vraiment besoin, et 20 % d'entre nous ont des niveaux d'acides gras essentiels si bas « qu'ils sont indétectables ».[1]

7 CHOSES À SAVOIR SUR LE GRAS

- Chaque cellule de notre corps est entourée d'une membrane faite de graisses, qui les protège des microbes et des poisons tout en laissant passer les nutriments et l'oxygène.
- Nos glandes endocrines ont besoin de gras pour secréter des hormones comme les estrogènes ou la testostérone.
- Le cerveau humain est composé de graisses à 60 %.
- Le gras maintient l'intégrité des connections neuronales, le système de communication du cerveau.
- Les nerfs, le cerveau, les yeux, le corps, les glandes surrénales et thyroïde ont besoin de graisses essentielles pour fonctionner normalement.
- Les graisses essentielles sont nécessaires à la croissance et à la reproduction. Elles sont converties en prostaglandines, qui régulent toutes les fonctions corporelles au niveau cellulaire. Les prostaglandines régulent entre autres la pression artérielle, la coagulation, l'inflammation, les allergies, le niveau de sodium, l'élimination d'eau, et la croissance des tumeurs.
- Le gras est nécessaire pour la production de sérotonine, qui rend de bonne humeur et permet de bien dormir.

---

* Dans la nature, une fringale de gras a peu de chances de vous faire manger des frites ou des charcuteries industrielles. Elle résulte plus probablement en une consommation de noix ou de moelle d'animaux ou d'autres aliments qui contiennent des acides gras essentiels naturels ainsi que d'excellentes graisses saturées et mono-insaturées.

Les problèmes associés au surpoids aujourd'hui (l'hypertension, le diabète, les maladies cardiovasculaires) ne sont généralement pas dus à l'excès de graisses mais à l'excès de glucides. En moyenne, environ 35 % de nos calories viennent des graisses. Cet apport est-il *suffisant* ?

LA VRAIE RICHESSE DU GRAS

Les fringales et la surconsommation d'aliments gras, en particulier quand on essaye d'y résister, sont un signe que quelque chose ne va pas. Il ne faut pas faire la chasse aux graisses, mais s'efforcer de manger du *bon* gras.

Il y a de nombreuses sortes de graisses, et toutes répondent à des besoins spécifiques dans le corps. Le beurre, par exemple, contient plus de 500 composants différents, dont aucun n'est « mauvais » en soi : certains composants tout à fait favorables à la santé, d'autres neutres (mais pas nuisibles). Si vous ne consommez pas assez de graisses essentielles (en particulier les oméga-3, mais pas seulement), vous pouvez développer des fringales et vous mettre à manger trop gras. Mais un sachet de chips ou de cacahuètes ne vous apportera pas les graisses dont vous avez besoin.

Il se peut qu'au lieu de provenir de noix, de poisson, de viandes et d'abats, de beurre, de crème, d'huile d'olive et de noix de coco, les graisses de votre alimentation soient en majorité issues de nourritures frites ou chimiquement transformées comme de la margarine. Dans ce cas, l'absorption des « bonnes » graisses est empêchée.

Les bienfaits pour la santé de certaines huiles sont fondamentaux. On appelle ainsi parfois les oméga-3 « Vitamine F2 » parce que, comme toutes les vitamines, ils sont essentiels à la vie. L'autre famille de graisses non moins essentielles est celle des oméga-6. Il est nécessaire de consommer régulièrement de ces deux catégories de graisse, parce que le corps en a besoin mais n'est pas capable de les synthétiser à partir des autres graisses. Si elles viennent à manquer, le corps n'est plus en mesure de maintenir son équilibre hormonal, une peau saine, un système immunitaire fort, des yeux, des surrénales et une thyroïde performants, ou un fonctionnement cérébral satisfaisant. Les calculs biliaires, le cholestérol, et bien d'autres troubles de santé menacent également. Des centaines d'études ont confirmé les bienfaits extraordinaires de ces acides gras essentiels.

Et bien sûr, il y a aussi l'avantage que nous avons déjà mentionné : la disparition des fringales de gras et, avec elle, la réduction de l'embonpoint et de la consommation de dangereuses graisses *trans*.

LES OMÉGA ET LE POIDS

Craignez-vous que les graisses vous fassent grossir ? Des études ont montré que, quand on ajoute de l'huile de poisson à l'alimentation d'animaux de laboratoire, ils perdent du poids, même quand ils continuent à manger les huiles végétales grâce auxquelles on les a d'abord fait grossir[2]. Nos patients aussi voient leur poids diminuer quand ils commencent à prendre des huiles de poisson ou de lin, même s'ils continuent à manger des aliments gras (mais sains) et ne limitent pas leur apport calorique (en moyenne 2 800 calories pour les hommes, 2 500 pour les femmes). Pourquoi ? Parce que, entre autres, les graisses de la famille des oméga-3 augmentent notre métabolisme, de sorte que nous brûlons plus de calories. Elles ont également un effet diurétique, contribuant à éliminer toute rétention d'eau. Les oméga-3 donnent aussi plus d'énergie, de sorte qu'on en vient naturellement à bouger plus. Pour observer ces bienfaits, il faut que votre apport en acides gras essentiels soit constitué pour un tiers à une moitié d'oméga-3, le reste étant composé d'oméga-6. Les acides gras essentiels devraient constituer entre 4 et 8 %* de votre apport calorique total[3].

* C'est-à-dire environ entre 2 et 4 % en poids de votre apport journalier en macronutriments.

Le GLA (acide gamma-linoléique), un oméga-6 dérivé, apporte des bienfaits similaires à ceux des oméga-3. Comme pour les compléments alimentaires d'huiles de poisson, on a montré que les compléments de GLA permettent de perdre du poids en stimulant le métabolisme et la glande thyroïde. Les meilleures sources de GLA sont l'huile de graines de cassis et l'huile d'onagre. Mes clients les utilisent parfois en conjonction avec l'huile de poisson ou de lin, dans une proportion d'une gélule de GLA pour une gélule d'huile de poisson ou de lin.

VOS GÈNES AIMENT-ILS LE GRAS ?

La réponse à cette question est oui, pour tout le monde. À l'origine, nous n'avions autour de nous que des « bonnes » graisses, et notre goût du gras aidait à nous garder en bonne santé. Les graisses que nous ingérions provenaient des fruits, des légumes, des graines, des noix, des poissons et du gibier. L'alimentation des animaux que nous mangions était elle-même variée, riche et naturelle, à la différence des céréales et des antibiotiques que consomment aujourd'hui les animaux d'élevage. Par exemple, les œufs de poules sauvages, ou ceux d'animaux élevés en liberté et qui se nourrissent de plantes sauvages et de vers, sont beaucoup plus riches en acides gras essentiels, et surtout en oméga-3, que les œufs de poules en batterie. Il en va de même pour les poissons sauvages par rapport aux poissons d'élevages, pour le bœuf nourri en pâturage plutôt qu'aux céréales...

Mais selon son origine génétique, on peut avoir des besoins spécifiques en matière de graisses comme, par exemple, un apport régulier de nutriments provenant des poissons gras (saumon, sardine, thon, maquereau, etc.). Un ancêtre, même lointain, peut ainsi vous avoir transmis un besoin génétique spécifique d'huiles de poisson. Vous avez plus de chances d'avoir ce problème si votre ascendance provient à plus de 25 % d'une des populations suivantes :

- Scandinaves
- Indiens d'Amérique du Nord des zones côtières
- Celtes irlandais, écossais et gallois

Si vous descendez de ces peuples-là, ou peut-être d'une autre population côtière ou insulaire, il se peut que ayez des fringales de gras parce que, pendant plus de 20 000 ans, vos ancêtres se nourrissaient avant tout de poisson[4]. Votre code génétique est adapté à un régime de poisson, et votre corps est peut-être incapable de remplacer les graisses de poisson par celles d'autres animaux ou végétaux.

Qu'est-ce que la graisse de poisson a de si spécial ? Elle est particulièrement riche, par exemple en une des substances les plus favorables à l'activité du cerveau, l'acide docosahexaénoïque ou DHA (un oméga-3 dérivé). Les organismes de ceux d'entre nous qui ne descendent pas de populations côtières ou insulaires sont capables de synthétiser ces substances comme le DHA à partir de graines de lin, de noix, de légumes verts ou de tout autre aliment contenant des oméga-3 dits « à courte chaîne » (ou acide alpha-linolénique). Mais les descendants des pêcheurs n'en sont pas capables : ils doivent manger du poisson souvent et prendre des compléments alimentaires d'huile de poisson (ou d'algues pour les végétariens).

ALCOOLISME, DÉPRESSION ET ACIDES GRAS

Très souvent, la dépression comme l'envie d'alcool sont considérablement améliorées par l'apport en DHA contenu dans les huiles de poisson. Quelles que soient vos origines, si vous avez un problème d'alcool ou de dépression, essayez de prendre des huiles de poisson ou, si vous préférez les éviter, prenez un mélange d'huile de lin et d'huile d'algues.

Nous avons beaucoup de patients qui viennent de familles d'alcooliques, d'origine scandinave, celtiques ou indienne d'Amérique. L'alcoolisme et la dépression sont particulièrement répandus parmi ces populations. La prise d'huile de poisson soulage généralement les envies d'alcool, de gras ainsi que la dépression. Chez ces types génétiques, la dépression peut être un symptôme de carence en gras dans le cerveau, en particulier en DHA, que leur corps est incapable de synthétiser. Ils utilisent l'alcool pour être moins tristes, et mangent trop gras, recherchant sans le savoir le DHA et l'EPA (acide éicosapentaénoïque, un autre oméga-3 dérivé), qu'ils ne trouveront en quantités suffisantes que dans les produits de la mer.

Un chercheur a donné des compléments d'huile de poisson et d'huile d'onagre (riche en GLA) à des alcooliques ; il a vu leur goût pour l'alcool disparaître. La dépression qu'ils cherchaient à soulager avec l'alcool a été éliminée par les compléments, qui les aidaient aussi à se désintoxiquer confortablement en évitant les crises de manque qui peuvent être non seulement impressionnantes, mais aussi dangereuses[5].

Si vous êtes un peu trop porté sur l'alcool, si vous sentez que l'alcool ne vous fait pas le même effet qu'aux autres, ou si vous êtes alcoolique, il est très possible que vous ayez une carence en acides gras essentiels (AGE). L'alcool peut en effet soulager le genre de dépression créée par une telle carence. D'autres problèmes en rapport avec l'alcool peuvent aussi indiquer des risques de carences en AGE :

• Anxiété ou dépression lors d'une gueule de bois.
• Antécédents familiaux de suicide, de schizophrénie, de maladies mentales, de fanatisme religieux, ou refus fanatique de boire la moindre goutte d'alcool.
• Dépression chez les alcooliques qui ont arrêté de boire.

LES CAUSES DES CARENCES EN GRAS

Les régimes pauvres en graisses

Beaucoup de gens sont choqués par l'idée que des graisses puissent être bonnes, et même essentielles, pour la santé. C'est que le mouvement anti-gras, malgré ses errements, a connu un succès extraordinaire depuis les années 1970 et la diffusion à grande échelle des idées de Pritikin et de son fameux régime sans gras et supposément sain. J'ai raconté dans l'encadré de la page 79 les ravages à long terme de ces régimes sans gras. Selon notre expérience à la clinique, les AGE aident à perdre du poids. C'est quand les AGE constituent 8 % de notre apport journalier, dans les bonnes proportions (entre 1 et 2 doses d'oméga-6 pour une dose d'oméga-3), que nous brûlons le plus de graisses[6].

Vous le voyez, même si vous voulez arrêter de manger *trop* de gras, ce n'est pas en supprimant le gras de votre alimentation que vous y arriverez. Vous devriez au contraire arrêter d'essayer de manger sans gras. Ceux qui ont perdu du poids de cette façon l'ont presque toujours repris, et la multiplication des régimes sans gras mène à des fringales de gras incontrôlables, et donc à une consommation de gras excessive.

Un autre gros problème des régimes sans gras, c'est qu'ils n'apportent en général pas assez de protéines, tout en étant proportionnellement riches en glucides. Vous savez peut-être déjà qu'il est très important de manger suffisamment de protéines pour être en mesure d'assimiler correctement les glucides de votre alimentation. Mais peu de gens savent que le corps est incapable d'utiliser les protéines sans un apport suffisant de bonnes graisses. Les protéines et les graisses forment une équipe : les graisses ne sont pas utilisées en l'absence d'un apport suffisant de protéines. Elles sont justes stockées. La plupart des aliments riches en protéines sont aussi riches en graisses : le poulet, les œufs, le tofu, la viande, le poisson, les noix et les graines. N'ayez pas peur du gras. Il vous aidera à renforcer vos muscles et votre cerveau en facilitant l'utilisation des protéines, et les protéines vous aideront à leur tour à brûler les graisses, et à réguler votre appétit et votre humeur.

Si vous êtes en guerre contre vos envies de gras, si vous mangez trop peu de gras depuis trop longtemps, vous avez peut-être remarqué que vous avez tendance à manger trop d'aliments riches en glucides (pain, pâtes, sucreries, bananes, aliments « allégés en gras » qui sont presque toujours enrichis en glucides...). Il vous en faut toujours plus pour être satisfait. C'est parce qu'il faut une certaine quantité de gras pour se sentir rassasié, pour que le corps envoie le signal « c'est bon ». Si les aliments allégés en graisses ne vous satisfont pas, ajouter des bonnes graisses dans votre alimentation vous permettra sans doute d'atteindre la satiété et la satisfaction tout en mangeant moins.

Glucides et carences en bons gras

L'autre problème fondamental des régimes sans gras, c'est que leur richesse en glucides de qualité médiocre se traduit directement par un stockage de graisses de mauvaise qualité dans le corps. Ce dernier ne sait pas quoi faire de l'abondance relative de glucides qu'il reçoit, et les transforme en graisses pour les stocker. Que les glucides en question proviennent de sources « saines », comme des légumes ou des céréales complètes, ne change rien à l'affaire.

Le corps ne peut en effet consommer que de petites quantités de sucres et de féculents à la fois. Tout le reste est stocké sous forme de gras, et majoritairement sous forme d'un acide gras appelé acide palmitique. La plupart des kilos en trop sont en fait constitués de cet acide palmitique, ce qui veut dire que l'embonpoint provient en fait plus des nourritures riches en glucides, que des aliments riches en graisses. Qui plus est, ces graisses, qui sont des glucides transformés par le corps, comptent parmi les plus dangereuses pour le système cardiovasculaire, alors mêmes qu'elles proviennent d'aliments supposément « sains parce que peu gras ». Ainsi la majorité des triglycérides en excès, qui contribuent au risque coronarien et « bouchent les artères » sont issus, non pas d'une alimentation trop grasse, mais d'une alimentation trop riche en glucides. Enfin, ces graisses issues des glucides tendant à contrecarrer les bienfaits des AGE.

Au premier rang des ces glucides qui se transforment immédiatement en graisse figurent les jumeaux maléfiques que sont le sucre et l'alcool. Sucre et alcool augmentent le cholestérol et les triglycérides. Les graisses en lesquelles ils sont transformés bloquent l'action régulatrice des oméga-3 et 6, de sorte qu'ils aggravent nos fringales, qu'elles soient de gras ou de sucré.

L'excès d'oméga-6

Les oméga-6 sont des graisses essentielles, mais nous en avons autant besoin que les oméga-3, lesquels sont beaucoup plus rares dans notre alimentation. La proportion idéale entre oméga-6 et oméga-3 est entre 1 et 2, mais, dans le régime occidental moderne, il y a environ vingt fois plus d'oméga-6 que d'oméga-3 ! Les huiles végétales et les animaux d'élevage, en particulier ceux qui sont sédentaires et qui sont nourris aux céréales, sont très riches en oméga-6 et ne contiennent quasiment pas d'oméga-3. À moins de consommer principalement des produits de la pêche et de la chasse, les oméga-3 sont plus rares dans notre alimentation, et c'est pourquoi la plupart d'entre nous ont tendance à être plus carencés en oméga-3 qu'en oméga-6, et ont donc besoin en priorité d'une supplémentation en oméga-3.

L'excès d'oméga-6 contribue aux maladies cardiovasculaires, à l'arthrite rhumatoïde, à l'asthme, à la maladie de Crohn, à l'ostéoporose, au cancer et à la maladie d'Alzheimer. L'interférence des oméga-6 et de la dopamine peut mener à la maladie de Parkinson, aux désordres bipolaires[7], à la schizophrénie, aux troubles obsessionnels-compulsifs[8]. Pour une part, cet effet délétère des oméga-6 tient à la disproportion avec les oméga-3. Mais un autre raison de cette nocivité des oméga-6, démontrée par de nombreuses études, est que la plupart des huiles dans notre alimentation sont rances *avant même d'être embouteillées*, l'huile d'olive vierge étant une exception notoire. Ce rancissement n'est apparent ni au goût, ni à l'odorat, parce que les huiles industrielles sont fortement traitées et désodorisées. Mais l'effet sur l'organisme est, lui, très réel. Les oméga-6 oxydés sont liés à la plupart des maladies dégénératives, et on en consomme en moyenne, aux États-Unis, 26 kg par an ![9] Une rapport d'experts japonais concluait ainsi que les huiles végétales (sauf l'olive) sont en fait « impropres à la consommation humaine »[10].

Malheureusement, l'excès d'oméga-6 semble aujourd'hui être une cause non seulement des fringales de gras, mais aussi de problèmes de santé les plus sérieux. Même ceux qui mangent sainement ont tendance à consommer trop d'oméga-6 et pas assez d'oméga-3. Rééquilibrer vos apports en AGE vous apportera des bienfaits rapides et spectaculaires.

COMMENT DIGÉREZ-VOUS LES GRAISSES ?

Il se peut que vous ingériez de bonnes graisses en abondance, mais que vous ne les digériez pas assez bien pour en tirer tous les bénéfices. Peut-être ne sécrétez-vous pas assez des bonnes enzymes, ou peut-être que votre foie ou votre vésicule biliaire, les organes essentiels à la digestion du gras, ne fonctionnent pas bien pour une raison ou une autre. L'efficacité de votre programme anti-fringales de gras en sera réduite d'autant. Comment savoir si vous digérez mal les graisses ? En fait, vous le savez sans doute déjà : si, après avoir mangé des aliments gras, vous avez la sensation d'avoir trop mangé, ou la nausée, ou la peau grasse, des éructations ou des rots, alors vous digérez mal les graisses. Prendre de la lipase peut aider, ainsi que du chardon-marie pour soutenir le foie et l'aider à se régénérer.

Les enzymes de la digestion des graisses

La lipase est une des enzymes qui décomposent les graisses de l'alimentation (les lipides) pour que le corps puisse les utiliser au mieux. La lipase s'attaque aux graisses que vous mangez peu de temps après leur ingestion. C'est aussi le cas de la bile, un puissant acide fabriqué par le foie et emmagasiné dans la vésicule biliaire. La bile décompose les graisses en petits éléments que la lipase peut facilement dissoudre. C'est ce qui permet à votre corps d'utiliser ces graisses plutôt que de les stocker.

Si vous avez du mal à digérer les graisses, vous devriez pendre avec vos repas un complément alimentaire d'enzymes digestives contenant de la lipase. Ces enzymes sont identiques à celles qui sont naturellement présentes dans votre tube digestif, chacune étant dédiée à la digestion d'un groupe donné de protéines, de graisses ou de glucides. Si vous n'avez pas assez d'enzymes digestives, vous ne pouvez pas tirer tout le bénéfice des nutriments contenus dans ce que vous mangez.

Au fur et à mesure que votre alimentation et votre santé s'amélioreront, votre capacité à produire vos propres enzymes se régénèrera, et vous n'aurez plus besoin de ces compléments alimentaires.

LES GRAISSES, LE FOIE ET LA VÉSICULE BILIAIRE

Ce sont le foie et la vésicule biliaire qui traitent l'essentiel des graisses de notre alimentation. Si l'un des deux ne fonctionne pas bien, c'est tout le corps qui ne reçoit plus les graisses dont il a besoin, et qui réclame en conséquence des apports supplémentaires de gras. Cela peut dégénérer en cercle vicieux quand un foie déjà fragilisé (par l'alcool, la drogue, des parasites ou la pollution), débordé par l'excès de gras dans l'alimentation, devient de moins en moins efficace pour la digestion des graisses.

Le foie est le « patron » de la vésicule biliaire quand il s'agit de traiter les graisses alimentaires. Il peut être débordé et encombré. Il peut même tomber malade, en particulier d'une forme quelconque d'hépatite, maladie de plus en plus courante. Les symptômes d'un problème de foie incluent un jaunissement de la peau et des yeux, une intolérance aux aliments gras, et des selles anormales.

C'est parce que votre pancréas, qui produit vos enzymes digestives, ne sera plus sous le stress d'un régime trop riche en glucides. Il sera en mesure de vous fournir les enzymes dont vous avez besoin, parce qu'il ne fera plus d'heures supplémentaires pour produire l'insuline nécessaire au stockage de tout ce glucose.

Problèmes de foie et de vésicule biliaire

En cas de problème de foie ou de vésicule biliaire, il est essentiel de consulter un ou plusieurs professionnels de santé. Selon mon expérience, les acupuncteurs sont particulièrement efficaces pour ce type de problèmes. En fait, ce sont les seuls praticiens que je connaisse qui obtiennent des succès contre l'hépatite C (une maladie qui laisse la médecine occidentale perplexe). Ils se montrent souvent utiles également dans les cas de cirrhose. Quand nous constatons des problèmes de foie, nous commençons toujours par suggérer une plante dont les effets impressionnent même les médecins allopathes : le chardon-marie. Elle aide le foie à remplir sa fonction vitale de filtre du sang.

GRAISSES ET PARASITES MICROBIENS

Certains micro-organismes peuvent augmenter votre appétit de gras. Ainsi le parasite répondant au doux nom de *Blastocystis hominis* se nourrit des graisses que vous ingérez, jusqu'à exploser, littéralement. Il peut, ainsi que d'autres parasites, infecter le foie et la vésicule. Si vous avez équilibré votre apport en oméga-3, et amélioré vos fonctions hépatiques et biliaires, et que vous avez encore des fringales de gras, faites le test des parasites au chapitre 14 et consultez votre médecin pour confirmer le diagnostic et trouver un traitement.

Si vous avez des raisons de suspecter un problème de foie ou de vésicule biliaire, faites vous examiner par un professionnel : il contrôlera votre foie. Il pourra aussi vous prescrire des examens sanguins appropriés : dépistage des hépatites A, B ou C, niveau des enzymes hépatiques. Si vous suspectez que vous êtes infecté par un parasite, voyez page 256 pour des suggestions d'examens et de traitement.

CHAPITRE 17

ÉTAPE 8 : CONNAÎTRE LES BONNES GRAISSES

VOUS ÊTES PROBABLEMENT PLUS QUE PRÊT À METTRE FIN à vos fringales de gras. Dans ce chapitre, vous allez apprendre comment introduire les meilleures graisses dans votre alimentation et limiter les mauvaises dont vous n'avez pas besoin.

ÉVALUER L'ÉTENDUE DES DÉGÂTS

Si vous consommez régulièrement beaucoup de graisses et de glucides de mauvaise qualité, il est temps d'évaluer l'étendue des dégâts. Faites procéder à des examens de sang pour :
• Votre niveau de cholestérol, et, de manière beaucoup plus importante, votre ratio entre bon et mauvais cholestérol (le ratio entre LDL et HDL devrait être compris entre 2 et 5).
• L'homocystéine (c'est un des meilleurs indicateurs d'un excès d'acides gras dans les artères).

Votre docteur ne devrait pas voir d'inconvénients à vous prescrire ces examens très courants.

Au fur et à mesure que vous utiliserez les techniques nutritionnelles décrites dans ce chapitre, vous verrez vos niveaux sanguins de cholestérol et d'homocystéine baisser. Refaites-vous prescrire les examens au bout de six mois et étonnez votre médecin avec vos nouveaux résultats.

LA VÉRITÉ SUR LES GRAISSES SATURÉES

Contrairement à ce qu'on nous a raconté depuis trop longtemps, les graisses saturées ne bouchent pas les artères et elles ne contribuent pas aux maladies cardiovasculaires[11]. Au contraire, elles représentent la source d'énergie préférée du cœur et du cerveau, parce qu'elles brûlent à un rythme régulier, à la différence des glucides. Plusieurs études montrent même que les graisses saturées ont un effet protecteur contre les accidents vasculaires cérébraux[12]. Du point de vue cérébral et émotionnel, les graisses saturées soutiennent l'effet des oméga-3 dans le cerveau et aident à atténuer les effets de l'excès d'oméga-6[13, 14]. Chez les diabétiques et les obèses, une alimentation riche en graisses saturées et pauvre en glucides améliore le cholestérol, le poids et les niveaux d'insuline[15, 16]. Non seulement les graisses

LE CHOLESTÉROL, CET INCONNU

Le beurre, la crème, le fromage, les œufs, la noix de coco, les crustacés, les viandes rouges sont riches en cholestérol, mais ce n'est pas un problème (sauf pour une petite minorité de personnes présentant un désordre génétique de métabolisme du cholestérol), car le cholestérol est un des nutriments les plus précieux, notamment pour l'humeur et la gestion du stress, en particulier parce qu'il est le matériau avec lequel notre corps fabrique la quasi-totalité de ses hormones. Le risque de mort prématuré est augmenté quand le cholestérol est trop faible[17]. Un faible cholestérol est aussi associé avec la dépression, l'anxiété, l'irritabilité, le suicide, l'insomnie, parce que le cholestérol est essentiel à la fabrication de la sérotonine, notre antidépresseur naturel[18]. Le cerveau est constitué à 25 % de cholestérol. Le cholestérol est un puissant antioxydant, qui protège tous nos tissus, y compris et surtout le cerveau.

saturées sont bonnes pour la santé, mais elles sont solides : elles supportent bien l'air, la chaleur, la lumière. On peut cuire avec (sans les brûler !). Elles ralentissent la combustion des glucides raffinés, et protègent du diabète. Ce sont d'excellents antioxydants.

LES GRAISSES À FAVORISER

Le beurre est riche en vitamines liposolubles, notamment A, D et E. L'huile de noix de coco contient de puissants anti-viraux et anti-fongiques, et elle est plus saturée, plus résistante, et plus antioxydante que le beurre.

Pour vos salades, utilisez de préférence de l'huile d'olive extra vierge. L'huile de lin, riche en oméga-3, est une bonne option à condition de s'assurer qu'elle ne soit pas oxydée. Comme toutes les huiles végétales, elle s'oxyde au contact de l'air, de la lumière et de la chaleur, de sorte qu'il est essentiel de se la procurer fraîchement pressée, non désodorisée, dans une bouteille sombre ou opaque, de la conserver au frais et à l'abri de la lumière et de la chaleur, et de la consommer rapidement après ouverture. Les mêmes précautions s'appliquent à toutes les huiles végétales, à l'exception de l'huile d'olive, qui est beaucoup moins fragile que les autres. C'est également la raison pour laquelle l'huile d'olive est à préférer pour la cuisson.

Le beurre, l'huile de coco, la graisse de canard ou le saindoux sont, comme l'huile d'olive, de très bons choix pour la cuisson, mais le fait qu'ils soient solides à température ambiante les rend un peu délicats à manier en assaisonnement.

Même si ces types de graisse (beurre, huile d'olive, huile de coco, graisse de canard, saindoux...) résistent bien à la cuisson, il est essentiel de ne pas les brûler, c'est-à-dire de ne pas les laisser noircir ou fumer. Si cela arrive, jetez les graisses brûlées et essuyez la poêle avant de la réutiliser.

LES GRAISSES ANIMALES

Ce sont aussi de riches sources de graisses saturées. Les graisses saturées sont plus solides que les oméga-3 et 6 (en deux sens : elles sont moins fragiles et moins liquides). Nous avons donc besoin des deux types de graisses pour être en bonne santé et maintenir un bon niveau de perméabilité et de flexibilité des parois cellulaires. J'ai parlé des bienfaits des graisses saturées page 290.

LES GRAISSES À ÉVITER

En plus des huiles végétales, les huiles transformées chimiquement sont une autre catégorie de mauvais gras : les margarines et autres huiles « partiellement hydrogénées » qu'on trouve dans la plupart des produits transformés (plats préparés, biscuits, etc.). Lisez bien les étiquettes, car une huile hydrogénée, même partiellement, a été « frite » avec de l'hydrogène et du métal pendant six à huit heures. De leur état liquide, naturel, elles sont passées en graisses « trans », solides, indigestes, et liées sans ambiguïté aux maladies cardiaques (pourquoi sert-on encore ces substances dans les hôpitaux ?). Pour le corps, les graisses *trans* sont une énigme. Il ne sait pas quoi en faire et elles encombrent dangereusement les artères.

Les huiles de friture deviennent également nocives au bout de quelques usages, même quand il s'agit d'huiles très stables comme l'huile de palme ou de coco. Les huiles frites bloquent ou détruisent les acides gras essentiels, ainsi que les vitamines liposolubles : A, D, E et K[19]. Évitez donc absolument les margarines et les autres huiles *trans* et « hydrogénées », partiellement ou pas[20]. Lisez attentivement les étiquettes, évitez les produits frits et la plupart des huiles végétales. Et profitez bien du beurre, de l'huile de coco, et de l'huile d'olive vierge extra, de la graisse de canard, de la moelle de bœuf...

LES ALIMENTS QUI METTENT FIN AUX ENVIES DE GRAS

Pour vous assurer que vous consommez suffisamment de bon gras, et pour vous débarrasser des envies de gras, il vous faudra suivre de près votre consommation d'acides gras essentiels. Pour reconstituer vos stocks d'oméga-3, commencez par manger des poissons gras au moins deux fois par semaine (et plus souvent si cela correspond à un besoin génétique, en particulier si vous êtes d'origine nordique). Les poissons gras incluent le saumon, en particulier les chairs les plus proches de la peau*, les sardines (surtout celles qui sont en boîte et conservées dans leur propre huile), le thon frais (mais la plupart du thon en boîte est dégraissé, donc de peu d'intérêt nutritif de ce point de vue, et le contenu en métaux lourds du thon est généralement problématique), le maquereau, le hareng[21].

Il est beaucoup plus facile de s'assurer que notre apport en oméga-6 est suffisant : une poignée de graines ou de noix crues par jour y suffit, par exemple dans un smoothie, ou moulues dans un yaourt pour le petit déjeuner, sur une tartine de fromage frais...

Autres sources naturelles d'oméga-3

La viande rouge contient d'excellentes graisses, et des minéraux importants comme le fer ou le zinc. L'agneau, le porc fermier, le bœuf de pâturage, et le gibier contiennent des oméga-3. Mais les graisses animales et produits laitiers non biologique peuvent contenir des pesticides, des antibiotiques, que les graisses fixent facilement, donc il faut préférer les produits fermiers et biologiques. Les porcs et bœufs nourris aux céréales, les volailles non fermières contiennent beaucoup plus d'oméga-6 que d'oméga-3.

---

*Malheureusement, les chairs les plus proches de la peau, qui sont les plus riches en oméga-3, sont également celles qui risquent le plus d'être contaminées par les polluants.

Les légumes verts à feuilles sombres (épinards, blettes, chou, mesclun, mâche, etc.) sont aussi des sources d'oméga-3.

Parmi tous les fruits oléagineux (amandes, noix, noix de macadamia, de pécan, noisettes, pignons de pin, etc.), seules les noix et les noix du Brésil contiennent des quantités significatives d'oméga-3 susceptibles d'équilibrer leur contenu en oméga-6. Ne mangez de noix décortiquées que lorsqu'elles sont fraîches, et en saison (à l'automne et au début de l'hiver), autrement, leurs acides gras ont de fortes chances d'être oxydés. Hors saison, préférez les noix en coquille et évitez tout particulièrement les noix décortiquées et en sachet. On peut congeler les noix sans endommager leurs acides gras essentiels.

LES COMPLÉMENTS CONTRE LES ENVIES DE GRAS

En plus des compléments de base décrits page 300, voici les compléments spécifiques à un problème d'acides gras :

• **Huiles de poisson.** En capsules, elles contiennent les oméga-3 les plus précieux et les plus rares : l'EPA et la DHA. 95 % d'entre nous sont carencés en ces deux substances. Certains sont même physiologiquement incapables de les synthétiser à partir des oméga-3 végétaux à courte chaîne (comme ceux de l'huile de lin), et ne peuvent se les procurer qu'en mangeant du poisson, ou des algues rouges ou brunes. Prenez 1 g d'huile de poisson, deux fois par jour.

Si vous êtes végétarien, que vous ne digérez pas les huiles de poisson ou leurs enveloppes, la meilleure source alternative d'oméga-3 est l'huile de lin. Elle ne contient pas d'EPA ni de DHA, c'est pourquoi je recommande d'y ajouter un peu d'huile d'algue riche en DHA – une dose de 100 mg, deux fois par jour, est appropriée. Elle représente la même quantité de DHA que 1 g d'huile de poisson.

• **Lipase.** C'est l'enzyme digestive qui aide à décomposer les graisses de notre alimentation. Elle fait partie de la plupart des complexes d'enzymes digestives et peut aussi se trouver isolément. Dans tous les cas, un dosage de 8 000 unités par repas est approprié.

Les nutriments les plus importants pour vous permettre d'utiliser au mieux les huiles dans votre alimentation font partie de votre plan de supplémentation de base, décrit page 300. Les vitamines A, C et E travaillent de concert avec le sélénium pour protéger toutes les graisses de votre corps de l'oxydation. C'est sans doute à cause de sa capacité à protéger la petite pellicule de graisse autour de chacune de nos cellules que le sélénium a une réputation d'agent anticancer. La vitamine A est particulièrement importante pour votre peau. Les huiles alimentaires raffinées que l'on trouve dans les supermarchés ne contiennent en général pas de vitamine E – c'est pourquoi une supplémentation est souvent nécessaire pour se protéger des accidents vasculaires cérébraux et de la cataracte. Toutes les vitamines B contribuent à renforcer l'efficacité des acides gras essentiels. La lécithine aide à émulsifier les graisses pour ceux qui ont perdu leur vésicule biliaire.

Passée une période de réparation (entre trois et douze mois), il vaut mieux essayer de réduire la supplémentation en AGE pour se les procurer dans son alimentation : en évitant les huiles végétales et les produits transformés, en mangeant des produits de la mer deux ou trois fois par semaine, et quelques poignées de graines ou de noix. Comme toujours, le meilleur guide pour savoir s'il est temps d'arrêter les compléments d'oméga-3 sont les réactions de votre corps, et c'est pourquoi il est important de tenir un carnet de bord de votre alimentation (voir page 354)*.

---

* L'excès d'oméga-6 est la tendance naturelle de l'alimentation moderne, mais l'excès d'oméga-3 est également possible et n'est pas moins nuisible. Il ne faut donc pas forcer à l'excès sur les compléments alimentaires en huile de poisson ou de lin, et/ou penser à les équilibrer par des compléments d'oméga-6 de qualité irréprochable (les noix ou les graines entières crues restent la meilleure source, car les huiles s'abîment toujours rapidement, même en gélules).

COMPLÉMENTS ALIMENTAIRES POUR UN PROBLÈME D'ACIDES GRAS

	L	P	MM	DÉJ.	MA	DÎN.	C*
• Oméga-3 (huiles de poisson, contenant EPA et DHA), 1 g	1					1	
OU							
• Huile de lin, 1000 mg	1			1		1	
• Huile d'algues riche en EPA, 100 mg	1			1		1	
PROBLÈMES DE FOIE OU DE VÉSICULE BILIAIRE							
• Chardon-marie, 300 mg	2					2	
• Granules de lécithine, 1 cuillère à soupe	1			1		1	
POUR AIDER À LA DIGESTION DES GRAISSES							
• Lipase, au moins 8 000 UI	1			1		1	

* L= Au lever, P=Au petit déjeuner, MM=Milieu de matinée, Déj.=déjeuner, MA=En milieu d'après-midi, Dîn.=Au dîner, C=Au coucher

À ce point, j'espère vous avoir convaincu de ne plus avoir peur du gras. Comme vous allez le voir dans les chapitres suivants, il existe de nombreux aliments délicieux qui vous apportent les acides gras dont vous avez besoin sans nuire à votre santé.

PLAN D'ACTION

1• Passez en revue vos symptômes pour déterminer si vous avez besoin de manger plus de poisson, de prendre des compléments d'acides gras essentiels ou des aides à la digestion des graisses, ou bien si vous devriez faire examiner votre foie ou votre vésicule biliaire.

2• Faites tester vos niveaux de cholestérol et d'homocystéine (des niveaux élevés d'homocystéine sont un indicateur plus fiable de problèmes artériels que le taux de cholestérol).

3• Si nécessaire, faites des tests pour déterminer si vous avez un problème de foie ou une infection parasitaire.

4• Évitez les huiles végétales et les huiles hydrogénées, à l'exception de l'huile d'olive vierge extra. Évitez les aliments frits. Favorisez les bonnes graisses (page 291).

5• Sélectionnez votre programme de supplémentation, y compris les compléments de base (page 307).

6• Consultez un acupuncteur, si nécessaire, pour vos problèmes de foie ou de vésicule biliaire.

7• Lisez bien le chapitre 4, page 59 sur les dangers des régimes hypocaloriques et le chapitre 19, page 319, sur les meilleurs aliments pour votre organisme.

CHAPITRE 18

VOS COMPLÉMENTS ALIMENTAIRES

V OUS AVEZ MAINTENANT IDENTIFIÉ LES DÉSÉQUILIBRES physiologiques à l'origine de vos problèmes de poids, d'humeur et de fringales, et vous avez appris quels compléments utiliser pour y remédier. Il est temps de faire la synthèse de ces informations et de mettre au point votre propre programme, en particulier en matière de compléments alimentaires. Votre programme de supplémentation se décompose en deux parties : d'abord les compléments alimentaires de base que vous devrez prendre indépendamment de vos déséquilibres ; et ensuite les compléments réparateurs qui permettent de remédier à vos déséquilibres propres, que vous ne prendrez que pendant un certain temps.

Dans ce chapitre, je parlerai de tous les compléments mentionnés dans ce livre. Pour les compléments de base, j'indiquerai les dosages recommandés. Pour les dosages des compléments réparateurs, je vous renverrai aux chapitres 3 à 11, dans lesquels j'ai expliqué l'usage de ces compléments.

Je me suis efforcée de vous recommander des compléments faciles à se procurer, que ce soit en magasin diététique ou par correspondance. Une des difficultés de l'adaptation française de ce livre a été d'identifier les compléments disponibles sur le marché français qui correspondent le mieux à nos protocoles. Certains des compléments sont faciles à trouver en magasins, d'autres doivent être commandés, parfois à l'étranger*. Le marché des compléments alimentaires est vaste et en perpétuel mouvement : si nous n'avons pas su identifier un complément facile à se procurer, cela ne signifie pas pour autant qu'il n'existe pas.

VOTRE PROGRAMME

Au début, vous devrez prendre pas mal de compléments alimentaires. Après trois à douze mois, au fur et à mesure que s'installeront vos nouvelles habitudes alimentaires, vos besoins diminueront pour se réduire aux compléments de base. Néanmoins, si à l'avenir vous traversez des moments difficiles et que vos déséquilibres se manifestent à nouveau, vous pourrez toujours réutiliser les compléments réparateurs. Gardez-en en stock !

La supplémentation de base

J'ai fait référence à ce programme de compléments de base tout au long de ce livre. Ils font partie de vos nouvelles habitudes alimentaires, et visent à restaurer et à maintenir vos niveaux de nutriments.

Nous avons tous des carences. Une de nos consultantes a mené des analyses fouillées pendant des années : il en est ressorti qu'aucun type d'alimentation, même les plus sains, même ceux des athlètes, ne contient 100 % des nutriments dont nous avons besoin, même pas les fameux AJR (apports journaliers recommandés), qui, en plus, sont insuffisants pour certains nutriments. À cause de différents facteurs (chaleur, lumière, âge, transformations industrielles, appauvrissement des sols, etc.), il est simplement devenu impossible de trouver tous les nutriments qu'il nous faut dans notre alimentation. Pour être heureux et en bonne santé, nous avons donc besoin de compléments alimentaires.

* Ce qui n'est pas forcément une mauvaise chose : certains compléments sont beaucoup moins chers au Royaume-Uni ou aux États-Unis.

Les compléments de base que je propose ici sont à la fois suffisamment sûrs pour que vous puissiez les prendre sans crainte pour le reste de votre vie, et suffisamment efficaces pour, de concert avec vos nouvelles habitudes alimentaires, empêcher le développement de la plupart des déséquilibres.

Multi. Un bon multivitamines-multiminéraux est essentiel, c'est la pièce maîtresse de votre programme de supplémentation de base. Voici par exemple deux études, parmi tant d'autres, démontrant les avantages d'un bon « multi » comme celui que vous allez commencer à prendre :

1• Une étude portant sur 400 femmes a montré que la prise d'un « multi » diminuait de 50 % le risque d'avoir un bébé présentant une anomalie congénitale[1].

2• Une étude portant sur 900 personnes pendant dix ans a montré que prendre un « multi » diminue le risque de cancer du côlon de 50 %[2].

Au fil des ans, nous avons utilisé de nombreux « multis », toujours à la recherche du meilleur. Notre préféré est actuellement *True Balance*, de NOW, mais il n'est pas directement disponible en Europe. Vous pouvez néanmoins le commander aux États-Unis, par exemple sur Amazon.com.

Dans le tableau ci-après, nous comparons *True Balance* avec un « multi » d'excellente qualité, le VM-75 de Solgar. Vous pouvez photocopier ce tableau et l'utiliser pour comparer le « multi » que vous envisagez à notre formule de référence.

Quand vous comparez des « multis », faites attention au fait que les doses indiquées sur les étiquettes correspondent parfois à une capsule, parfois au nombre de capsules recommandées par jour. Dans ce tableau, nous avons noté les apports quotidiens recommandés, qui correspondent à une pilule de VM-75 mais à quatre pilules de True Balance, par exemple. Compte tenu du nombre de nutriments en jeu, pour la plupart des « multis », il faut prendre entre trois et six pilules par jour.

Vous verrez que la plupart des « multis » disponibles en Europe ne contiennent pas assez de chrome et de biotine, des nutriments particulièrement essentiels pour la régulation du sucre sanguin, la gestion du stress et le fonctionnement du cerveau. Vous devrez probablement ajouter des compléments en conséquence à votre « multi ». Par exemple, si vous prenez VM-75 de Solgar, comme dans notre exemple, il vous faudra complémenter avec environ 800 µg de chrome, 100 µg de sélénium et 3 g de biotine chaque jour (à quoi s'ajouteront encore des compléments de vitamines B et C, de calcium et de magnésium qu'on doit ajouter même à notre « multi » préféré, cf. page suivante et le tableau page 307).

FORMULE MULTIVITAMINE/MULTIMINÉRAUX – DOSES PAR JOUR

	NOTRE FORMULE DE RÉFÉRENCE (TRUE BALANCE™, POUR QUATRE CAPSULES PAR JOUR)	VM-75 (1 CAPSULE)	COMPAREZ VOTRE « MULTI » (EN PRENANT SOIN DE REPORTER LA DOSE JOURNALIÈRE)
Bêta-carotène	3 mg	4,5 mg	
Vitamine B1 (thiamine)		75 mg	
Vitamine B2 (riboflavine)	30 mg	92 mg	
Vitamine B3 (niacine et niacinamide)	140 mg	75 mg	
Vitamine B5 (acide panthothénique)	120 mg	75 mg	
Vitamine B6 (pyridoxine)	33 mg	75 mg	

Vitamine B8 (biotine)	3 200 µg	75 µg	
Vitamine B12	80 µg	75µg	
Acide folique	800 µg	400 µg	
Vitamine C	240 mg	250 mg	
Vitamine D	500 UI	400 UI	
Vitamine E	400 UI	150 UI	
(Vitamine E complémentaire nécessaire)	*(200 UI)*	*(650 UI)*	
Chrome	800 µg	25 µg	
(Chrome supplémentaire nécessaire)		*(200 µg)*	
Calcium	186 mg	64 mg	
(Calcium supplémentaire nécessaire)	*(500 mg)*	*(600 mg)*	
Magnésium	240 mg	32 mg	
(Magnésium nécessaire en complément)	*(500 mg)*	*(800 mg)*	
Potassium	100 mg		
Zinc	30 mg	10 mg	
Manganèse	5 mg		
Cuivre	1 800 µg	2 000 µg	
Vanadium	18 µg		
Sélénium	125 µg	25 µg	
Bore		500µg	
Fer		1,3 mg	
Bioflavonoïdes		25mg	

Note : ceux qui détestent avaler des pilules peuvent trouver des « multis »à faire fondre sous la langue, en poudre, à mâcher.

Attention au fer ! À l'exception des femmes réglées, l'apport quotidien en fer *ne doit pas dépasser 18 mg*. Les femmes réglées sont une exception car elles perdent beaucoup de fer durant les règles. Les personnes qui ne consomment pas de viande rouge peuvent également excéder cette dose, car leur apport en fer dans l'alimentation est généralement insuffisant.

Minéraux. Même le meilleur des « multis » n'apporte pas suffisamment de certains nutriments. C'est pourquoi j'ai inclus dans le tableau les doses nécessaires de quatre minéraux fondamentaux. Le calcium et le magnésium en particulier prennent trop de place pour être inclus en quantité suffisantes dans les « multis ». Or le calcium, par exemple, n'est pas seulement utile pour les os et les dents. Un apport suffisant en calcium aide à dormir et protège contre le cancer. Quant au magnésium, 80 % d'entre nous n'en ont pas assez, et il est encore plus essentiel que le calcium : il protège contre les crises cardiaques, la maladie d'Alzheimer, la constipation, l'hypoglycémie, le diabète, les troubles du comportement alimentaire, la fatigue chronique, les faiblesses thyroïdiennes, le syndrome prémenstruel, et l'ostéoporose, pour ne citer que quelques-uns des 325 maux prévenus par le magnésium[3].

Quant au chrome, il est essentiel à la régulation du sucre sanguin, et peu de « multis » en contiennent suffisamment. Prenez-en 1 000 µg par jour au moins les trois premiers mois, jusqu'à ce que vous n'ayez plus de fringales.

Vous aurez donc besoin d'une supplémentation en minéraux en plus de votre « multi ». Préférez les minéraux *chélatés*, qui sont mieux absorbés et mieux digérés (ils sont disponibles chez Solgar et Carlson en particulier). Le magnésium en particulier peut provoquer des diarrhées s'il est n'est pas lié à des substances facilement assimilables par l'intestin. Les doses indiquées sont des ordres de grandeur. Vos besoins précis en calcium et magnésium dépendent de votre biochimie particulière. Adaptez votre apport selon vos réactions, en particulier digestives : l'excès de magnésium peut provoquer des diarrhées, l'excès de calcium peut constiper, et parfois déprimer.

NOTE POUR LES VÉGÉTALIENS

Si vous ne mangez *aucun* produit animal, qu'il s'agisse de poisson, de poulet, de produits laitiers ou d'œufs, il est probable que la supplémentation de base décrite ici ne vous apporte pas tous les nutriments dont vous avez besoin. Vérifiez la composition de votre « multi » et ajoutez des compléments pour atteindre les niveaux suivant d'apports quotidiens (il existe des compléments alimentaires garantis sans produits animaux) :

• Vitamine B$_{12}$: 5 000 µg (moins si vous moins de 40 ans)
• Vitamine D : 1 000-2 000 UI (mais pas plus sauf avis médical)
• L-carnitine : 500 mg
• Zinc : 25-50 mg (jusqu'à 100 pour les femmes réglées)
• Sélénium : 100 à 200 µg (ne pas dépasser 400 µg)

Assurez-vous aussi de consommer des graisses saturées, noix de coco ou huile de palme (le lait de coco est préférable au lait de riz ou de soja).

Complexe B. Chacun des huit déséquilibres requiert un apport supplémentaire en vitamines B. Pendant les premiers mois, l'apport en B de votre « multi » n'est donc pas suffisant. Les vitamines avec coenzymes sont déjà liées aux acides aminés et aux minéraux nécessaires à leur assimilation, ce qui les rend plus efficaces. On trouve chez Source Naturals' des tablettes à faire fondre sous la langue. Nos patients les apprécient beaucoup. Mais ceux qui ont une forte sensibilité au sucre risquent de ne pas bien réagir aux édulcorants contenus dans ces tablettes. Si vous ne trouvez pas de complexe coenzyme B sans édulcorant, vous pouvez alors vous contenter d'un complexe B normal.

La dose de vitamines B idéale est de 25 à 50 mg de chacune des vitamines B, lors des trois premiers mois, 10 à 25 mg ensuite. Au bout de trois mois, vous pouvez passer à un complexe B ordinaire, à condition qu'il contienne 11 ou 12 des vitamines B, y compris la choline, l'inositol et l'acide pantothénique. Préférez un complexe ne contenant pas d'autres nutriments ou vitamines. Attention : l'excès de vitamines B se manifeste par des effets indésirables comme la nausée et l'insomnie, *en particulier quand on les prend en dehors des repas.*

Vitamine C avec bioflavonoïdes. Dans la nature, vitamine C et bioflavonoïdes sont toujours combinés. Leur action antioxydante est ainsi maximisée. Ils aident à prévenir le cancer, les maladies cardiaques, l'asthme, l'épuisement lié au stress, entre autres choses. Nos nutritionnistes recommandent d'en prendre entre 2 000 et 3 000 mg par jour.

Vitamine D. C'est en fait une hormone qui régule les surrénales, la thyroïde, et le calcium entre autres choses. Au cours de la dernière décennie, on a découvert que nos besoins journaliers en vitamine D étaient *très supérieurs* à ce qu'on pensait au XXe siècle – ils pourraient atteindre 2 000 UI dans certains cas. La supplémentation en vitamine D peut présenter des effets très bénéfiques, *mais l'excès de vitamine D peut être toxique.* Par prudence, ne dépassez pas 2 000 UI par jour, à moins que des examens médicaux ne révèlent que vos réserves sont faibles. Si vous passez beaucoup de temps au soleil, limitez les compléments de vitamine D.

Huile de poisson (ou de lin si vous êtes végétarien). Ce sont les super oméga-3 qui améliorent votre santé, du cerveau au côlon. Les végétariens peuvent combiner 1 000 mg d'huile de lin avec 100 mg d'extrait d'algues pour reproduire l'effet de l'huile de poisson. Prenez-en jusqu'à disparition de vos fringales. Si vous mangez du poisson gras toutes les semaines, elles n'ont pas besoin de faire partie de votre supplémentation permanente.

VOTRE PROGRAMME DE SUPPLÉMENTATION

	L	P	MM	DÉJ.	MA	DÎN.	C*
COMPLÉMENTS DE BASE							
• « Multi » (True Balance) **OU**		2				2	
• VM-75 de Solgar +		1					
• Chrome, 500 µg (au moins tant que les fringales persistent) +		1		1			
• Biotine, 1000 mg +		1		1		1	
• Sélénium, 100 µg						1	
• Calcium, 250-500 mg (doser selon réactions)						1 à 2	
• Magnésium, 200-400 mg (doser selon réactions, en particulier digestives)						1 à 2	
• Complexe B, 10-25 mg (doublez les doses les trois premiers mois)		1				1	
• Vitamine C (1 000 mg) avec bioflavonoïdes (200-500 mg)		1				1	
• Vitamine D, 1 000 UI (plus si vos examens le justifient)		1					
• Huile de poisson ou de lin, 400 mg (sauf si vous mangez du poisson deux fois par semaine au moins et ne consommez pas d'huiles végétales ou d'aliments transformés)		2 à 4		2 à 4			

	L	P	MM	DÉJ.	MA	DÎN.	C*
COMPLÉMENTS RÉPARATEURS POUR REMETTRE LE CERVEAU EN ÉTAT							
• L-glutamine, 500 mg							
• GABA, 100-500 mg (éventuellement avec taurine et glycine)							
• L-tyrosine, 500 mg							
• L-phénylalanine, 500 mg							
• DLPA ou DPA, 500 mg							
• 5-HTP, 50 mg ou L-tryptophane, 500 mg							
• Millepertuis, 300 mg (avec 900 µg d'hypericine)							
• Mélange d'acides aminés essentiels, 500 mg							
POUR GUÉRIR DES RÉGIMES – POUR ANOREXIQUES ET BOULIMIQUES							
• Jus d'aloé vera (10-20 dl)							
• Vitamine B_1, 100-200 mg (l'apport total de vitamine B_1 ne doit pas dépasser 300 mg par jour, tous compléments confondus)							
POUR STABILISER LE SUCRE SANGUIN							
• Biotine, 1 000 µg							
• L-glutamine, 500 mg							

	L	P	MM	DÉJ.	MA	DÎN.	C*
• Vitamine B₁, 100 mg (l'apport total de doit pas dépasser 300 mg par jour, tous compléments confondus)							
CONTRE L'ÉPUISEMENT DES SURRÉNALES							
• Acide panthoténique, 100-500 mg							
• GABA, 100-500 mg (éventuellement avec taurine et glycine)							
• Vitamine B₁, 100 mg (l'apport total de doit pas dépasser 300 mg par jour, tous compléments confondus)							
• Sédatif PC							
COMPLÉMENTS ULTIMES POUR LES SURRÉNALES							
• Sériphosatif PC							
• DHEA, sur ordonnance							
• Prégnénolone, sur ordonnance							
• Racine de réglisse							
• Cortex surrénal en médicament homéopathique							
• Cortisol (sur prescription), 2,5 à 7,5 mg							
POUR LES FAIBLESSES THYROÏDIENNES (MAIS PAS LES THYROÏDITES)							
• L-tyrosine, 500 mg							

	L	P	MM	DÉJ.	MA	DÎN.	C*
POUR GUÉRIR DES ALLERGIES ET DES DÉPENDANCES							
• DLPA ou DPA, 500 mg							
• L-glutamine, 500 mg							
• Jus d'aloé vera, 20 ml, entre les repas							
• Aide à la digestion (citrate de betaïne, bicarbonate, jus de citron...)							
POUR SE LIBÉRER DES FRINGALES HORMONALES POUR LA MÉNOPAUSE							
• Dong quai ou actée à grappes noires							
PROTOCOLES HORMONAUX (SUR PRESCRIPTIONS MÉDICALES)							
• Progestérone							
• Estrogènes							
• Testostérone							
POUR ÉLIMINER LES LEVURES							
Consultez un professionnel et voyez le protocole de la page 270							
POUR ABSORBER LES BONNES GRAISSES							
• Lipase, 8 000 UI							
• Chardon-marie, 300 mg							
• Granules de lécithine, 1 g							
AUTRES COMPLÉMENTS							

* L= Au lever, P=Au petit déjeuner, MM=Milieu de matinée, Déj.=déjeuner, MA=En milieu d'après-midi, Dîn.=Au dîner, C=Au coucher

Faites plusieurs copies votre programme de supplémentation, afin de pouvoir l'ajuster dans le temps, changer vos doses, arrêter certains compléments, en essayer de nouveaux. Passez en revue les chapitres 2 à 17 pour remplir le tableau.

Les compléments alimentaires sont *des aliments*. Ils sont essentiellement sûrs. Mais, comme les aliments, tout le monde n'a pas besoin de les prendre tous, et aucun ne réussit à tout le monde. Nous sommes tous des individus uniques, du point de vue biochimique comme du point de vue génétique. Nos réactions aux compléments alimentaires, comme aux aliments, varient en conséquence. De plus, les compléments sont des aliments transformés, et ils tendent à contenir des impuretés, ainsi que des ingrédients auxquels on peut être allergique, comme du blé ou du sucre. Selon notre expérience à la clinique, environ un client sur mille réagit mal à un complément dont il a besoin. Des réactions désagréables à un complément alimentaire peuvent indiquer un problème de foie, qui requiert l'attention, et que le chardon-marie (300 mg au petit déjeuner et au dîner) peut aider à résoudre.

En somme, si les compléments alimentaires ne sont jamais dangereux, ils peuvent ne pas vous réussir, et vous le saurez rapidement. Par exemple, si vous vous sentez d'abord détendu et dé-constipé grâce au magnésium, mais qu'ensuite vous mettez à avoir des selles trop molles, il est temps de réduire les doses.

VOS COMPLÉMENTS ALIMENTAIRES SONT-ILS SÛRS?

Selon une étude publiée en avril 1998, aux États-Unis, 290 morts par jour sont dues à des médicaments, qu'ils soient en vente libre ou sur prescription[4]. Selon l'Association américaine des centres antipoison, on ne recense qu'un cas, fortement controversé, de mort peut-être due à un complément alimentaire, en 1996.

Si vous avez un doute, consultez un professionnel de santé. Vous ne pouvez pas faire d'overdose de nutriments si vous suivez le programme de supplémentation de ce chapitre, mais j'aimerais tout de même que vous sachiez quels sont les nutriments qui peuvent, à doses très excessives, provoquer des réactions négatives.

Fer. C'est sans doute le seul complément alimentaire qui puisse réellement être dangereux. Au-delà de 18 mg par jour, des désagréments digestifs peuvent survenir. Au-delà de 100 mg, on peut observer de l'épuisement et de la perte de poids. Un examen de sanguin de vos niveaux de fer dissipera tout doute.

Vitamine A. Des doses supérieures à 50 000 UI peuvent provoquer vertiges, troubles de la vision, nausées ou maux de tête. Chez les femmes enceintes, excès et carence de vitamine A peuvent provoquer des malformations du bébé.

Vitamine B$_3$ (niacine). Absorber plus de 300 mg de niacine à la fois peut provoquer des maux de tête, des nausées ou un bref accès de chaleur. Une dose supérieure à 2 g peut endommager le foie.

Vitamine D. Des doses quotidiennes supérieures à 2 000 UI peuvent provoquer nausées, maux de tête, diarrhée, bouche sèche, perte d'appétit et même des dommages permanents aux reins ou au cœur. Passer quelques minutes au soleil chaque fois que c'est possible est la meilleure façon de se procurer de la vitamine D.

Zinc. De fortes doses (plus de 50 mg) peuvent causer nausées, anémie, vertiges, une diminution de l'immunité et du HDL (le bon cholestérol) ou bloquer l'absorption du cuivre.

Vitamine B$_6$. Une prise quotidienne de plus de 250 mg par jour sur une longue période peut causer des dommages nerveux non-irréversibles.

Sélénium. Une dose de plus de 800 µg par jour peut fragiliser les cheveux ou les ongles, et provoquer vertiges, fatigue, nausées, diarrhée et maladies du foie.

Cuivre. Une prise supérieure à l'AJR de 2 mg peut provoquer nausées, maux de tête ou jaunisse.

Magnésium. Au-delà de 1 000 mg par jour, il peut causer des diarrhées, de l'hypotension, ou des nausées.

POSSIBLES CONTRE-INDICATIONS DES ACIDES AMINÉS

SI VOUS	CONSULTEZ VOTRE MÉDECIN AVANT DE PRENDRE
Avez une pression artérielle élevée	Tyrosine, DL-phénylalanine, L-phénylalanine*
Prenez des antidépresseurs IMAO (Deprenyl, Otrasel...)	Tyrosine, DL-phénylalanine, L-phénylalanine, L-tryptophane ou 5-HTP**
Avez une thyroïde hyperactive	Tyrosine, DL-phénylalanine, L-phénylalanine
Avez une thyroïdite d'Hashimoto	Tyrosine, DL-phénylalanine, L-phénylalanine
Souffrez de phénylcétonurie	Tyrosine, L- phénylalanine (ne prenez pas de DLPA)
Souffrez de migraines	Tyrosine, DL-phénylalanine, L-phénylalanine, 5-HTP
Avez un mélanome	Tyrosine
Prenez des antidépresseurs ISRS (Prozac...) ou IRSN (Effexor)	L-tryptophane, 5-HTP, L-thyrosine, DLPA
Avez un trouble bipolaire	L-glutamine (elle soulage la dépression mais peut déclencher un accès maniaque)
Avez une pression artérielle faible	GABA, taurine, niacine

*Mais ces acides aminés peuvent aussi aider, dans certains cas, à diminuer la tension artérielle. Consultez votre médecin.

** Il faut demander à votre médecin à partir de quand vous pourrez prendre des acides aminés une fois que vous aurez arrêté les inhibiteurs de MAO.

Acides aminés. Si vous présentez une des conditions suivantes, vous devez consulter votre médecin avant de prendre n'importe quel complément d'acides aminés :
• Lupus
• Maladie sérieuse
• Foie gravement endommagé
• Maladie congénitale du métabolisme des acides aminés
• Thyroïde hyperactive
• Ulcère (les acides aminés sont... acides)
• Grossesse/allaitement
• Asthme
• Prise de médicaments ou de méthadone
• Schizophrénie ou autre maladie mentale

Si vous suivez un traitement pour n'importe quelle condition, il est préférable de demander à votre médecin si vous pouvez prendre des acides aminés. Dans tous les cas, si vous ressentez quelque désagrément que ce soit en prenant les acides aminés, arrêtez-les immédiatement.

PRENDRE VOS COMPLÉMENTS ALIMENTAIRES

Vous savez maintenant quels compléments prendre, et vous pouvez commencer à les prendre. Auparavant, quelques remarques :
• À moins d'être très sensible aux compléments alimentaires, vous devriez commencer à prendre tous les compléments dont vous avez besoin en même temps, même si vous souffrez de plusieurs déséquilibres.
• Soyez toujours vigilant à vos réactions aux compléments alimentaires.
• Quand je donne plusieurs dosages possibles, commencez par la plus petite dose, et augmentez-la progressivement si nécessaire, en re-diminuant les doses si des symptômes négatifs apparaissent.

• Ne dépassez les doses maximales que je recommande sans avis d'un expert.

• Tenez un carnet de bord de vos réactions, physiques, mentales et émotionnelles, à ce que vous mangez, y compris les compléments alimentaires (voir page 354). Cela vous aidera à repérer et à réparer tout problème. Il se peut par exemple que vous ayez une réponse positive à une dose faible d'un complément, mais que vous ne supportiez pas bien une dose supérieure.

• En cas de symptôme négatif (comme des maux de tête qui se déclenchent après que vous ayez pris certains compléments), consultez le tableau « en cas de problème avec vos compléments », page suivante et réduisez la dose du complément incriminé, voire arrêtez de le prendre. Si les symptômes ne disparaissent pas dans les vingt-quatre heures, arrêtez tous les compléments (cela n'arrive que très rarement). Une fois les symptômes disparus, réintroduisez les compléments un par un à quelques jours d'écart jusqu'à que vous ayez identifié la source du problème.

• Vous trouverez peut-être utile d'avoir un petit pilulier ou des sachets pour avoir toujours avec tous les compléments dont vous avez besoin.

• Pour mieux ajuster vos doses, lisez attentivement le chapitre 20, où je vous guiderai dans les premières semaines de votre programme pour vous libérer des fringales et des régimes.

• Si vous prenez en dehors des repas les compléments qui doivent être pris au cours des repas, il se peut que vous ayez un peu de nausée. Si vous oubliez de prendre les compléments qui doivent être pris en dehors des heures de repas, prenez-les avec les repas plutôt que pas du tout. Ils fonctionneront quand même, juste un peu moins bien.

• Il est parfois difficile de se rappeler de prendre les compléments entre les repas. N'hésitez pas à mettre en place une alarme sur votre téléphone ou votre ordinateur.

EN CAS DE PROBLÈMES AVEC VOS COMPLÉMENTS

TYPE DE PROBLÈME	COMPLÉMENTS QUI PEUVENT LE CAUSER
Maux de ventre	Acide chlorhydrique, vitamines B, acides aminés, acides gras
Maux de tête	L-tyrosine, DLPA, L-phényl-alanine, L-tryptophane, DHEA
Diarrhée	Magnésium, vitamine C
Nausées	Vitamine B, 5-HTP
Éructations	Huile de poisson (essayez de prendre de la lipase pour en faciliter la digestion)
Sensibilité à la lumière	Millepertuis
Hypertension	Racine de réglisse
Agitation	L-phénylalanine, L-tyrosine, racine de réglisse, compléments pour la thyroïde
Acné, peau grasse	DHEA

ARRÊTER LES COMPLÉMENTS RÉPARATEURS

Une fois vos déséquilibres corrigés et vos symptômes disparus, vous pouvez commencer à arrêter les compléments réparateurs progressivement, un par un. Si vos symptômes reviennent, vous saurez qu'il est trop tôt pour arrêter le complément en question, et qu'il faut continuer à le prendre pour un mois de plus avant de réessayer de l'arrêter. Même quand vous aurez tout « réparé », soyez prêt à reprendre des compléments réparateurs pour une durée limitée si le besoin s'en fait sentir. Après tout, il y a des chances que ce qui a causé le ou les déséquilibres soit encore présent. Même si vos nouvelles habitudes alimentaires vous protègent largement de vos anciens déséquilibres, elles ne peuvent pas supprimer le stress ! N'arrêtez pas de prendre vos compléments de base, mais changez régulièrement de « multi » (par exemple quand vous avez fini un flacon) pour expérimenter différents dosages et différentes qualités et choisir celui qui vous convient le mieux. Soyez attentif à comment vous vous sentez quand vous changez de « multi ».

CHAPITRE 19

LES MEILLEURS ALIMENTS
POUR VOUS

AVANT DE DISCUTER EN DÉTAIL QUELS SONT LES ALIMENTS qui vous nourriront le mieux, je voudrais que nous nous débarrassions de la question de la quantité de nourriture. Je crois que personne ne sait combien de nourriture il vous faut. Nous sommes tous uniques, avec une histoire personnelle et génétique qui nous appartient, et une façon spécifique de fonctionner. De même, personne ne sait quels aliments précisément il vous faut. Il ne peut pas y avoir une réponse unique, valable pour tous.

Ce que nous savons par contre, c'est qu'il est *dangereux de manger trop peu*. Nous devrions manger au moins 2 100 calories par jour. C'est, pour l'Organisation mondiale de la santé (OMS), le seuil de la faim. Et ce n'est là qu'un plancher, une cote mal taillée qui convient à tous les peuples du monde, des grands et gros Américains aux plus petits Chinois (qui mangent d'ailleurs en moyenne 20 % de calories en plus[1]). N'ayez ni peur, ni honte de manger. Dépassez 2 100 calories par jour et mangez à votre faim.

Votre assiette sera remplie d'aliments délicieux. Les proportions sont sans doute importantes, mais elles sont l'objet de polémiques sans fin. Votre assiette devrait-elle être constituée en majorité de protéines ? En faut-il autant que de glucides ? Quel est le bon apport en graisses ? C'est à vous de trouver le type d'alimentation qui vous convient, celle qui fait que vous vous sentez bien.

Nos patients qui réussissent le mieux prennent au moins trois repas par jour, avec au moins 20-30 g de protéines par repas, au moins quatre portions de légumes pauvres en glucides et deux fruits par jour, et plusieurs cuillères à soupe de bonnes graisses. À cette base riche en nutriments, ils ajoutent des glucides, des graisses et des protéines sains selon leurs besoins et leurs envies. *Une fois débarrassé de vos fringales*, vous pouvez tranquillement écouter votre appétit réel, et décider par vous-même de combien de pommes de terre, de riz, d'avocat, de beurre ou de pastèque vous avez besoin. *C'est à vous* de trouver votre alimentation idéale, à l'intérieur des principes posés par ce livre, dont le but est de vous donner la possibilité de le faire.

En général, les végétariens consomment plus de glucides, puisque leurs sources de protéines (comme les mélanges de céréales et de légumineuses) sont structurellement riches en glucides, à la différence de la viande et du poisson. Quand on est végétalien et qu'on ne consomme aucun produit animal (donc en particulier ni œufs, ni produits laitiers), il est presque impossible de consommer suffisamment de protéines pour maintenir un équilibre entre protéines et glucides. Les fruits et les légumes ne contiennent presque pas de protéines. Les végétaliens et les végétariens doivent être très vigilants pour s'assurer qu'ils consomment suffisamment de protéines afin de ne pas être atteints de fringales et de problèmes de santé.

En ce qui concerne les graisses, environ un tiers de vos calories devrait provenir d'aliments comme l'huile d'olive, le beurre, l'huile de coco, la graisse de canard, les noix, les poissons gras et la viande. Cela ne vous posera pas de problème de poids, et vous ne vous sentirez pas lourd non plus. Au contraire, la consommation de bonnes graisses vous aidera à perdre du poids en créant cette sensation de satiété et de satisfaction qui vous évitera de manger trop. Les bonnes graisses aident aussi l'organisme à brûler les graisses efficacement, si votre corps en a besoin. Chacune des milliers de milliards de cellules de notre corps est protégée d'une fine couche de graisse, et chacune a besoin d'un *bon* manteau lipidique, pas d'un plein de trous et qui gratte (c'est-à-dire constitué de mauvaises graisses). Manger gras ne vous fera pas grossir, comme l'ont montré de nombreuses études et comme le savait bien le Dr Atkins. La prise de poids n'est pas liée à l'excès de graisses, mais à l'excès de sucres (glucides).

NOUS SOMMES CE QUE NOUS MANGEONS

Pour rester en bonne santé, notre corps a besoin d'eau et d'au moins 45 minéraux, vitamines, graisses et acides aminés différents, plus un peu de glucides comme carburant. Votre alimentation contient-elle ce dont vous besoin ? Le Dr Gladis Block, de l'université de Berkeley (Californie) a compilé plusieurs grandes études menées à l'échelle des États-Unis, et découvert qu'une femme américaine sur deux avait un apport insuffisant de la quasi-totalité des vitamines et des minéraux considérés dans l'étude. En quatre jours consécutifs, seules 14 % de ces femmes mangeaient un légume vert ou plus. Près de 50 % d'entre elles évitaient les fruits. Il n'est pas étonnant, dans ce contexte, que les risques de cancer, de maladies cardiaques, d'accident cardiovasculaire continuent à augmenter. Seul un cinquième des enfants consomme cinq fruits et légumes par jour, et 25 % de leur « légumes » sont des frites[2]! Quatre Américains sur cinq pensent qu'ils peuvent manger tout ce qui leur fait envie, à n'importe quel moment[3]. Si seulement...

L'EMBROUILLE DU MARKETING ALIMENTAIRE

Des milliards sont dépensés chaque année pour vous inciter à consommer des aliments transformés, des produits industriels. Bien entendu, les industriels recherchent leur profit, pas votre santé. Le marketing alimentaire se nourrit de besoins émotionnels, de superstitions, de malentendus et de demi-vérités. C'est ainsi que le Coca-Cola devient « authentique » et que les produits pleins de sucre et de farine sont labellisés « pauvres en graisse ».

Pourtant, jamais, dans l'histoire de l'humanité, on n'a eu accès à autant d'aliments sains et complets. Nous en savons plus sur l'effet des aliments sur notre santé que nous n'en avons jamais su. La recherche nutritionnelle est menée à un train d'enfer, et il ne se passe presque pas une journée sans que les médias ne nous informent d'une découverte nutritionnelle. On commence à comprendre que l'alimentation et le style de vie sont les éléments les plus déterminants de la prévention des maladies, et de la santé. En même temps, nous sommes bombardés d'informations contradictoires. Du coup, nous ne savons toujours pas ce que nous « devons » manger. La plupart d'entre nous savent que nous avons besoin de manger des fruits et légumes, mais n'envisagent pas vraiment de se passer des sucreries ou des féculents et de la malbouffe qui nous rendent malade et nous mettent de mauvaise humeur.

Les dix-sept premiers chapitres de ce livre sont faits pour vous apprendre à vous libérer de ces aliments vides mais addictifs. Dans cette dernière partie, j'entends vous aider à trouver *quoi* manger. La bonne nouvelle, c'est que, dans mon programme, vous n'aurez pas à combattre des envies d'aliments interdits (grâce aux compléments anti-fringales). Vous mangerez avec plaisir, à la fois des aliments que vous avez toujours aimé, et des aliments que vous découvrirez. Commençons par identifier les aliments les plus sains pour vous.

NOS QUATRE PLUS GROS PROBLÈMES

Voici les 4 principales erreurs nutritionnelles actuelles :
1• Nous ne mangeons pas assez de fruits et légumes. Moins de 10 % de la population consomme cinq fruits et légumes par jour. Pourtant les fruits et légumes frais contiennent beaucoup de substances qui

favorisent la santé et contribuent à prévenir les maladies, comme les enzymes, les vitamines, les antioxydants, les phyto-nutriments. Les fruits et légumes aident aussi à surmonter les troubles du comportement alimentaire.

2• Nous mangeons trop de sucre. Le diabète et les autres problèmes liés au sucre dans le sang prennent des proportions d'épidémie.

3• Nous sautons trop de repas. Faute d'une alimentation régulière, le corps puise des nutriments dont il a besoin dans nos os, nos muscles, et nos organes vitaux. Sauter des repas et compter sur le café, les sodas ou les sucreries à la place ne fait qu'aggraver nos problèmes.

4• La plupart d'entre nous ont un régime déséquilibré. Certains ne consomment pas assez de protéines, d'autres trop. Certains évitent scrupuleusement le gras, ce qui mène à des carences graves, et d'autres se gavent de gras de très mauvaise qualité. Mais le pire, c'est la consommation disproportionnée de glucides de très pauvre qualité, dans les aliments transformés, les plats préparés, le pain, les pâtes, les fast-foods. L'excès de glucides pose des problèmes de régulation de la glycémie, ralentit le métabolisme, fatigue et fait grossir. C'est ainsi que de plus en plus d'adultes, et hélas d'enfants, sont en surpoids et manquent d'énergie.

LES SIX GROUPES DE NUTRIMENTS

Il y a six groupes de nutriments essentiels à la vie. Dans l'idéal, ils doivent tous être abondants dans notre alimentation. Par ordre d'importance, ce sont l'eau, les protéines, les graisses, les glucides, les minéraux et les vitamines. En moyenne, le gras représente entre 28 et 40 % du poids d'une femme, et entre 11 et 25 % du poids d'un homme. Les protéines représentent environ 12 % du poids du corps, chez les hommes comme chez les femmes. L'excès de protéines alimentaires est converti en gras, ou, chez ceux qui font de l'exercice, en muscle. Les glucides ne représentent que 0,5 % du poids total. Soit ils sont utilisés comme carburant, soit ils sont stockés sous forme de graisse. Les minéraux représentent 3,5 % du poids du corps, et le reste, entre 62 et 69 %, est constitué d'eau[4].

L'eau

L'eau est à la fois le liquide le plus précieux et le plus abondant sur Terre. Rien ne peut vivre sans eau. Chacune des cellules de notre corps a besoin d'eau pour transporter les nutriments, l'énergie, et pour évacuer les déchets métaboliques et les toxines. Le corps humain lui-même est constitué à deux tiers d'eau.

De nos jours, il est de plus en plus difficile d'obtenir une eau de boisson vraiment pure. Chaque fois que notre eau est chargée d'additifs, d'édulcorants, d'arômes, et même de bulles, le foie, qui est souvent déjà débordé, doit consacrer du temps et de l'énergie au filtrage de cette eau, pour que le corps puisse enfin l'utiliser. Au contraire, l'eau pure est utilisée immédiatement et directement par le corps, dès qu'elle touche nos lèvres.

Quoiqu'on dise les compagnies des eaux, l'eau du robinet n'est souvent pas une très bonne eau à boire. Votre service des eaux doit vous fournir, avec votre contrat, une analyse de votre eau de boisson. Soyez en particulier attentive aux taux de chlore et de fluor. Le chlore (composant principal de l'eau de Javel) est souvent utilisé pour désinfecter l'eau, qui est ensuite filtrée – plus ou moins bien. C'est un métal toxique, en particulier pour les reins, le foie, le cœur, et, pour s'en débarrasser, le corps puise dans ses réserves de vitamine E et d'autres nutriments fondamentaux.

L'eau de source en bouteille est souvent une meilleure eau que l'eau minérale, car son résidu à sec est moindre. Elle est aussi beaucoup moins chère. Comme elle est en général conditionnée en bouteilles plastiques, assurez-vous qu'elle ne soit pas exposée au soleil ou à de fortes températures, ce qui provoque des contaminations de l'eau par le plastique.

L'eau distillée n'est pas toxique, mais elle n'est pas non plus une bonne source d'eau, car elle est sans vie. Le système de filtration par osmose inverse est le meilleur car il inclut une double filtration et un traitement aux ultraviolets. Les carafes filtrantes, qui ont des filtres à base de carbone, sont acceptables car elles éliminent le chlore et d'autres toxines. Mais il est très important de changer les filtres très régulièrement, en général plus souvent que ne le recommande le constructeur, car un filtre saturé de toxines pollue votre eau au lieu de la filtrer. Munir votre maison d'un système de filtration, fut-ce un simple filtre au robinet de l'évier, est un bon investissement dans votre santé : c'est moins cher, plus pratique et plus sûr que d'acheter de l'eau dans des containers en plastique.

Les graisses

Comme nous l'avons vu au chapitre 17, en dépit des préjugés, le gras *est* un aliment santé. Chez la plupart des gens, c'est la substance la plus abondante dans le corps après l'eau. Parmi les 45 nutriments essentiels, deux sont des acides gras : l'acide alpha-linolénique (oméga-3) et l'acide linoléique (oméga-6).

Le problème avec les graisses, c'est que beaucoup de gens consomment trop de graisses de très mauvaise qualité, comme des margarines, des graisses hydrogénées ou partiellement hydrogénées, des graisses *trans*, et pas assez de graisses de bonne qualité. Ainsi les oméga-3 sont si rares dans notre alimentation que la plupart d'entre nous en manquent. Ils présentent pourtant une vaste collection d'avantages pour la santé, en protégeant contre contre le cancer, l'arthrite, les accidents cardiovasculaires, les attaques, la dépression... Les meilleures sources d'oméga-3 sont les poissons gras, l'huile de poisson, et les graines de lin.

L'autre groupe d'acides gras essentiels (c'est-à-dire que notre corps ne peut pas synthétiser) est celui des oméga-6 (l'acide linoléique et ses dérivés, comme l'acide gamma-linoléique). Ils sont abondants dans la plupart des huiles végétales (tournesol, pépins de raisins, arachide, sésame, colza...), mais malheureusement, ils sont majoritairement oxydés dans les huiles végétales qu'on trouve dans le commerce. Cette oxydation les fait entrer dans la catégorie des graisses dangereuses, comme les acides gras *trans*, dont on pense aujourd'hui qu'ils sont une des causes des maladies cardiovasculaires, de l'arthrite, et de nombreuses conditions inflammatoires. Préférez une poignée de graines ou de noix chaque jour comme source d'oméga-6 : l'emballage naturel (les graines et les coques des noix) est la meilleure garantie contre la dégradation de ces précieux nutriments[5]. Évitez les huiles végétales, sauf l'huile d'olive extra vierge (même quand elles ne sont pas oxydées, elles contiennent pour la plupart trop d'oméga-6 par rapport aux oméga-3).

Les oméga-3 et 6 sont essentiels, mais nous n'en avons besoin que de petites quantités. L'équilibre entre oméga-3 et 6 est aussi très important pour notre santé. Il se situe également dans une proportion comprise entre un et deux volumes d'oméga-6 pour un volume d'oméga-3[6]. Une façon réaliste d'atteindre cette proportion est de consommer du poisson (de mer) trois à quatre fois par semaine, de prendre un complément alimentaire d'huile de poisson ou d'huile de lin (500 mg par jour), et de consommer des graines ou des noix tous les jours, en supposant qu'on ne consomme pas trop d'huiles végétales et de poissons ou de viandes d'élevages, riches en oméga-6. Si on consomme beaucoup d'oméga-6, il est important de rétablir l'équilibre avec un apport suffisant d'oméga-3, par exemple en montant ses doses quotidiennes à 2 000 mg.

Les oméga-9 (ou acides gras mono-insaturés) représentent une autre catégorie de graisses saines, majoritaires dans l'huile d'olive et dans l'avocat. Elles sont préférables à l'usage des autres huiles végétales, à la fois parce qu'elles ne perturbent pas l'équilibre entre oméga-6 et oméga-3, et parce qu'elles sont beaucoup plus « solides » que ces autres huiles, de sorte qu'elles risquent beaucoup moins d'être oxydées et donc dangereuses. Elles résistent aussi beaucoup mieux à la chaleur, de sorte qu'elles sont adaptées à la cuisson (mais on ne doit jamais les chauffer jusqu'à leur point de fumée). Préférez les huiles extra vierges, de première pression à froid, biologiques.

Enfin, les graisses saturées ont été injustement rejetées pendant des années, et on leur attribuait tous les maux, de l'obésité aux maladies cardiovasculaires. Elles sont au contraire essentielles à la santé, en particulier à un bon fonctionnement hormonal et nerveux (voir page 290). Les graisses saturées à courte chaîne, en particulier, comme celles du beurre ou de l'huile de noix de coco, présentent aussi des bénéfices démontrés dans la régulation de l'appétit et la lutte contre l'obésité. Le beurre, l'huile de canard, le saindoux ou l'huile de coco sont excellents pour la cuisson (eux non plus ne doivent jamais brûler). Pour les sources animales de graisses saturées, préférez les animaux élevés en liberté et nourris naturellement (par exemple, des vaches qui ont mangé de l'herbe plutôt que des céréales, ou des poulets fermiers ou biologiques).

Les protéines

En grec ancien, le mot *protein* signifie « de première importance ». Les protéines fournissent les acides aminés qui sont les composants élémentaires de nos muscles, de nos hormones, et de la plupart de nos tissus. Le contenu en acides aminés des aliments qui contiennent des protéines est variable. Il existe vingt-deux acides aminés dans le corps humain, dont neuf sont essentiels (c'est-à-dire que le corps ne peut pas les synthétiser) : le tryptophane, la lysine, la méthionine, la valine, la leucine, l'isoleucine, la phénylalanine, la thréonine et l'histidine*.

Certains aliments apportent des quantités suffisantes de ces neuf acides aminés essentiels. Ce sont les protéines complètes : la viande, le poisson, la volaille, les œufs, le lait et le fromage. En général, les

* On considère aussi l'arginine comme essentielle chez le petit enfant.

protéines végétales n'ont pas la totalité de ces neuf acides aminés essentiels, mais on peut combiner deux sources végétales pour créer une protéine complète. C'est le cas, par exemple, de l'association entre haricots secs et céréales complètes.

Comme le gras, la viande, la rouge en particulier, a souffert d'une mauvaise réputation largement injustifiée. Il n'en reste pas moins que, faute d'un apport suffisant en protéines, le corps est incapable de produire suffisamment de muscles, d'hormones, et de neurotransmetteurs qui régulent le fonctionnement de notre cerveau et la stabilité de nos humeurs.

La plupart des adultes ont en général besoin d'entre 100 et 150 g de protéines par jour. Ceux qui subissent de grands stress et/ou qui font beaucoup de sport ou de bodybuilding peuvent avoir des besoins supérieurs.

Les minéraux

On connait vingt-deux minéraux indispensables à la santé. À n'en pas douter, d'autres viendront s'ajouter à cette liste au fur et à mesure du progrès des connaissances. Plus de trois Américains sur quatre sont carencés en un ou plusieurs minéraux[7]. Faute de minéraux, notre corps serait incapable de tirer parti de nos aliments. Si le corps est capable de synthétiser certaines vitamines, il ne peut produire aucun minéral : ils doivent obligatoirement provenir de notre alimentation.

Pourtant, le calcium est le seul minéral dont les fonctions sont connues et reconnues (les autres minéraux auraient besoin d'un bon publiciste, eux aussi !). Chaque cellule a besoin de plusieurs minéraux pour pouvoir fonctionner. Les minéraux interviennent en effet comme catalyseurs dans la plupart des processus biochimiques, comme la contraction des muscles, les transmissions nerveuses, la digestion, la production d'énergie, la croissance ou la guérison.

On trouve des minéraux dans la plupart des aliments, mais surtout dans les fruits et légumes, du moment qu'ils ont poussé sur des sols riches et sains, ce qui n'est malheureusement pas toujours le cas. C'est pourquoi un bon « multi » (voir page 300) est en général indispensable. Les algues et le sel de mer (non raffiné) sont aussi de bonnes sources de minéraux.

Les vitamines

Les vitamines sont indispensables à la vie. Leur découverte en 1910 fut une des plus grandes découvertes scientifiques du XXe siècle. Elles permettent la croissance, la santé, et la vie même ; elles régulent le métabolisme et participent au processus biochimique qui permet d'extraire de l'énergie de ce qu'on mange. On dit que ce sont des *micronutriments* parce que nous n'avons besoin que de quantités modestes par rapport à nos besoins en protéines, graisses, glucides et eau.

À quelques exceptions près, nous avons besoin d'un apport quotidien de vitamines car nos corps ne peuvent pas les synthétiser. Le contenu en vitamines des aliments varie grandement selon la qualité des sols sur lesquels ils ont été cultivés, le temps écoulé depuis leur récolte ou leur abattage, et la façon dont ils sont conservés et transformés. En général, les aliments les plus frais, les moins transformés et les moins chauffés présentent la plus grande teneur en vitamines. Par exemple, réchauffer les aliments au four à micro-ondes détruit un partie significative de leurs vitamines.

Les vitamines agissent au niveau cellulaire. Une déficience en une ou plusieurs vitamines peut se manifester par une grande variété de problèmes de santé et de symptômes. Comme elles sont indispensables à la production d'énergie, une carence en vitamine implique en général un état de fatigue ou de léthargie. Mais quand une carence se prolonge, les symptômes peuvent être beaucoup plus graves. En 1915, dans le sud des États-Unis, des dizaines de milliers de personnes moururent d'une maladie, le pellagre, consécutive à une déficience en vitamine B, alors que des milliers d'autres étaient envoyées à l'asile psychiatrique.

Il y a aujourd'hui treize vitamines reconnues. Les vitamines liposolubles incluent A, D, E et K. Les vitamines hydrosolubles incluent le complexe B (thiamine, riboflavine, niacine, acide panthoténique, B_6, B_{12}, biotine et acide folique) et la vitamine C. La choline et l'inositol sont deux autres membres du complexe B, mais qui ne sont pas considérés comme des vitamines. Les vitamines liposolubles sont stockées dans le foie ou dans les tissus adipeux. Mais nous avons besoin d'un apport quotidien de vitamines hydrosolubles, qui sont éliminées en trois à quatre jours et que notre corps ne peut pas stocker.

Les glucides

Les glucides sont la meilleure source d'énergie pour toutes les fonctions corporelles. Le corps peut aussi brûler des protéines ou des graisses comme source d'énergie, mais cela lui demande plus de travail. Il y a des réserves de glucides dans presque tous les tissus du corps, sous forme de glycogène, mais surtout dans le foie et dans les muscles. Le glycogène est une réserve d'énergie immédiatement disponible, qui peut être instantanément transformée en glucose, qui est le carburant préféré des cellules du cerveau, des globules rouges, et de toutes les autres cellules du corps. Quand vous ingérez plus de calories qu'il n'est nécessaire, une partie de l'excès de glucides est stocké pour un usage futur, sous forme de graisse.

Les glucides se divisent en glucides simples et complexes. On appelle souvent les glucides simples « sucres », ce qui inclut le sucre blanc (sucrose), le sucre des fruits (fructose), ou le sucre du lait (lactose). La plupart sont à éviter, comme vous le savez. Pour votre corps, les sucres contenus dans les sirops, les jus de fruits, les céréales glacées, les gâteaux, les bonbons... sont comme des drogues. Par contraste, les fruits sont des glucides simples et sains, car ils apportent beaucoup de nutriments essentiels et de fibres avec leur sucre. Mais ceux qui ont des problèmes de régulation du sucre sanguin doivent s'en méfier quand-même.

Les glucides complexes sont aussi des sucres, mais « lents », c'est-à-dire qu'ils sont faits de chaînes moléculaires plus longues. Les légumes, les légumineuses (haricots, lentilles, pois) et les céréales complètes sont les principales sources de sucres lents, ou glucides complexes. Ils sont idéaux pour répondre aux besoins d'énergie à court terme, car ils sont métabolisés rapidement, mais contiennent de nombreux nutriments. Combinés avec une proportion suffisante de protéines, ils permettent de fournir une énergie constante et durable.

BONNES HABITUDES ALIMENTAIRES

Des aliments frais et biologiques le plus possible

La consommation de produits biologiques n'a cessé d'augmenter au cours des dernières décennies. Les magasins spécialisés se sont beaucoup développés, et la plupart des supermarchés proposent des produits biologiques, y compris des fruits et légumes frais. Certes, les produits biologiques sont plus chers, mais ils sont souvent plus riches en minéraux, et plus goûteux que les autres produits. Surtout, ils ne contiennent pas ou peu de résidus chimiques, de pesticides ou d'antibiotiques.

Une alimentation personnalisée

Chacun d'entre nous est unique, d'un point de vue biochimique. L'aliment de l'un est le poison de l'autre. Ce qui me réussit peut vous rendre malade, et inversement. Il existe plusieurs théories de la personnalisation de l'alimentation. Par exemple, le Dr. D'Adamo[8] différencie les individus selon les groupes sanguins ; George Watson[9] selon leur vitesse d'oxydation cellulaire ; William Kelley[10] selon l'état de leur système neurovégétatif. Des auteurs comme William Wolcott[11] et Harold Kristal[12] ont aussi tenté de synthétiser ces différentes théories.

Pour certaines personnes, les céréales peuvent constituer une part significative de leur alimentation : pour d'autres, ce sont des aliments à éviter totalement. Certains ont besoin de consommer des aliments gras et riches en purines (comme les abats ou les fruits de mer), d'autres le tolèrent mal. La diversité des besoins individuels est, pour ainsi dire infinie et ce, d'autant plus que ces besoins peuvent évoluer dans le temps, d'un moment de la journée à l'autre, d'une saison à l'autre, au fil des années et de la vie.

Connaître ces théories est très utile, mais en fin de compte, rien ne remplace l'écoute de son propre corps. Les bons aliments pour nous, et les bonnes proportions entre aliments, sont ceux qui nous permettent d'être en forme, de bonne humeur et libre de fringales. Tenir un carnet de bord (voir page 354), tout en suivant les recommandations alimentaires de ce livre, est la meilleure façon d'apprendre à écouter son corps et à personnaliser son alimentation.

Légumes : à consommer sans modération

Voilà un bien domaine où la plupart d'entre nous peuvent faire mieux. Oui, nos mères et nos grand-mères avaient raison : il faut manger plus de légumes pour être en bonne santé. C'est la meilleure source de glucides, donc d'énergie. Idéalement, ils devraient constituer la majorité de notre apport en glucides. En attendant, consommez-en au moins quatre portions par jour.

Les légumes ne nous apportent pas seulement de l'énergie. Ce sont aussi de riches sources de phyto-nutriments et de vitamines. Ils sont, de plus, alcalinisants, ce qui constitue un contrepoids idéal aux éléments plus acidifiants de notre alimentation, comme la viande et les céréales. Depuis plus de trente ans que je donne des conseils nutritionnels, j'ai observé une constante : ce sont toujours les gens qui mangent le plus de légumes qui se portent le mieux, et auxquels notre programme réussit le plus. La plus grande étude jamais menée sur la santé des femmes a démontré qu'une portion par jour de certains légumes suffisait à diminuer le risque d'accident vasculaire cérébral de 40 %. Les tomates et les pois protègent contre le cancer de la prostate, mais les phyto-nutriments contenus dans les brocolis diminuent le risque de cancer du côlon. Les légumes les plus colorés (les betteraves, le chou rouge, la courge jaune, les blettes, les épinards, les poivrons, etc.) sont les plus riches en nutriments qui stimulent le système immunitaire et préviennent les maladies dégénératives. Ainsi, une de nos patientes commença à manger une grande salade multicolore et deux légumes cuits par jour à Noël. Au retour des vacances, ses collègues étaient éblouies par ses joues roses et ses yeux brillants.

Cuit ou cru : la question des enzymes

Les aliments sains les plus pratiques à consommer, le « fast-food » sain, ce sont les fruits mûrs et certains légumes crus. Il vaut mieux consommer crus les aliments qui contiennent le plus d'enzymes, comme la plupart des fruits mûrs et certains légumes comme les avocats. Les fruits trop verts, certains légumes et la plupart des céréales contiennent, à l'état cru, des enzymes qui peuvent avoir un effet négatif sur la digestion. Pour ces aliments, mûrir, faire tremper, germer, ou cuire améliore l'absorption des nutriments et renforce leur valeur nutritionnelle. Ainsi les carottes, les tomates et les pommes de terre sont toutes plus digestes une fois cuites.

Un complément alimentaire d'enzymes digestives peut être utile pour ceux qui récupèrent des ravages des régimes ou de troubles du comportement alimentaire. S'affamer, se gaver, et se faire vomir font des ravages sur les capacités digestives du corps. Mais, dès que votre corps le tolère, consommez de grandes quantités de légumes crus. En général, il vaut mieux consommer des légumes crus *et* des légumes cuits, mais trouvez ce qui marche *pour vous* et pour votre mode de vie. Beaucoup préfèrent consommer plus de légumes crus en été et plus de légumes cuits en hiver. Si vous le pouvez, consommez la moitié de vos légumes crus. Mais si vous avez encore faim après un repas de légumes crus et de protéines, c'est un signe que vous devriez augmenter votre apport de légumes cuits.

Assurez-vous aussi de consommer *au moins* quatre portions de légumes par jour. Ça a l'air de faire beaucoup, mais c'est plus facile qu'il n'y paraît. Par exemple, une grande salade avec une demi-laitue, des tomates, des poivrons, des concombres et des carottes à un repas, et une assiette de légumes verts cuits, comme des blettes, des brocolis, des épinards ou des haricots verts à un autre repas devraient faire le compte. On peut se faire des légumes crus, à la vapeur, ou légèrement sautés en accompagnement d'un repas, ou même comme snack. Assurez-vous seulement que les légumes restent un peu croquants, pour qu'ils gardent une certaine valeur nutritive. Il n'y a aucun mal à les agrémenter d'une sauce de qualité : un curry, un pesto, une vinaigrette, une sauce tartare. Si vous ne la faites pas vous-même, achetez-la en magasin diététique et lisez bien les étiquettes : même biologiques, les sauces en boîte contiennent trop souvent du sucre, des graisses hydrogénées, de la farine, des additifs, etc. Essayez-les toutes et trouvez vos préférées. Les miennes sont les sauces pesto de la marque BioVerde.

Les soupes maison sont une autre très bonne façon de consommer vos légumes. Vous pouvez faire vous-même les bouillons de base, ou les acheter en magasins diététiques, en vous assurant qu'ils ne contiennent pas d'additifs comme du glutamate de sodium. Vous en ferez une excellente soupe en quelques minutes.

Des festins de fruits

Les fruits frais sont délicieux, énergisants et faciles à digérer. Les fruits sont une source parfaite d'énergie immédiate, qui apporte en plus des enzymes, des minéraux, des vitamines et des fibres. Qui plus est, ce sont des encas idéaux (en particulier quand on les consomme avec des protéines) qui ne nécessitent aucune préparation particulière. Consommez les fruits que vous connaissez et aimez mais n'ayez pas peur d'expérimenter des fruits exotiques et mal connus.

Si vous n'avez ni problème de levure, ni problème d'hypoglycémie, mangez entre deux et quatre fruits par jour (ou leur équivalent : par exemple, une barquette de fraises équivaut à une pomme). Crus, ce sont les meilleures sources d'enzymes digestives. Ce sont aussi de riches sources de vitamines et de minéraux. Ce sont de meilleures sources de fibres que les céréales et ils sont aussi alcalinisants que les légumes. Pour une meilleure digestion, prenez vos fruits entre les repas.

COMBINAISONS ALIMENTAIRES

De nombreux nutritionnistes ont élaboré des règles sophistiquées sur les combinaisons alimentaires : que doit-on manger en même temps que quoi ? Pour certaines personnes à la digestion sensible, il peut être utile de suivre ces règles de combinaisons. Pour les autres, elles ne font pas une grande différence. Si vous avez un système digestif délicat, vous vous sentez généralement mieux quand vous ne mélangez pas beaucoup d'aliments différents aux même repas. Les principes de base des combinaisons alimentaires sont : mangez les fruits séparément (lors des collations donc), les légumes et les graisses avec ce que vous voulez, et évitez de mélanger protéines et féculents.

Les fibres

Les régimes riches en fibres aident à diminuer le cholestérol et à réduire le risque de maladie cardiaque. On a aussi montré que les fibres réduisent le risque de cancer du côlon et d'autres cancers. En général, les populations qui consomment le plus de fibres ont moins de maladies. Consommez des fibres à chaque repas. On en trouve presque uniquement dans les aliments végétaux : légumes, fruits, légumineuses, céréales complètes, noix et graines. Les haricots secs, les lentilles, les pois, le maïs, les pruneaux, les mûres et les myrtilles sont exceptionnellement riches en fibres. Si vous êtes sensible au gluten, évitez les fibres de blé et d'avoine. Rappelez-vous que tous les aliments transformés sont pauvres en fibres, et que la cuisson longue détruit les fibres des aliments.

Les fibres ont d'autres qualités : elles absorbent les toxines et les déchets pour les drainer hors de l'organisme ; et elles facilitent le transit intestinal (en cas de problème digestif, consultez votre docteur avant d'entamer un régime riche en fibres).

Suggestions de repas

J'ai donné page 126 des suggestions de repas pour toute la journée. Les recommandations pour ceux qui sont en phase de guérison des régimes, page 97, sont bonnes à suivre pour tout le monde.

ALIMENTS ET ADDITIFS À ÉVITER

Aspartame

L'aspartame est 200 fois plus doux que le sucre. Il stimule l'appétit et augmente les envies de sucré. Aux États-Unis, il représente 75 % de toutes les plaintes auprès des autorités de santé (la *Food and Drug Administration* ou FDA). Oui, il faut éviter le sucre, mais le remplacer par le faux sucre n'est pas une bonne idée (voyez page 85 pour plus de détails sur les méfaits de l'aspartame).

Boissons caféinées

Le café, le thé noir, les colas sont de puissants stimulants qui stressent le corps à l'excès de bien des façons. Ils le font puiser dans ses réserves de vitamine B_1 (thiamine), de biotine, d'inositol, de vitamine C, de potassium, de calcium et de zinc. La caféine augmente la soif, fatigue les reins, le pancréas, le foie, l'estomac, les intestins, le cœur, le système nerveux central, les glandes endocrines (en particulier les surrénales) ; elle acidifie le corps à l'excès et contribue ainsi au vieillissement prématuré. Le café se lie facilement avec les pesticides et les hydrocarbures qui produisent des radicaux libres (des molécules dont l'excès entraîne un vieillissement prématuré et des maladies comme le cancer), ce qui affaiblit les membranes cellulaires. Des études ont montré que les personnes qui consomment le plus de café souffrent souvent de dépression chronique[13]. Qui plus est, il suffit de peu de caféine pour déclencher les effets négatifs – une grande tasse de café par jour suffit. Le décaféiné n'est guère mieux : s'il ne contient que très peu de caféine, cette dernière est en général supprimée à l'aide de produits chimiques, sauf pour le décaféiné à l'eau).

Aliments frits

Tous les aliments frits sont à éviter, y compris les frites et les chips, même les chips des magasins diététiques. Les tempuras sont probablement les beignets les plus sains qui soient, mais il ne faut en consommer qu'occasionnellement, au plus. Les aliments frits sont exposés à une forte chaleur pendant longtemps, ce qui détruit les enzymes et les acides gras essentiels, et contribue à encombrer dangereusement les artères. Faire sauter des aliments à la poêle pose beaucoup moins de problèmes, parce que la température est moindre et le temps de cuisson est plus court.

Huiles hydrogénées

Les huiles végétales hydrogénées sont un rêve d'épicier, parce qu'elles ont une durée de vie presque infinie. Mais elles sont un cauchemar pour le foie. Les huiles hydrogénées, comme les margarines, augmentent le cholestérol, causent les maladies cardiaques, et sont de plus en plus liées au développement d'autres maladies dégénératives, comme le cancer ou l'arthrite. On les trouve dans la plupart des biscuits, gâteaux industriels, biscuits apéritif, mélanges pour pâtisserie et autres produits industriels. Les huiles hydrogénées des margarines contribuent à l'obésité, aux maladies cardiaques, et favorisent l'inflammation tout en affaiblissant le système immunitaire[14]. Selon un ami biochimiste, la margarine est « du

VIANDE ROUGE : RÉTABLIR LES FAITS

On a dit bien du mal de la viande rouge, pour plusieurs raisons. D'abord, aux États-Unis comme dans de nombreux pays non européens, la viande est plein d'hormones, comme le diéthylstilbestrol (DES), un estrogène de synthèse utilisé comme stimulateur de croissance. C'est pourquoi la plupart des pays, en particulier les pays européens, n'autorisent pas l'importation de bœuf américain. Ensuite, les hommes qui consomment de la viande rouge, et particulièrement de la viande hachée, cinq fois par semaine ou plus, ont un risque de cancer du côlon multiplié par quatre et un risque de cancer de la prostate multiplié par deux par rapport aux hommes qui ne consomment de la viande rouge qu'une fois par mois ou moins. Mais les femmes, surtout les femmes réglées, ont besoin du zinc et du fer facilement biodisponibles contenus dans la viande rouge. Les morceaux moins gras sont préférables, non pas pour éviter le gras, mais parce que les hormones, les antibiotiques et les pesticides se fixent de préférence dans le gras. Il n'y a donc pas lieu de préférer les morceaux maigres quand la viande est biologique.

plastique, à une molécule près ». Le beurre est bien meilleur pour vous, parce qu'il est beaucoup plus stable que la margarine, et contient des acides gras naturels (en particulier s'il est biologique et cru).

Les salades « iceberg »

Les salades iceberg furent développées pour se garder deux mois au réfrigérateur et bien supporter le transport. De même qu'elle se dégrade très lentement dans un frigo, cette variété de salade met très longtemps à être digérée par vos intestins. Elle contribue à la constipation et à d'autres problèmes intestinaux. Préférez des salades vertes plus colorées, qui ont plus de goût, qui se gardent moins longtemps, et qui facilitent le transit intestinal plutôt que de le ralentir : laitue, batavia, feuilles de chêne rouges et vertes, sucrine, romaine...

Le glutamate de sodium (GMS ou MSG)

Cet exhausteur de goût est responsable du Syndrome de Mal de Tête du Restaurant Chinois. C'est aussi une neurotoxine qui détruit les cellules du cerveau des animaux de laboratoire, et possiblement aussi des êtres humains. Surveillez bien les étiquettes, car le GMS se retrouve dans un nombre surprenant d'aliments. Il est une des raisons d'éviter les traiteurs asiatiques de mauvaise qualité, alors même que, sur le papier, leurs plats sont sains : légumes, riz, viande...

Les pesticides

70 des 300 pesticides utilisés aux États-Unis sont considérés comme étant potentiellement ou probablement cancérigènes. Les produits suivants sont les plus riches en résidus de pesticides (par ordre de contamination décroissante) : fraises, poivrons, épinards, cerises, pêches, melons, céleri branche, pommes, abricots, haricots verts, raisins et concombres. Si possible, faites-les tremper dans une eau vinaigrée pendant quelques minutes (les fraises perdront beaucoup de leur goût) ou préférez des produits biologiques.

LES MÉFAITS DU MICRO-ONDES

L'attrait du four à micro-ondes dans notre société hyper-rapide n'est plus à démontrer. Malheureusement, il présente des risques pour la santé. Des études allemandes ont montré que l'usage du four à micro-ondes est associé à une baisse des niveaux d'hémoglobine et de lymphocytes dans le sang, ainsi qu'une augmentation significative du nombre de globules blancs. Une augmentation du nombre de globules blancs signifie une réponse immunitaire, indiquant que le corps combat probablement une infection ou une inflammation. Certains chercheurs pensent que l'usage intensif du micro-ondes est lié à une augmentation des maladies auto-immunes. Qui plus est, le micro-ondes tue presque toutes les enzymes présentes dans les aliments, ce qui est un vrai problème. J'ai remarqué que beaucoup de gens se sentent lourds et fatigués après un repas fait au micro-ondes. N'utilisez votre micro-ondes qu'occasionnellement, pas régulièrement. Il vaut mieux salir une casserole pour réchauffer votre repas (mettez un peu d'eau au fond pour éviter que ça n'attache).

Les viandes transformées

Les saucisses, la charcuterie industrielle, les produits transformés industriels à base de poisson ou de viande, la plupart des viandes et des poissons fumées sont souvent trop riches en sodium, et en nitrates qui peuvent former des sous-produits cancérigènes[15]. Beaucoup de ces produits contiennent des additifs comme du glutamate de sodium, et du mauvais gras. Pour ceux qui ont des intolérances alimentaires (voir chapitre 11, page 183), sachez que ces produits contiennent très souvent du sucre, des produits dérivés du blé (comme le dextrose) ou des produits laitiers.

Attention au soja

De nouvelles preuves apparaissent régulièrement, qui incitent à la prudence avec le soja. Ainsi son effet perturbateur sur les hormones et la thyroïde est-il maintenant démontré (voir l'encadré page 232). En dépit de toutes les campagnes sur les bienfaits du soja pour les femmes à la ménopause, il n'y a toujours *aucun bienfait démontré* des phyto-estrogènes contenus dans le soja (les isoflavones), comme le soulignait un rapport de l'AFSSAPS de 2004 (voir page 243) selon une étude publiée en 1997 par l'Institut pour la santé environnementale du ministère de l'Agriculture du Royaume-Uni. Au contraire, l'effet estrogénique du soja est associé à des taux élevés de cancer du sein.

Le soja est également notoirement difficile à digérer du fait de ses très longues protéines, qui donnent beaucoup de travail à l'estomac. Les formes fermentées (tempeh, tofu, sauce soja, miso) sont plus digestes, mais contiennent de fortes concentrations de substances estrogéniques impliquées dans des cas de tumeurs et de cancer. Ce problème se pose moins avec le lait de soja et les autres produits à base de protéines de soja, mais ils peuvent être difficiles à digérer, et nuire au tube digestif et à la glande thyroïde. En mai 1999, le site web des industriels du soja aux États-Unis montrait lui-même des porcs dont les intestins étaient ulcérés par la consommation de soja et conseillait de limiter drastiquement le soja dans l'alimentation des porcs.

Ces informations peuvent être choquantes pour les végétariens. Elles le furent pour moi. Mais une de mes patientes me disait récemment qu'elle était plutôt soulagée par ces nouvelles, parce qu'elle n'avait jamais vraiment aimé le goût du soja, mais s'était toujours forcée à en manger, croyant que c'était bon pour sa santé. Heureusement d'autres haricots et légumineuses sont moins dangereux, plus faciles à digérer, et tout aussi riches en protéines.

Le sucre, le sucre et encore le sucre

Le contenu en sucre de notre alimentation est dangereusement élevé, et il ne semble pas diminuer. Il y a, bien sûr, les sucres naturels contenus dans les fruits ou le lait. Mais l'industrie agro-alimentaire ajoute toujours plus de sucre à un nombre toujours plus grand de produits : presque tous les aliments transformés, et même les sauces de salades. Même le jambon sous-vide est généralement sucré (souvent avec du dextrose de blé). Les aliments « allégés en gras » sont souvent alourdis en sucre. Le sucre se cache sous toutes formes de noms sur les étiquettes (voyez une liste non exhaustive page 209). La consommation de sucre provoque la fatigue et l'épuisement des réserves de vitamines B. Plus grave encore, les aliments sucrés de la malbouffe tendent à remplacer les vrais aliments dans l'alimentation de certains, qui survivent à coup de sodas et de biscuits.

Lisez les étiquettes. C'est une question de survie. Ce n'est parce qu'un aliment est autorisé qu'il est sain, ou qu'il a une valeur nutritive.

ALIMENTS À FAVORISER – OU À ESSAYER

Un régime riche en fruits, en légumes et en protéines aide à réduire le risque de toutes les causes majeures de maladie, mortelles ou non. Au fur et à mesure que vous changerez vos habitudes alimentaires, vous découvrirez bien des aliments dont, peut-être, vous n'aviez jamais entendu parler, ou que vous n'avez jamais pensé à manger régulièrement, et qui sont bénéfiques à votre santé. Dans cette section, je passe en revue quelques aliments qui sont d'excellentes sources de nutriments et contribuent à augmenter la vitalité. Certains sont bien connus, d'autres peuvent sembler étranges. Essayez-les, et voyez si vous appréciez leur goût et leur effet sur votre corps et votre humeur. Rappelez-vous que nous sommes tous uniques, et qu'il n'existe pas d'aliment qui ait le même effet, positif ou négatif, sur tout le monde. Peut-être certains de ces aliments ne vous réussiront-ils pas : évitez-les. Soyez à l'écoute des réactions de votre corps.

Les légumineuses

Les haricots secs (ou frais) sont une source de protéines, de minéraux, de fibres et de glucides complexes. La plupart d'entre eux ont un taux de calcium équivalent à celui du lait. Et encore le calcium dans le lait n'est-il pas très facilement assimilable pour les humains. Pour éviter les flatulences, faites tremper les haricots une nuit avant de les cuire (et jetez l'eau de trempage). Cuisez l'eau dans de l'eau fraîche, sans les faire bouillir pour les rendre plus digestes. Une cocotte est idéale pour cuire les haricots et les légumineuses. Le choix est vaste – cocos, flageolets, mungo, pois chiches, fèves, lentilles, lentilles corail, etc.

Les œufs

Dénigrés pendant deux décennies, les œufs font un retour fracassant sur la scène nutritionnelle. Ils comptent parmi les aliments les plus riches en nutriments : protéines, minéraux, vitamines B.... Parce que les œufs sont riches en cholestérol, et qu'on a longtemps injustement diabolisé le cholestérol (voir encadré page 290), on a conseillé de limiter leur consommation, en particulier chez les personnes cardiaques. Mais même la très conservatrice Association américaine de cardiologie (AHA) est revenue sur cette restriction. On peut consommer trois œufs par jour sans problème, de préférence en gardant le jaune liquide. Préférez des œufs de poules élevées en liberté, de préférence biologiques, à ceux de poules élevées aux antibiotiques et en batterie.

Les poissons

Les poissons issus de la pêche n'ont pas été soumis au niveau d'hormones et d'antibiotiques de beaucoup d'animaux ou de poissons d'élevage. Ils ont mangé ce qu'ils mangent naturellement, plutôt que des farines ou autres aliments préparés pour eux. Les poissons de pleine mer présentent moins de résidus de pollution humaine que les poissons d'eau douce ou que les crustacés et poissons des zones côtières – coquilles Saint-Jacques, crevettes, huîtres, homards... Tous les poissons sont une source aisément digestible de protéines, de minéraux (iode en particulier) et d'acides gras essentiels (surtout les rares oméga-3). En règle générale, plus le poisson est gras, plus il contient d'oméga-3.

Les poissons d'élevage, et en particulier le saumon sont riches en oméga-6 comme tous les animaux d'élevage. De plus, les plus gros poissons concentrent les polluants car ils sont au sommet de la chaîne alimentaire. Les petits poissons gras (anchois, maquereaux, sardines, harengs...) sont donc la meilleure source d'oméga-3 : ils ne sont pas d'élevage et sont pêchés en haute mer. Les poissons « biologiques » sont des poissons d'élevage, donc riches en oméga-6, mais relativement protégés des polluants.

Je ne recommande pas la consommation du thon. En boîte, il est généralement dégraissé, et n'apporte donc que peu d'oméga-3. Mais, même entier et frais, ce n'est pas une très bonne source de graisses et les polluants marins, en particulier les métaux lourds, tendent à s'y concentrer car le thon est un gros poisson prédateur.

Rappelez-vous aussi que, si vous êtes d'origine scandinave, galloise, celtique, indienne d'Amérique du Nord des zones côtières, ou généralement insulaire, il est particulièrement important de consommer du poisson de pleine mer régulièrement.

Le pamplemousse

Ce fruit aide tellement à l'absorption de ce que nous mangeons qu'il est déconseillé avec certains médicaments ! Le pamplemousse peut aussi s'avérer précieux dans les moments de stress car il améliore l'efficacité des hormones du stress.

Tisanes et plantes

Certaines plantes possèdent de puissantes qualités thérapeutiques. Pour chaque maladie, pour chaque organe, pour chaque glande, il existe des plantes bénéfiques. Le chardon-marie aide à détoxifier et à nettoyer le foie. Le Gingko biloba aide à améliorer la circulation vasculaire cérébrale. La menthe poivrée facilite la digestion. On peut prendre ces plantes sous formes de gélules, et souvent en tisanes.

La viande (maigre ou biologique)

La viande est une bonne source de protéines de qualité, de fer, de zinc, de vitamine B_{12}, et de carnitine – tous nutriments souvent rares dans un régime végétarien. Préférez la viande et la volaille biologiques, sans hormones, antibiotiques et pesticides. À défaut, préférez les morceaux maigres car les polluants tendant à se concentrer dans le gras des animaux.

Le lait de coco

Le lait de coco est un des plus délicieux aliments de la santé. À cause de son généreux contenu en gras, il a la consistance de la crème. En même temps, il est plein de puissants antiviraux et antifongiques. Il contribue à faire baisser le cholestérol, à stabiliser le taux de sucre sanguin, se digère sans fatiguer le foie, augmente le métabolisme et fournit une énergie constante et durable. Il favorise même la perte de poids et renforce la sensibilité à l'insuline ! Il est stable à haute température, de sorte qu'on peut l'utiliser pour la cuisson. Il agrémente les soupes et les sauces, comme le savent bien les amateurs de cuisine thaï. Il peut remplacer la crème dans de nombreuses recettes.

POUR LES VÉGÉTARIENS

Si vous mangez beaucoup de légumes, de haricots et de fruits, il se peut que, malgré des carences nutritionnelles, vous soyez encore en meilleure santé que bien des mangeurs de viandes sans légumes. Malheureusement, la plupart des végétariens comptent plus sur les céréales, les féculents et les sucreries que sur les légumineuses et les légumes. Dans mon expérience, cela tend à annuler les bénéfices d'un régime végétarien. Nous sommes nombreux à avoir de grandes difficultés à digérer les produits issus du blé, et les aliments riches en féculents, et parfois en sucre, sont plus un stress qu'une ressource pour le corps. Qui plus est, la plupart des céréales contiennent des substances appelées phytates qui bloquent l'absorption des minéraux comme le calcium.

Assurez-vous d'avoir suffisamment de protéines (20 g=un bol d'haricots noirs=trois œufs) à chaque repas, ce qui suffit souvent à mettre un terme aux fringales de sucré et aux coups de fatigues dus à l'hypoglycémie. En tant que végétarien, il vous faudra aussi prendre des compléments alimentaires de fer, de zinc de vitamine B_{12} et de L-carnitine (voir encadré page 305). Si vous êtes réglée, enceinte ou allaitante, il vous faudra une supplémentation complémentaire en fer. Il se peut que vous ayez également besoin de prendre des compléments alimentaire d'acide chlorhydrique pour aider à la digestion des protéines. C'est particulièrement le cas si vous vous sentez fatigué et lourd après un repas riche en protéines.

Parce que leur alimentation est déjà riche en glucides, les végétariens doivent vraiment supprimer les glucides raffinés *complètement*, en particulier tous les produits à base de sucre et de farine blanche. C'est plus facile si on ajoute des légumes, des légumineuses ou haricots, des noix et des graines à tous les repas. Les végétariens qui tolèrent les produits laitiers peuvent les utiliser pour augmenter leur apport en protéines et en vitamine B_{12}.

Si votre métabolisme est élevé et que vous êtes physiquement actif, il se peut que vous ayez besoin de plus de céréales que d'autres végétariens : écoutez les réactions de votre corps. Dans tous les cas, les céréales doivent être un accompagnement du repas, l'élément central étant constitué par des aliments plus riches en nutriments comme les légumes et les légumineuses.

Vous pouvez revenir à ce chapitre aussi souvent que nécessaire pour vous rappeler des grandes lignes de votre réforme alimentaire. Rappelez-vous toujours qu'il vous faut au moins 2 100 calories par jour : ne jeûnez pas et ne sautez pas de repas.

J'aimerais qu'il soit plus facile de bien manger. J'espère que ce livre vous y aidera, et vous aidera à vous porter bien et à être heureux.

CHAPITRE 20

VOS DOUZE PREMIÈRES SEMAINES

NOUS VOICI ARRIVÉS AU TERME DE CE LIVRE, ET VOUS ÊTES maintenant prêt à mettre en œuvre tout ce que vous avez appris. Lisez ce chapitre maintenant, et soyez également prêt à le relire durant votre programme, en particulier au moment de la détoxication. Dans ce dernier chapitre, je vais vous dire ce que je dis à mes patients au long des douze premières semaines de leur programme. Passé ce point, ils n'ont généralement plus beaucoup besoin de moi, même quand ils ont un projet de long terme comme un changement de poids majeur ou un traitement de la thyroïde. C'est parce qu'ils ont déterminé quels sont les compléments et les aliments qui leur conviennent. Ils sont déjà bien installés dans leurs nouvelles habitudes alimentaires, et même dans leur nouvelle façon de vivre et de se sentir. Souvent, ils ont oublié la puissance de leurs fringales passées et de leur mauvaise humeur. Je vous souhaite de développer la même amnésie.

Voyons ensemble ce que vous devez faire avant d'entamer votre programme :

• Passez en revue le test page 38. Même si vous n'avez que quelques réponses positives, mais qu'il s'agit de symptômes significatifs, il se peut que vous soyez concerné par le déséquilibre en question. Gardez-le en tête si vos symptômes persistent. Vous trouverez au chapitre correspondant une description plus détaillée des symptômes caractéristiques de chaque déséquilibre, pour vous permettre d'explorer plus en détail chaque déséquilibre si vous avez un doute.

• Si besoin, consultez un professionnel de santé et commencez à rencontrer des praticiens et des psychothérapeutes pour trouver celui ou ceux avec lequel vous voulez travailler.

• Si besoin, faites procéder aux examens nécessaires.

• Commencez à planifier votre première semaine de repas, qu'il s'agisse des repas à la maison ou au dehors.

• Si possible, videz la maison des aliments-drogues et des non-aliments.

• Achetez vos aliments et compléments alimentaires.

• Organisez vos compléments pour être équipé toute la journée. Programmez les alarmes sur votre ordinateur ou votre téléphone pour penser à prendre les compléments, achetez-vous un pilulier ou un autre système qui vous convienne pour avoir sous la main les compléments dont vous avez besoin au moment où vous en avez besoin.

• Prenez votre temps. Ne vous compliquez pas la vie. Si vous êtes juste avant vos règles ou un moment très stressant, attendez que ce soit fini pour commencer votre programme. Vous pouvez néanmoins commencer tout de suite à prendre vos compléments. Si vous craignez que notre programme ne soit qu'un programme de plus, destiné à l'échec comme les autres avant lui, rappelez-vous que vous vous sentirez mieux en moins de quarante-huit heures.

Vous voilà prêt pour la première semaine.

PREMIÈRE SEMAINE : DÉTOXICATION

Jours 1 à 4

Au cours des deux premiers jours, vos fringales devraient diminuer grandement (sauf perturbation hormonale). Au cinquième jour, les fringales auront complètement disparu. Si les fringales n'ont pas significativement diminué au bout de deux jours augmentez les doses de vos compléments anti-fringales, qui sont en général les acides aminés, en particulier la L-glutamine, le 5-HTP, et la DLPA. En cas de fringale de sucré ou de féculent, ouvrez une capsule de L-glutamine et videz-en le contenu sous la langue. La fringale passe généralement en cinq minutes. Si vous mangez pour vous donner de l'énergie et ne pouvez pas vous passer de votre café, augmentez les doses de L-tyrosine.

Si vous oubliez de prendre vos compléments alimentaires, ou si vous ne mangez pas comme prévu (par exemple, si vous avez un repas sans protéines), attendez-vous à une brève réapparition de vos symptômes. Mais ces petits écarts seront rapidement corrigés, et vous aurez tôt fait d'être de nouveau libre de fringales. Qu'est-ce que cela ? Être libre de fringales, c'est être indifférent à nos anciens aliments « préférés » ; ne pas être perturbé par ce qui était des aliments irrésistibles ; avoir de fugitives tentations de retour à ses anciennes habitudes alimentaires, sans intention d'y donner suite ; être capable de choisir ce qu'on mange sans se torturer. Mes patients nous appellent en général tous les jours de leur première semaine, pour nous informer de leurs progrès et de leurs problèmes. Prendre ces appels est un de mes grands plaisirs. Les patients disent typiquement quelque chose comme « vous disiez que je n'aurais plus envie de chocolat au bout de vingt-quatre heures, et je ne vous croyais pas. Mais vous aviez raison ! Je n'ai plus envie de chocolat. Je me sens bien sans chocolat. Je n'arrive pas à y croire ! ».

EN CAS DE PROBLÈME

Si vous faites tout comme il faut, et que vous avez encore des fringales, voyez le questionnaire détaillé du chapitre 15, page 247, pour déterminer si vous n'avez pas un problème de prolifération des levures. C'est un problème courant mais sournois.

Il y a aussi des appels signalant des problèmes mais ils sont rarement insurmontables. Le plus souvent, le problème est résolu rapidement en augmentant les doses d'acides aminés pour éliminer les fringales complètement. Un autre problème fréquent est des selles molles causées par un excès de magnésium. Parfois aussi, ces selles molles sont simplement un symptôme passager de détoxication – une saine purge. C'est aussi un symptôme caractéristique du premier stade de l'élimination des levures.

Certains perdent l'appétit, voire se sentent un peu nauséeux au cours des premiers jours. Une de nos patientes, me disait au deuxième jour que jamais auparavant elle n'avait *pas* eu envie de manger. Si une sensation de nausée persiste au-delà des deux premiers jours, ce peut

MANGEZ !

Le fait que les compléments vous aident à contrôler vos fringales ne doit jamais se transformer en excuse pour ne pas manger assez. Même si vous vous sentez coupable d'un excès, prenez un vrai repas avec des protéines, au moins trois fois par jour, à moins que les nausées ne vous en empêchent vraiment. Plus vite vous mangerez trois vrais repas par jour, plus vite les bienfaits du programme se feront sentir. Le danger, c'est de ne pas manger assez. C'est une source de retour des fringales et de stagnation du poids. Si vous n'avez pas l'habitude de petit-déjeuner, une grosse omelette vous semblera peut-être un peu trop au début. Faites-vous un smoothie avec des protéines en poudre : ce sera facile à digérer et vous permettra de tenir jusqu'au déjeuner. La caféine tue l'appétit : il faut vous en débarrasser. Si nécessaire, attendez d'avoir mangé votre petit déjeuner avant d'avaler un déca. Mais même un déca peut perturber l'appétit et le taux de sucre dans le sang. Déshabituez-vous du café dès que possible.

être une réaction aux compléments. Il arrive même, très rarement, que les acides aminés causent une sensation d'acidité dans l'estomac. Dans ce cas, prenez-les avec un fruit ou un légume. Ou bien, arrêtez tous les compléments alimentaires, et réintroduisez-les un par un pour identifier la cause de vos soucis.

Il faut vous attendre à d'autres symptômes de manque lors de ces quatre premiers jours. Beaucoup se sentent fatigués, beaucoup aussi étaient déjà tellement fatigués qu'ils ne remarquent pas la différence. Le second symptôme le plus courant est les maux de tête.

Pour traiter ces symptômes, n'hésitez pas à utiliser des remèdes en vente libre : aspirine, paracétamol, Alka-Seltzer, citrate de bétaïne, smecta, sels de bain... vous devriez vous sentir très bien le cinquième jour.

Symptômes de détoxication

- Maux de tête
- Fatigue
- Dépression
- Douleurs musculaires
- Fringales
- Irritabilité
- Attaques de panique (anxiété, suées, moiteur)
- Diarrhée
- Émotivité (pleurs)
- Constipation
- Agitation
- Somnolence, sommeil excessif
- Confusion
- Insomnies, cauchemars
- Crampes
- Problèmes respiratoires
- Révulsion face à la nourriture
- Démangeaisons

Possibles réactions émotionnelles

- Accablement
- Émergence de vieux souvenirs ou sentiments
- Sentiment de deuil ou de perte, nostalgie de vieux amis, de vieilles habitudes
- Peur du changement
- Sentiment de privation
- Jalousie (de ceux qui mangent « normalement »)

Vérifiez auprès de vous-même. Il est impératif de suivre vos progrès de près pendant la première semaine, et de vérifier auprès de vous-même, auprès de votre corps, que le programme est efficace. Tenez un carnet de bord. Si besoin, demandez à un ami de vous aidez à suivre vos réactions.

Tenez un carnet de bord de vos émotions et de votre alimentation

Tous les jours, prêtez attention à comment vous vous sentez, et à la façon dont ce que vous mangez, ou ce que vous ne mangez, affecte la façon dont vous vous sentez sur le plan émotionnel (irritable, triste...) comme sur le plan physique (fatigué, envies de sucré...). Continuez à tenir un tel journal pendant plusieurs mois, jusqu'à ce que vous n'en ayez plus besoin pour comprendre et identifier les réactions de votre corps. Reprenez le carnet de bord si des problèmes apparaissent ou réapparaissent, pour identifier leur cause. Le problème est-il apparu après un événement – par exemple vous avez mangé un aliment qui ne vous convient pas ?

Tenir un carnet de bord de vos émotions et de votre alimentation vous permettra de découvrir bien des choses à propos de votre corps et de votre réaction à différents aliments, ce qui vous réussit et ce qui vous ne réussit pas. Cela vous donnera accès à un niveau de santé et de liberté que vous n'avez pas probablement pas déjà connu. L'autorité finale pour décider ce qui est bon pour vous, c'est votre corps. Le processus de guérison, c'est en fin de compte la mise en place d'une relation entre vous et votre corps, et la libération des aliments et des drogues qui vous ont empêché d'être vous-même, qui se sont dressés entre vous et votre corps.

Comme dans toutes les relations, l'élément le plus important est la communication, c'est-à-dire la capacité d'écouter et de répondre. Votre carnet de bord vous permettra de rétablir la communication avec votre corps. En prêtant attention à ce que votre corps dit, vous commencerez à découvrir ce dont il a vraiment besoin, et ce dont il ne veut pas. Dans mon expérience, les fringales existent quand les besoins nutritionnels du corps ne sont pas satisfaits, même si le stress joue aussi un rôle. Continuez à tenir votre carnet de bord jusqu'à ce que votre corps fonctionne sans problème. Si vous ne savez plus exactement ce que vous avez fait, et comment vous sentiez, vous ne pourrez pas faire les changements nécessaires pour aller mieux. Ce carnet de bord vous permettra d'amener votre vaisseau en eaux calmes. Inscrivez-y les informations suivantes :

• Tout ce que vous mangez et buvez, avec l'heure approximative d'ingestion. Notez aussi si vous avez consommé ou pas la quantité recommandée de protéines et le ratio protéines/glucides.

• Tout complément que vous n'avez pas pris, ou dont vous avez pris une dose différente de la dose recommandée. Notez l'heure à laquelle vous auriez dû prendre le complément.

• Toute fringale, en notant son objet (fringale de quoi ?) et son heure.

• Comment vous vous sentez tout au long de la journée, émotionnellement, mentalement et physiquement (ballonné, déprimé, énergique, fatigué, gai, constipé, énergique, confus, etc.).

• Comment vous dormez chaque nuit.

• Votre température, trois jours par mois (au cas où vous avez besoin de surveiller votre thyroïde).

• Votre activité physique : heure, durée, intensité. Notez comment vous vous sentez avant et après l'exercice.

MON CARNET DE BORD

DATE	HEURE	ALIMENT, BOISSON, MÉDICAMENT OU DROGUE CONSOMMÉ	HEURE

MPLÉMENT LIÉ, PRIS À MAUVAISE JRE, À LA VAISE DOSE	HEURE	FRINGALES, ÉTATS ÉMOTIONNEL, MENTAL, PHYSIQUE, TEMPÉRATURE CORPORELLE, EXERCICE PHYSIQUE

La famille et les amis

Dans l'ensemble, les amis et la famille soutiennent les efforts de nos patients. Vous pourriez même suivre notre programme à plusieurs pour rester motivé, partager des idées, des repas, se soutenir dans les moments difficiles (la première semaine, il vaut mieux se parler tous les jours).

Mais il se peut que certains amis et certains membres de la famille ne soient pas à vos côtés. Parfois, ils peuvent se sentir menacés par les changements que vous entreprenez. Peut-être avez-vous été des compagnons d'orgie depuis des années ? Ou bien partagé un chocolat chaud tous les après-midi ? Souvent, en vous voyant vous transformer, leur négativité initiale passe. Sinon, vous devrez vous tenir à distance d'eux le temps que vous soyez suffisamment à l'aise dans vos nouvelles habitudes alimentaires pour pouvoir gérer sans peine la tentation qu'ils représentent. Ne les autorisez pas à vous faire passer comme un rabat-joie sous prétexte que vous avez abandonné la l'esclavage de la malbouffe.

Si vous partagez votre vie avec quelqu'un, il ou elle devrait aussi tirer bénéfice du programme. Peut-être pouvez-vous l'aider à mettre au point un programme de supplémentation pour qu'il ou elle puisse, à son tour, abandonner sans peine la malbouffe. Mais si ce n'est pas le cas, j'espère qu'il ou elle vous permettra au moins de vider la maison des non-aliments et des aliments-drogues, et acceptera de les consommer à l'extérieur de la maison si vraiment il ou elle y tient. J'espère aussi que vous n'êtes pas supposé lui préparer ses non-aliments.

La perte de poids

La première semaine, on perd souvent beaucoup de poids – plus qu'on en a jamais perdu en une semaine. Si vous abandonnez des aliments-allergènes, vous perdrez probablement beaucoup d'eau, car les réactions allergiques favorisent la rétention d'eau. Certains patients perdent ainsi plus de trois kilos d'eau la première semaine. Par exemple, une de nos docteures avait six kilos en trop qu'elle n'arrivait pas à perdre, alors même qu'elle mangeait très sainement et faisait de l'exercice régulièrement. Je lui suggérai de supprimer le gluten de son alimentation, et elle les perdit totalement, principalement lors de la première semaine.

Les hommes perdent du poids plus rapidement. Une fois qu'ils sont débarrassés des aliments qui les perturbent, ils peuvent brûler les calories rapidement grâce à leurs niveaux de testostérone et à leur masse musculaire. Un de nos patients favoris a complètement fondu les trois premières semaines, et pourtant il mangeait vraiment sans se priver.

La perte des poids des femmes est en général plus lente et plus régulière. C'est d'ailleurs préférable pour éviter les problèmes de santé liés à une perte de poids trop rapide, et pour s'assurer de ne pas regagner le poids perdu. Le plus souvent, elles se défont aussi de leur obsession du poids. Elles sont si contentes d'être libérées des fringales incontrôlables et des sautes d'humeur, qu'elles suivent leur programme sereinement. Si, malgré tout, vous trouvez encore que votre perte de poids est trop lente, il y a deux choses à faire : relisez le chapitre 4 (page 59), et prenez un stimulateur de sérotonine, comme le 5-HTP ou le millepertuis. De faibles niveaux de sérotonine favorisent la négativité, les soucis, les obsessions, et les problèmes d'estime de soi (voyez le chapitre 3, page 37).

Si vous avez mis un terme aux fringales, commencez à vous sentir équilibré d'un point de vue émotionnel, mais ne perdez pas de poids, demandez-vous :

• Est-ce que je mange assez, pour accélérer mon métabolisme (plus de 2 100 calories) ?

• Ai-je meilleure mine, est-ce que je me sens mieux dans mes vêtements ou dans mon corps ? Souvent, on gagne du muscle en perdant du gras. Parfois, votre taille de vêtement change, mais pas votre poids, parce que le muscle est plus lourd que la graisse. C'est une des raisons pour lesquelles je vous conseille d'oublier et la balance, et même le miroir. C'est votre œil intérieur, la façon dont vous vous sentez, qui doit vous servir de guide.

• Est-ce que je mange suffisamment de protéines par rapport à mon apport de glucides ?

• Ai-je des symptômes d'épuisement dû au stress ? Si c'est le cas, voyez le chapitre 8 (page 131) : des surrénales épuisées par le stress sont incapables d'envoyer au métabolisme le message de brûler des graisses.

• Si votre métabolisme est trop faible, il est impossible de perdre du poids.

Ces deux derniers points sont souvent les causes d'une impossibilité de perdre du poids. Les surrénales et la thyroïde fonctionnent en général ensemble (et dysfonctionnent aussi ensemble) pour maintenir votre métabolisme. Si vos réponses aux trois premières questions étaient positives, suivez les indications des chapitres 8 à 10 pour corriger ces deux types de déséquilibres.

Ne vous impatientez surtout pas si vous trouvez que votre perte de poids est trop lente. Surtout, ne passez pas à un régime hypocalorique. En matière de perte de poids, *qui va piano, va sano* : il est plus sûr d'avancer lentement. Si vous avez un problème de thyroïde, ou de surrénales, il vous faudra y consacrer quelques mois de votre vie, parce que ce sont des problèmes sérieux. Mais les bénéfices de la réparation de ces glandes vont bien au-delà de la seule perte de poids.

DEUXIÈME SEMAINE

Êtes-vous dans l'ornière parce que vous mangez toujours la même chose ? Si c'est le cas, vous devez en avoir assez. Il est temps de sortir des seuls aliments et recettes que vous connaissez et de découvrir de nouvelles façons de manger. Je les ai suggérées au fil des chapitres.

Vous ne pouvez pas vous permettre de vous ennuyer. Parlez-en avec vos amis. Faites-vous livrer. Achetez des livres de cuisine. Prenez des cours. Assurez-vous aussi de bien prendre vos compléments : l'ennui est souvent une fringale déguisée. Consultez votre carnet de bord. Mangez-vous suffisamment ? Avez-vous bien pris vos acides aminés ? Certains oublient de les prendre un fois que leur état s'améliore. Avez-vous un problème de fatigue surrénale ou thyroïdienne qui vous rend trop fatigué pour vous planifier et préparer vos repas ?

N'oubliez pas que le programme de ce livre n'est pas un régime. Peut-être vous êtes-vous mis automatiquement en « mode régime » sans même vous en rendre compte, mangeant moins et guettant la perte de poids immédiate ? Détendez-vous. Mangez bien. Cette fois, il ne s'agit pas de maigrir à la force du poignet, en vous faisant violence. Il n'y pas de « phase de maintenance » à la fin du régime. Votre tâche n'est pas de compter les calories et de les minimiser, mais de manger *suffisamment* et de manger *bien*.

Essayez d'oublier les calories, le gras, les portions. Arrêtez de vous peser. J'ai vu plus de gens s'empiffrer après s'être pesés que pour toute autre raison. Maintenant que vous êtes libéré des fringales d'aliments qui vous faisaient prendre du poids, pourquoi grossiriez-vous ? Rappelez-vous que, plus vous mangez d'aliments sains, mieux vous vous trouverez, au fur et à mesure que votre métabolisme s'adaptera à une vie sans sucreries et autres contre-aliments, et à l'abondance d'aliments nutritifs et sains.

Peut-être trouvez vous que c'est trop, que vous ne pourrez jamais manger autant de légumes ? Persévérez. Ne vous laissez pas dépasser – vous y arriverez.

Les écarts

Si vous vous retrouvez à manger des sucreries ou d'autres contre-aliments, vous trouverez sûrement qu'il vous est devenu plus difficile d'en abuser. Mais si vous en prenez suffisamment souvent, vous recréerez le déséquilibre initial, et vous vous retrouverez au point de départ. Ne replongez pas dans le cirque habituel des écarts lors des régimes, où l'on utilise un écart comme une excuse pour oublier complètement le régime. Au lieu de vous culpabiliser et de vous désespérer, analysez ce qui s'est vraiment passé. Avez-vous raté un repas, puis dû vous rendre à un cocktail ? Imparable. Êtes-vous allé dans un restaurant pour déjeuner un jour où votre petit déjeuner avait été trop léger, et où le serveur a d'emblée posé un panier d'excellent pain sur la table ? Classique, et particulièrement fatal si vous êtes sensible au gluten. Ne pas manger assez, c'est le problème le plus courant. C'est pourquoi il *faut* planifier vos repas et votre journée, pour vous assurer d'avoir *assez* des bonnes nourritures, au moins trois fois par jour. Avez-vous vécu un grand stress ou une expérience traumatisante ? Une mauvaise semaine au travail, un problème conjugal, la résurgence d'un traumatisme infantile sont autant de déclencheurs possibles pour une fringale d'aliments-drogues. Les Outre-mangeurs Anonymes et les psychothérapeutes sont des ressources importantes pour faire face à ce genre de situation.

TROISIÈME SEMAINE

Si vos résultats d'examen montrent un déséquilibre, il est temps d'ajouter des compléments ou des médicaments à votre programme de supplémentation. Comparez les suggestions de votre praticien de santé et celles de ce livre. Relisez bien les passages pertinents, faites-les lire à votre praticien. Ainsi vous pourrez discuter avec lui de vos options d'une façon vraiment productive.

QUATRIÈME SEMAINE

De légères fringales peuvent apparaître en fin d'après-midi ou en soirée. La cause en est presque toujours la même : vous ne mangez pas assez aux repas. On ne peut pas éviter les fringales quand on ne mange pas assez. Même si elles ne vous incitent pas à manger les bons aliments, elles vous envoient le bon message : « mange plus ». Ajoutez plus de protéines, plus de gras, ou plus de glucides complets à vos repas, et vos envies de sucré disparaîtront à nouveau. Une de nos patientes nous disait qu'elle ne comprenait pas, qu'elle avait mangé « si bien », et que les même aliments qui lui avaient si bien réussi pendant trois semaines « ne marchaient plus ». En fait, elle avait été tellement déformée par les régimes qu'elle ne connaissait que deux façons de manger : trop, ou pas assez. Elle avait trop diminué son apport en glucides, et son corps protestait. Erreur classique. Je lui suggérai de manger des portions plus généreuses de tout. Immédiatement, les fringales disparurent, sans prise de poids.

Si vous avez tendance à lésiner sur les calories, ajoutez une pomme de terre avec du beurre ou de l'huile d'olive, ou bien un petit bol de riz complet ou de riz sauvage à votre salade et à votre blanc de poulet, ou à votre steak de saumon et à vos légumes à la vapeur. Parfois, une vinaigrette suffit à faire la différence, et vous permet de vous sentir rassasié et satisfait. Les graisses aident souvent à calibrer l'appétit pour s'arrêter de manger juste au bon moment. Tant qu'il n'a pas reçu suffisamment de graisses, votre corps ne peut pas être satisfait.

CINQUIÈME ET SIXIÈME SEMAINES

Sortir dîner

Grand et chaleureux, Frank possédait un restaurant. C'était un ancien alcoolique devenu outre-mangeur en devenant sobre. Quand il est venu nous consulter, il était très malheureux à force de s'empiffrer des pâtisseries de son propre restaurant. Sa réponse aux compléments alimentaires fut superbe, et il perdit immédiatement beaucoup de poids. Mais, pour des raisons professionnelles, il devait se rendre à un grand banquet, prévu de longue date. Il appela le traiteur et vérifia que le plat principal lui conviendrait (un blanc de poulet farci avec des épinards et des champignons, avec du riz, des légumes et de la salade). Il se réjouissait à l'avance de l'évènement, mais, le jour dit, on l'assit juste à côté du buffet des desserts. Il en eut des sueurs froides : il *savait* qu'il allait passer la soirée à piller ce buffet, comme il l'avait toujours fait. Sauf que : au bout de dix minutes, il avait oublié qu'il était assis à côté de tous ces desserts. Ce ne fut pas vraiment un problème : il avait développé une espèce d'immunité. Ça ne l'intéressait simplement plus.

Même s'il est important de chasser de votre maison les aliments déclencheurs de déséquilibres et de fringales, vous aussi devriez être en mesure de montrer la même tempérance lorsque vous sortez, passé le premier mois. Vérifiez le menu à l'avance et, si nécessaire, apportez votre repas ou mangez avant de sortir, de façon à ne pas vous retrouver en face d'aliments déclencheurs tout en ayant faim. Si possible, expliquez votre situation à l'hôte, de façon à ce qu'il ne se méprenne pas sur les raisons pour lesquelles vous ne touchez pas à ses lasagnes ou à sa forêt noire. S'il insiste, si on vous dit « mais il faut absolument le goûter », dites quelque chose comme « oh, j'adorerais » et changez de sujet.

C'est votre propre nostalgie qui tend à causer le plus de problèmes, le souvenir des ces occasions où tout le monde passe un bon moment en mangeant et en buvant des choses que vous ne pouvez plus manger ou boire. Un très ancien membre des Outre-mangeurs Anonymes m'a dit un jour quelque chose que je n'ai jamais oublié : « Je ne me dis pas que je ne *peux* plus manger ces choses-là, mais que je n'ai plus *besoin* de les manger. Je ne me sens pas frustré, je me sens soulagé ».

Vous avez déjà essayé les aliments auxquels vous avez renoncé. Ce n'est pas comme si vous n'aviez jamais mangé de pâtisseries, de pain, etc. Une fois que vous aurez commencé à manger d'une façon qui vous fait vous sentir formidablement bien, ces choses-là ne vous manqueront plus.

Pourquoi, alors, ne pas simplement manger tout ce dont on a envie, comme on a envie ? Certaines féministes, autour de Geneen Roth, ont développé une telle approche. Je ne le recommande pas. Pour des gens dont le corps est encore très équilibré, cela peut très bien marcher. Mais cette approche est dangereuse pour tous ceux dont la biochimie a été sérieusement perturbée par les régimes, les aliments-allergènes, etc. Cinq ans après s'être guérie d'un trouble majeur du comportement alimentaire et d'une dépression grave grâce à nos techniques nutritionnelles, une de nos patientes commença à avoir de petites fringales. Elle était retournée à l'université, où elle s'était laissée inspirer par ses professeurs féministes. Plutôt que de revenir nous voir, elle décida qu'elle allait se débarrasser de ces fringales en y cédant (même si cela n'avait jamais bien fonctionné pour elle dans le passé). Elle finit par revenir nous voir, un an et 55 kg plus tard, boulimique à nouveau. C'est une histoire comme j'en entends trop souvent, de gens qui aggravent leurs déséquilibres en mangeant de grandes quantités d'aliments qui sont toxiques pour eux.

Organisez-vous

Vous ne quitteriez pas votre maison sans vos vêtements. Ne quittez pas la table sans vos protéines. Ne vous levez jamais de table avant d'avoir eu vos 20 à 30 g de protéines. Je suis prête à vous proposer un compromis : vous pouvez prendre un dessert (pas trop sucré tout de même !) si, auparavant, vous prenez un « dessert » de protéines. Une cuisse de poulet avec votre crème brûlée ? Ne vous levez pas de table non plus sans au moins savoir comment vous comptez manger vos quatre portions de légumes de la journée. Si vous n'avez pas mangé de légumes à déjeuner, vous devez prévoir une grande salade multicolore et des légumes cuits à dîner, ou bien une énorme assiette de légumes à la vapeur avec du beurre et du citron. N'allez pas vous coucher sans avoir eu vos légumes. Si néanmoins il ne vous était pas possible un jour de consommer suffisamment de légumes, ne paniquez pas. Mais assurez-vous que le lendemain sera un jour avec légumes.

En voyage

Si vous devez manger dehors à tous les repas parce que vous êtes en voyage, il faut impérativement prévoir et vous organiser. Sur la côte Ouest des États-Unis, ce n'est pas difficile, parce qu'il y a beaucoup de produits frais. Mais dans d'autres régions du monde (et des États-Unis), il est plus difficile de vous assurer qu'on vous sert ce qu'il vous faut dans les restaurants. Le petit déjeuner est souvent le repas le plus facile : fruit frais, œufs, pommes de terre se trouvent un peu partout. Certains restaurants ont des menus « régimes » qui sont riches en légumes, pauvres en féculents. Mais ils sont souvent pauvres en graisses et en protéines, ce qui n'est pas bien. S'il le faut, vous pouvez manger des sandwiches en laissant le pain de côté (c'est même une façon de rendre certains fast-foods acceptables, si on fait aussi attention aux sauces et à ce que contient la viande). Mangez toujours à votre faim : si vous ne mangez pas le pain de votre sandwich, il se peut qu'il vous en faille deux (pour les fabricants de sandwiches, il est évidemment beaucoup moins cher de mettre beaucoup de pain et peu de garniture). N'hésitez pas à emmener à manger, ainsi que quelques ustensiles et des couverts.

N'oubliez pas vos compléments alimentaires ! Ne pas prendre vos compléments est un vrai danger. Vous ne voulez pas que vos fringales reviennent, encore moins quand vous êtes en voyage, donc entouré de sucreries, de pâtisseries, et de toutes sortes de contre-aliments.

Dans l'avion. Emmenez de quoi manger, car il n'y a en général rien dans l'avion qui vous convienne, à part peut-être quelques éléments d'un plateau-repas. Une boîte plastique avec des légumes, des noix, des graines par exemple. Buvez beaucoup d'eau, mais pas de café, de thé, de sodas, de jus. Emmenez vos propres sachets pour des infusions. Au fait, la mélatonine peut être un allié précieux contre le décalage horaire.

Dans une petite épicerie. Qu'y a-t-il à l'épicerie du coin, ou dans une station-service, que vous puissiez manger ? Peut-être quelques noix (pistaches, amandes, noix, etc.), à condition qu'elles soient crues. Des sardines en boîte. Quoique vous achetiez, lisez attentivement les étiquettes pour vous assurer que ce que vous achetez ne soit pas (trop) sucré, ne contienne pas d'allergènes, ne soit pas plein de graisses *trans*. Cela vous permettra de tenir en attendant un vrai repas avec des légumes frais, des protéines et du gras de qualité.

À l'hôpital. Là encore, il est essentiel de prévoir. Si vous vous sentez trop faible, demandez à votre famille et à vos amis d'expliquer au personnel vos besoins alimentaires. À défaut, qu'ils vous amènent des vrais aliments, ainsi que les compléments dont vous avez besoin. Les hôpitaux proposent souvent des repas pour les allergiques au gluten et aux diabétiques : n'hésitez pas à les demander.

Si vous n'avez pas été en mesure de manger bien en voyage, ne vous tourmentez pas. Vous serez bientôt rentré à la maison et vous pourrez reprendre une alimentation normale.

SEMAINES 7 À 12

Au chapitre 18, je vous ai conseillé de réduire progressivement vos doses de compléments réparateurs pour en arriver progressivement au point où vous ne prendrez plus que les compléments de base. Gardez dans vos placards un peu de vos compléments réparateurs : vous serez prêt à faire face au retour inopiné d'une fringale, à un moment de stress. Une crise personnelle, un voyage, une maladie, peuvent ramener des carences et un déséquilibre. Vos compléments vous permettront d'étouffer la crise dans l'œuf. Passez en revue le tableau des acides aminés de la page 307 pour vous rappeler des doses et pour vérifier que vous n'avez pas besoin d'un acide aminé dont vous n'aviez pas eu besoin jusque-là. Après tout, votre vie a changé. Relisez de temps en temps le chapitre 8 (page 131), pour vérifier que vos surrénales sont en forme, et leur donner un coup de main si besoin. On ne sait jamais quand le stress va nous dépasser.

APRÈS

Comment irez-vous dans un an ? Dans cinq ans ? Comme vous le verrez dans l'annexe page 369, une chercheuse a interviewé six de nos clients les plus difficiles, entre un et trois ans après leur passage chez nous. Chacun était venu nous voir pour moins de dix sessions. Il y avait un homme, trois anorexiques, trois outre-mangeurs ou boulimiques. Leurs consultations étaient financées par une association caritative, qui demandait bien sûr à évaluer les progrès faits par les patients pour déterminer s'ils devaient continuer à nous envoyer des personnes à faible revenu et qui ont des troubles du comportement alimentaire.

Les entretiens de suivi montrèrent que les six patients avaient tous fait des progrès significatifs grâce à leur travail avec nous. Sur les six, une anorexique replongea ultérieurement. Mais les cinq autres n'ont pas seulement maintenu les gains faits avec nous : ils ont continué d'aller de mieux en mieux depuis. Les résultats de cette petite étude reflètent notre expérience à la clinique : environ 80 % de succès.

Vous pouvez échapper à une vie de régime, de mauvaise humeur et de mauvaise santé. Ce livre est un bon départ. Mais nous en apprenons tous les jours plus sur des outils nutritionnels qui permettent d'améliorer notre programme. Par exemple, depuis la première édition américaine, nous avons significativement changé notre position par rapport au gras, au cholestérol, aux œufs, à la viande rouge, au protocole anti-levures, etc. Gardez vos yeux ouverts. Lisez des revues de médecine douce et de nutrition ou des sites spécialisés (comme www.lanutrition.fr). Et surtout, rappelez-vous que l'autorité suprême pour savoir ce qui convient à votre corps, c'est votre corps lui-même. Continuez à prendre bien soin de vous et de lui, maintenant que vous savez comment. Je vous souhaite une merveilleuse nouvelle vie sans régime.

LE SUIVI DE SIX PATIENTS

S IX PATIENTS DE NOTRE CENTRE DE TRAITEMENT DES DÉSORDRES alimentaires, Recovery Systems, choisis par une chercheuse indépendante, ont été interviewés entre neuf mois et trois ans après leur dernière visite. Tous étaient, à leur première consultation, sévèrement handicapés par l'anorexie, la boulimie ou une compulsion à manger beaucoup trop (hyperphagie). Les sujets n'ont été traités *que* par conseil nutritionnel (y compris des compléments alimentaires). La plupart avaient déjà suivi de longues psychothérapies et pris part à des groupes de soutien. Dès les deux premières semaines, des progrès spectaculaires ont été observés en matière de libération des obsessions alimentaires, de normalisation du poids, et de stabilisation de l'humeur, pour tous les patients. Lors de l'entretien de suivi, cinq des six patients allaient aussi bien ou mieux que lors de leur dernière visite à Recovery Systems.

Dans cette annexe nous décrivons le parcours de chaque patient : ses symptômes à l'admission, à la sortie, et les résultats de l'interview de suivi avec la chercheuse qui a mené cette étude, Denise Heiden.

DANA S.

Première visite : 1ᵉʳ juin 1992. Dana avait 30 ans, mesurait 1,73 m, et était anorexique depuis ses quinze ans. Son poids oscillait entre 39 et 42 kg. Elle avait été hospitalisée deux fois, et avait suivi trois ans de psychothérapie. Bien qu'elle détenait un diplôme avec mention d'une des plus grandes universités du pays, elle était incapable de garder un travail stable, et vivait de baby-sitting. Elle ne mangeait rien de la journée ; le soir, du lait et des sucreries. Elle était anxieuse, déprimée, et « accro » aux laxatifs. Ses obsessions constantes à propos de son corps, de son poids et de sa personne la faisaient beaucoup souffrir.

Dana commença son programme de supplémentation le 12 juin.

Au moment de sa visite du **18 juin**, elle était beaucoup plus détendue (effet attribué au GABA) et beaucoup moins déprimée (L-tyrosine). Elle arrivait à manger deux repas par jour. Les vitamines B dans son complément de levure alimentaire lui donnaient de l'énergie. Elle avait arrêté de se peser et était moins obsédée par son poids. Sur notre balance, elle avait gagné environ deux kilos.

Au moment de sa visite du **20 juillet**, elle mangeait trois repas par jour. Le soutien de sa thyroïde (GF Thyroid) avait aidé à augmenter son appétit.

30 juillet : Dana se sentait « beaucoup plus claire dans sa tête ». Ses ballonnements abdominaux avaient enfin diminué grâce aux enzymes digestives, et à un protocole à base de plantes qui permit de combattre les parasites qu'elle avait contractés en Amérique du Sud quand elle avait quinze ans.

13 août : Dana se sentait « tellement moins inquiète » et voyait en effet les choses de manière très différente.

17 août : Son tube digestif fonctionnait beaucoup mieux, et n'avait plus besoin de stimulation extérieure (grâce au jus d'aloé vera, au magnésium et à l'huile de lin)

À sa visite du **2 août 1992**, Dana avait pris presque cinq kilos et était beaucoup moins anxieuse et déprimée. Avec nos médecins, nous avions identifié sept problèmes majeurs, y compris une infection au *candida*, des kystes amibiens, et une intolérance au gluten.

Tous remontaient à ses quinze ans et étaient la cause initiale de ses dysfonctions digestives et de son appétit perturbé.

Au **30 août**, elle avait pris deux kilos de plus. Ses parents furent agréablement surpris de son apparence lorsqu'elle rentra chez eux pour une formation (qu'elle aurait d'ailleurs été incapable de suivre auparavant). Après cela, nous eûmes deux derniers rendez-vous.

Suivi : juin 1995. Dana n'est plus obsédée par son poids. Elle a gardé le poids gagné. Elle n'est pas déprimée. Elle n'a pas eu de rechute boulimique et a appris à aimer manger bien. Elle travaille à plein temps et finit sa maîtrise. Elle est financièrement indépendante. « Rien de tout cela n'aurait été possible sans Recovery Systems », dit-elle. Elle n'a pas les moyens de suivre une psychothérapie, mais s'est rendue régulièrement à ses réunions des Outre-mangeurs Anonymes (de cela aussi, elle était auparavant incapable).

ANDREA J.

Première visite : 22 juin 1992. Andrea avait 34 ans. Son enfance avait été traumatisante. Ses troubles du comportement alimentaire avaient commencé à 15 ans, avec des pilules amaigrissantes. Elle avait commencé à s'empiffrer à 16 ans. À 17 ans, elle ne contrôlait plus rien. À 24 ans, elle prenait de la cocaïne, du sucre et des sodas allégés pour contrôler son appétit. Ceci avait continué jusqu'à sa cure de désintoxication. Après la cure cependant, la dépression et l'hyperphagie avaient continué. À 29 ans, elle avait déjà tenté deux fois de mettre fin à ses jours.

Quand elle vint nous voir, elle allait en psychothérapie et aux Outre-mangeurs Anonymes toutes les semaines depuis six ans. Mais son hyperphagie était tellement incontrôlable qu'elle pensait mourir bientôt. Après s'être empiffrée, elle roulait souvent sur les routes au bord des falaises de l'ouest du comté de Marin*, tentée de quitter la

---

* Parc naturel bordant l'Océan Pacifique, au Nord de San Francisco et du fameux Golden Gate Bridge (NdT).

route. C'est un autre outre-mangeur anonyme qui nous l'avait amenée. Elle ne travaillait plus depuis un bout de temps, et vivait chez des amis. Sur le plan financier, elle ne pouvait se permettre qu'un programme minimal de compléments alimentaires.

La première semaine, elle arrêta les sucreries, le gluten (donc toutes les nourritures contenant du blé, de l'avoine, de l'orge ou du seigle) et les édulcorants, y compris les sodas allégés. À la fin de la semaine, elle ne bâfrait plus, et n'avait presque plus de fringales, avec l'aide de compléments de chrome et de L-glutamine trois fois par jour.

Au moment de sa visite du **30 juillet**, elle n'était plus déprimée et était pleine d'énergie (L-tyrosine trois fois par jour). Son état mental s'améliora de plus en plus, et, le 10 décembre, elle était en bonne santé. Elle nous avait initialement rendu cinq visites d'affilée, puis cinq autres au cours des deux années suivantes. Elle ne connût pas de rechute.

25 mars 1993 : Andrea nous dit: « je n'ai jamais re-bâfré, alors que je m'étais battue avec ce problème toute ma vie. J'avais suivi un programme de traitement des troubles alimentaires, des années de thérapies et d'Outre-mangeurs Anonymes, sans résultat. Maintenant je n'ai plus de fringales, plus de dépression, je gagne ma vie, et je suis en bonne santé ».

Suivi : juin 1995. Andrea a maintenu tous ses progrès. Elle a un petit copain stable, a monté sa propre affaire, prépare un diplôme à l'université. Elle va toujours aux réunions des Outre-mangeurs Anonymes.

GREG E.

9 novembre 1992 : Greg, 51 ans, avait un problème de dépression, d'alcool et de drogues depuis qu'il avait 16 ans. Après des cures de désintoxication intenses, il avait passé dix des douze dernières années sans toucher à la drogue et à l'alcool. Mais la dépression et les comportements compulsifs (fringales, cigarette, obsessions sexuelles) avaient continué. Il était incapable de se concentrer, de travailler, et se plaignait de sensations chroniques de brûlures sur les tempes, d'insomnie et d'anxiété.

Au cours des douze mois suivants, même s'il ne vint qu'à trois de ses six rendez-vous de suivi (pour un total de cinq rendez-vous, dont un écourté), sa dépression et son anxiété s'étaient considérablement réduites. Il avait diminué sa consommation de cigarettes de deux paquets et demi par jour à un demi-paquet. Il commença à suivre un programme éducatif spécial, qu'il adorait. Sa concentration s'améliora et la sensation de brûlure disparut. Il avait encore des fringales, mais il ne mangeait plus trop.

Suivi : 20 août 1995. Pour la première fois en bien des années, Greg a un travail qu'il aime. Il est de moins en moins déprimé et a beaucoup moins de mal à se concentrer. Il dort mieux, est peu anxieux. Il ne mange pas trop. Il a encore de légères fringales. Les obsessions sexuelles sont toujours présentes (à l'époque, le L-tryptophane et le 5-HTP, que nous utiliserions aujourd'hui pour traiter de telles obsessions, n'étaient pas disponibles).

CARLA V.

Carla vint à Recovery Systems pour la première fois le **18 février 1993**. Dépressive depuis toujours, elle n'avait même pas la force de remplir les formulaires que nous lui donnions. Sa mère s'était suicidée et la famille de son père était une famille d'alcooliques. Elle avait été anorexique, et mangeait encore très irrégulièrement, parce que manger la fatiguait et avait, pour elle, toujours été associé à la constipation. Elle était tout le temps fatiguée et avait tout le temps envie de sucre. Le **1er mai 1993**, elle écrit à l'agence qui payait pour son traitement pour décrire ses progrès : sa dépression avait disparu et son énergie s'était grandement améliorée. Elle n'avait plus besoin de siestes et restait alerte jusqu'à dix heures du soir au lieu d'être épuisée à six heures.

Le **12 mai 1993**, comme Carla avait arrêté de prendre ses compléments alimentaires au bout de deux mois (nous lui avions initialement conseillé de les prendre pour trois à six mois), elle avait moins d'énergie. Nous acceptions de la revoir pour traiter son problème de thyroïde et quelque autres, et lui prescrire à nouveau des compléments alimentaires. Elle ne vint pas.

Suivi : février 1995. Carla est moins déprimée et digère mieux. Elle n'a plus de fringales. Mais son énergie est encore faible. Stress et anxiété ont empiré, menant à un écroulement nerveux en 1995. En réaction, elle ne mange pas assez. Elle trouve que la psychothérapie l'aide.

NATHALIE G.

7 avril 1994 : Nathalie, 25 ans, nous fut amenée par sa mère. Elle souffrait d'anorexie depuis six mois. Elle était amaigrie (elle avait perdu six kilos et n'était déjà pas grosse au départ), faible et très déprimée. Elle ne pouvait pas quitter la maison. Elle n'avait plus de règles. Elle était obsédée pas son poids, et son sommeil était perturbé. Sa mère et ses médecins envisageaient de l'hospitaliser si elle ne répondait pas à notre programme, car les examens montraient des signes préoccupants de malnutrition.

Les premiers jours, elle eut trop peur pour prendre ses compléments, mais elle appela le 10 avril pour nous dire qu'ils lui faisaient du bien. Sa mère confirmait qu'elle mangeait de nouveau et était moins déprimée. Elle vint trois fois. Nous lui conseillâmes une psychothérapie, qu'elle refusa. Sa dernière visite fut le **21 avril 1994**, même si nous continuions à suivre ses progrès par téléphone avec sa mère.

Suivi : février 1995. Nathalie est beaucoup moins déprimée. Elle a repris près de cinq kilos et qualifie son énergie « d'excellente ». Elle dort mieux, se fait moins de soucis, est capable de sortir, se maquille et reste propre. Ses règles sont régulières. Elle a continué à explorer les compléments alimentaires par elle-même, avec d'excellents résultats (sa mère confirme tous ces progrès).

JANICE C.

Janice vint à Recovery Systems à 45 ans. Elle était obèse depuis l'âge de 3 ans. Elle avait été dépendante de l'alcool et de la marijuana de l'adolescence à 1990. Elle avait été victime de violents abus sexuels dans son enfance et avait travaillé dur en thérapie pendant des années pour s'en remettre. Elle avait des envies de sucré incontrôlables qui la menaient à s'empiffrer, et elle était tout le temps épuisée. Elle était devenue déprimée et anxieuse, au point où elle avait des crises de panique quand elle essayait de se passer de sucre. Elle pesait plus de 136 kg (à seize ans, elle avait pesé 172 kg). La plupart du temps, elle souffrait de dissociation mentale, comme beaucoup de ceux qui mangent beaucoup trop. Ses règles étaient irrégulières.

En douze semaines de traitement nutritionnel, Janice mit fin à ses fringales et à son hyperphagie. Son énergie augmenta. Elle était bien moins dissociée, ce qui a rendu sa psychothérapie plus efficace (elle l'attribuait à la normalisation de son comportement alimentaire). Elle disait qu'elle travaillait à mettre son passé traumatisant derrière elle (auparavant, sa dissociation mentale rendait ce travail impossible). Elle commença à perdre du poids, ses vêtements devinrent trop amples et elle dut en changer.

Suivi : février 1995. Janice a maintenu tous ces progrès et continue à perdre du poids.

RÉFÉRENCES

Chapitres 2 et 3

1. J. M. LARSON : *Seven Weeks to Sobriety,* Random House, New York, 1992.

2. K. BLUM : « Clinical evidence for the effectiveness of Phencal (five amino acids) in maintaining weight loss in an open-label, controlled 2-year study ». *Current Therapeutic Research* 58(10), 1997.

3. K. BLUM : « Neuronutrition as an adjunct to addiction therapy ». *Nutrition Report* 7(6) 1989.

4. DR E. BRAVERMAN : *The Healing Nutrients Within,* Keats, New Canaan, Connecticut, 1997, p. 240.

5. DRS H. ABRAHAM & A. JOSEPH : « Bulimic vomiting alters pain tolerance and mood ». *International Journal of Psychiatry in Medicine,* 16(4), 1986-87.

6. D. MANDERS : « The FDA ban of L-Tryptophan: Politics, profits and Prozac ». *Social Policy* 26(2), 1995.

Chapitres 4 et 5

1. « CINCINATTI GRAMMAR SCHOOL STUDY RESULTS ». *Eating Disorders Review,* 1993.

2. FRANCES BERG : « Health Risk of Weight Loss », *Healthy Weight Journal,* 1995.

3. R. GARRISON & E. SOMER : *Nutrition Desk Reference,* Keats; New Canaan, Connecticut, 1985.

4. MERVAT NASSER : *Culture and Weight Consciousness*, Routledge, Londres, p. 54.

5. K.S. KENDLER, C. MACLEAN, M. NEALE, ET AL. : « The Genetic Epidemiolgy of Bulimia Nervosa », *American Journal o Psychiatry,* 148(12) 1627, 1991.

6. A. Schauss & C. Cossin : *Anorexia and Bulimia: A Nutritional Approach to the Deadly Eating Disorders* Keats; New Canaan, Connecticut, 1997.

7. Glenn A. Gaesser : *Big Fat Lies : The Truth about your Weight and your Health*, Gurze Books, Carlsbad, California, 2002.

8. Roberta Seid : *Never Too Thin,* Prentice Hall, New Jersey, 1988, p. 286.

9. *Behavorial Therapy*, 7:463, 1976.

10. R. Garrison & E. Somer : *Nutrition Desk Reference* Keats; New Canaan, Connecticut, 1995, pp. 560&573.

11. Peter Kramer : *Listening to Prozac*, Penguin Books, New York, 1993.

12. *New York Times* du 28 mai 1993.

13. K. Smith, C.G. Fairburn & P.J. Cowen : « Symptomatic Relapse in Bulimia Nervosa Following Acute Tryptophan Depletion », *Arch Gen Psych*, 1999 ; 56:171-176.

14. Dr. F. Tenant : *Carbohydrate Dependence, Is This Why I Can't Lose Weight?,* Veract Handbook Series, 1995.

15. S. Ahmed (dir.), M. Lenoir, F. Serre (AI.) & L. Cantin : « Intense Sweetness Surpasses Cocaine Reward », in *PlosOne* v2.8 (2007).

16. Dr. H.J. Roberts : *Aspartame, Is It Safe?*, The Charles Press, 1990.

17. Dr. D. Remington & B. Higard : *The Bitter Truth About Artificial Sweeteners,* Vitality House International, 1987, p. 29.

18. S.E. Benson & K.A. Englebert-Fenton : « Nutritional Aspects of Amenorhea in the Female Athlete Triad ». *Intl. Jrnl Sportys Nutrition,* 1996, 6, 134-145el.

19. Dr Glen Gaesser : *Big Fat Lies*, Ballantine, New York, 1996.

20. *Consumer reports*, June 1993, p. 350.

Chapitres 6, 7 et 8

1. Dr. Joan Mathews-Larson : *Seven Weeks to Sobriety*, Fawcett, New York, 1997, p. 86 et Michael Murray & Joseph Pizzorno : *Encyclopedia of Natural Medicine* Prima, Rocklin, Californie, 1988, p. 549.

2. Dr. Stephen Langer : *Solved: The Riddle of Illness* (Keats; New Canaan, Connecticut, 1984), pp. 75-84, et Murray & Pizzorno, *op. cit.*

3. Langer, op. cit.

4. S. AHMED (DIR.), M. LENOIR, F. SERRE (AI.) & L. CANTIN : « Intense Sweetness Surpasses Cocaine Reward », in *PlosOne* v2.8 (2007).

5. *Dr. Bernstein's Diabetes Solution*, Little, Brown and Company, Londres, 2007.

6. R. ANDERSON ET ALI : « Dietary Chromium Intake Freely Chosen Diets ». *Institutional Diets and Institutional Foods*, January 1992, pp.117-21.

7. DR. ROBERT C. ATKINS, *The Vita-Nutrient Solution : Nature's Answer to Drugs*, Simon&Shuster, New York, 1998.

8. DR. MICHAEL T. MURRAY : *Hypoglycemia and Diabetes*, Prima Publishing, Rocklin, California, 1994.

9. Ibid, p. 97

10. DR. ARTEMIS SIMOPOULOS : *The Omega Plan,* HarperCollins, New York, 1998.

11. DR. SUSAN MITCHELL & C. CHRISTIE : *I Could Kill for a Cookie* (Penguin, New York, 1998, p. 17.

12. DR. JAMES WILSON : *L'adrénaline, trop c'est trop. Le syndrome du stress du 21ème siècle,* Les éditions le mieux-être, 2007.

13. DRS. JAMES & PHYLLIS BALCH : *Prescription for Nutritional Healing* (Avery, New York, 1997.

14. DR. WILLIAM JEFFRIES : *Safe Uses of Cortisol,* BioHealth Diagnostics, San Diego, California, 1999, p. 48.

Chapitres 9 et 10

1. P. CHOMARD ET ALI. : « Serum Concentrations of T4, T3, RT3 and free T4, T3 in Moderately Obese Patients ». *Illum Nutr Clin*, 1985, 39(5):371-8.

2. DR. STEVEN LANGER : *How to Win at Weight Loss*, Thorsons, Rochester, Vermont, 1987, p. 199.

3. DR. STEPHEN LANGER : *Solved: the Riddle of Illness* (Keats, New Canaan, Connecticut, 1984, p. 156.

4. R. MARCHAUD : « Low T3 Syndrome ». *Rev Prat*, 1988 ; 48(18):2018-22.

5. DR. BRODA O. BARNES, *Journal of the American Medical Association*, 1942, 119:1072.

6. SACHER & MCPHERSON : *Widmann's Clinical Interpretation of Laboratory Tests*, F.A. Davis, Salam, Massachussets, 1991, p. 1331.

7. L.E. Bravermann & R.D. Utiger, dir., Werner & Ingbar's : *The Thyroid: A Fundamental Clinical Text*, 6e édition, J.B. Lippincott, Philadelphie, 1991, p. 1331.

8. Dr. Jeffrey Bland, article paru dans *The Journal of Clinical Endocrinology and Metabolism*, vol. 56, 1993.

Chapitre 11

1. Kathleen Des Maisons : *Potatoes not Prozac*, Simon and Schuster, New York, 1998.

2. C.R. Ziovdron, Strearly & W. Klee : « Opiate peptides derived from food proteins: The exorphins ». *J Bio Chem* 1979: 254:2379-2380.

3. Carl Pfeiffer : *Nutrition and Mental Illness: An Orthomolecular Approach to Balancing Body Chemistry*, Inner Traditions International, Ltd. 1988.

4. William Philpott : *Brain Allergies: The Psychonutrient and Magnetic Connections,* MacGraw-Hill, 2000.

5. Theron Randolph : *An Alternative Approach to Allergies* Harper Collins, New York, 1989.

6. Une étude de 1996 déterminait que la fréquence des cas de maladies cœliaques était de 1:250 aux États-Unis comme en Europe. L'étude concluait que la maladie cœliaque était probablement très sous-diagnostiquée. Voir T. Not, K. Horvath, I.D. Hill, A. Fasano, A. Hammed & G. Magazz : « Endomysium antibodies in blood donors predict a high prevalence of celiac disease in the USA », *Gastroenterology*, 1996.

7. Dr. Doris Rapp : *Is This Your Child?*, William Morrow, New York, 1991.

8. NIH National Digestive Diseases Information Clearinghouse.

9. Dr. Ellen Cutler : *Live Free from Asthma and Allergies*, Celestial Arts, Berkeley, Californie, 2007.

Chapitres 12 et 13

1. Michael Murray : *Premenstrual Syndrome*, Prima, Rocklin, Californie, 1997, p.9.

2. Dr. Susan Love : *Dr. Susan Love's Hormone Book*, Random House, New York, 1997, p. 40.

3. DEBRA WATERHOUSE : *Outsmarting the Midlife Fat Cell,* Hyperion, New York, 1998, p. 40.

4. MICHAEL MURRAY AND JOSEPH PIZZORNO : *Op-cit.*

5. DR. ELIZABERTH L. VLIET : *Screaming to Be Heard: Hormonal Connections Women Suspect and Doctores Ignore,* M. Evans & Co., 1995, p. 88.

6. *Ibid.*, p. 326.

7. *Ibid.*, p. 84.

8. *Ibid.*, p. 143.

9. *Ibid.*, p. 181.

10. *Ibid.*

11. DR. G. B. PHILLIP : « Relations between serum sex hormones and the glucose-insulin-lipids defect in men with obesity ». *Metabolism*, 1993, 42(1):116-120.

12. J. CHEN & J. GAO : « The Chinese Total Diet Study in 1990 – Part II: Nutrients ». *Jrnl of AOAC Int*, 1993, 76(6): 1193-1213.

13. JOSEPH PIZZORNO & MICHAEL MURRAY, *op-cit.*

14. J. SUZUKI, H. YOSHIDA & T. SHIZAKI : « Epidemiology of osteoporosis: incidence, prevalence and prognosis », *Nippon Rinsho*, 6/98; 56(6): 1563-8.

15. C.Y. HSIEH, R.C. SANTELL, S.Z. HARLAN ET ALI : « Estrogenic effects of genistein on the growth of estrogen receptor-positive human breast cancer (MCF-7) cells in vitro and in vivo ». *Cancer Research*, 1998, 58(17):3833-8.

16. D.F. MCMICHAEL-PHILIPS, C. HARDING, M. MARTON ET ALI : « Effects of soy-protein supplementation on epithelial proliferation in the histologically normal human breast ». *Am J of Clin Nutr*, 12/98, 68(6 suppl):1431S-1435S.

17. A.M. DUNCAN, B.E. MARX, X. LU ET ALI : « Soy ivoflavones exert modest hormone effets in premenopausal women », *J Clin Endocrinologic Metabolism*, 1/99; 84(1):192-7.

18. DIVI RL, CHANG HC, DORGE DR : « Anti-thyroid isoflavones from soybean: isolation, characterization and mechanisms of action ». *Biochem Pharmacol* 1997, 15 novembre 1997; 54(10):1087-96.

19. JANE E. BENSON, KATHRYN A. ENGELHART-FENTON & PATRICIA A. EISENMAN : « Nutritional aspects of amenorrhea in female athlete », *Triad International Journal of Sports Nutrition*, 1996, pp. 134-5.

20. K.D. SETCHELL ET ALI : « Exposure of infants to phyto-oestrogens from soy-based infant formula », *The Lancet* 350.

21. R. VETTOR, G. DoPERGDA, C. PAGANO ET ALI : « Gender differences in serum leptin in obese people: relationships with testosterone, body fat distribution and insulin sensitivity ». *European Jrnl of Clinical Investigation*, 1997 Dec: 27(2):1016-24.

22. DR. JONATHAN WRIGHT : *Natural Hormone Replacement For Woman Over 45,* Smart Publications, 1997, p. 56.

23. Disponible sur le site de la Haute Autorité de Santé : http://www.has-sante. fr/portail/plugins/ModuleXitiKLEE/types/FileDocument/doXiti.jsp?id=c_450146.

Chapitres 14 et 15

1. MICHAEL MURRAY & JOSEPH PIZZORNO, *op-cit.*

2. DR. LUC DE SCHEPPER : *Full of Life*, Tale Weaver Publishing, Los Angeles, 1991, p. 81.

3. ELAINE GOTTSCHALL : *Breaking the Vicious Circle* (Kirkton Press, Kirkton, Ontario, 1991, p. 10.

4. DE SCHEPPER : *Full of Life*, p. 72.

5. TIMOTHY KUSS : *A Guidebook to Clinical Nutrition for the Health Professional* (Institute of Bioenergetic Research, Pleasant Hill, Californie, 1992, p. 31.

Chapitres 16 et17

1. DR ARTEMIS SIMOPOULOS, *op-cit.*

2. *Ibid.*

3. H. OKUYAMA : « Dietary fatty acids – the n-6/n-3 balance and chronic elderly diseases. Excess linoleic acid (n-6) and relative n-3 deficiency syndrome seen in Japan », *Progress in Lipid Research*, 1997 ; (35)4:409-57.

4. CHARLES BATES : *Essential Fatty Acids and Immunity in Mental Health*, Life Science Press, 1987, p. 110.

5. JOAN MATHEWS-LARSON, *op-cit.*

6. DR. TIM KUSS, *op-cit.*

7. CHANG MC, CONTRERAS MA, ROSENBERGER TA, RINTALA JJ, BELL JM ET RAPOPORT SI : « Chronic valproate treatment decreases the in vivo turnover of arachidonic acid in brain phospholipids : a possible effect of mood stabilizers ». *J Neurochem*, 2001; 77(3):796-803.

8. OKEN RJ : « Obsessive-compulsive disorder: A neuronal membrane phospholipid hypothesis and concomitant therapeutic strategy ». *Med Hypotheses*, 2001; 56(4):413-15.

9. ECONOMIC RESEARCH SERVICE/USDA : *Table 14: Added Food Fats and Oils, 1909-1998.*

10. OKUYAMA HARYMI : « Choice of n-3 monounsaturated and trans-fatty acid-enriched oils for the prevention of excessive linoleic acid syndrome ». *Workshop on the Essentiality of Dietary Refrence Intakes for Omega-6 and Omega-3 Fatty Acids*, The Cloisters National Institutes of Health.

11. PIETINEN P, ASCHERIO A, KORHONEN P, HARTMAN AM, WILLET WC, ALBANES D, VIRTAMO J: : « Intake of fatty acids and risk of coronary heart disease in a cohort of Finnish men. The alpha-tocopherol, beta-caroten cancer prevention study ». *Am J Epidemiol*, 15 mai 1997; 145(10):876-87.

12. GILLMAN MW, CUPPLES LA, MILLEN BE, ELLISON RC, WOLF PA : « Inverse association of dietary fat with development of ischemic stroke in men ». *JAMA*, 278(24):2145-50.

13. BIBBY DC, GRIMBLE RF : « Tumour necrosis factor-alpha and endotoxin induce less prostaglandin E2 production from hypothalami of rats fed coconit oil than from hypothalami of rats fed maize oil ». *Clin Sci*, 1990;79(6):657-62.

14. TAPPIA PS, GRIMBLE RF : « Complex modulation of cytokine induction by endotoxin and tumour necrosis factor from peritoneal macrophages of rats by diets containing fats of different saturated, monounsaturated and polyunsaturated fatty acid composition ». *Clin Sci*, 1994;87(2):173-178.

15. WILSON MD, HAYS RD, CLARKE SD : « Inhibition of liver lipogenesis by dietary polyunsaturated fat in severaly diabetic rats ». *J Nutr*, 1986, 116(8):1511-18.

16. XESTMAN ERIC C : « Low carb diet offer second tier therapy for type II diabetics ». *Journal of the American College of Nutrition*, 1998;17;595-600.

17. MCGEE D, REED D, STEMMERMAN G, RHOADS G, YANO K, FEINLEIB M : « The relationship of dietary fat and cholesterol to mortality in 10 years: The Honolulu heart program ». *Int J Epidemiol*, 1985;14(1):97-105.

18. SCANLON SM, WILLIAMS DC, SCHLOSS P : « Membrane cholesterol modulates serotonin transporter activity ». *Biochemistry*, 2001;40(35):10507-13.

19. TIMOTHY KUSS, *op-cit.*

20. *Ibid.*

21. DR. ARTEMIS SIMOPOULOS, *op-cit.*

Chapitre 18

1. A.E. CZEICH : « Prevention of congenital abnormalities by periconceptional multivitamin supplementation ». *Brit Med J*, 306, 1993, 1645-48.

2. NORRA MACREADY : « Vitamins associated with lower colon-cancer risk ». *The Lancet*, novembre 1997, p. 1452.

3. KRISPIN SULLIVAN : *Nutrition for the 90s*, Middle Marin Labs, 1999, pp. 15-16.

4. J. LAZAROU, B.H. POMERANZ, P.N. COREY : « Incidence of Adverse Drug Reactions in Hospitalized Patients: A Meta-Analysis of Prospective Studies », *JAMA* 1998; 279; 1200-1205 (N. 15).

Chapitre 19

1. COLIN CAMPBELL, J. CHEN, ET J. GAO : « Study of Chinese Diet and Cancer Rates ». *Jml of AOAC Int*, 1993, 76(6):1193-1213.

2. *The Supplement Review*, Douglas Laboratories, vol. 1, N. 4, p. 1.

3. ELIZABETH SOMER : *The Essential Guide to Vitamins and Minerals*, HarperPerennial, New York, 1995, p. 3.

4. TIM O'SHEA : « Essential Minerals », in *Dynamic Chiropractic*, 1998, p. 14.

5. R.K. MURRAY ET ALI : *Harper's Biochemistry*, 23ᵉ édition, Appleton and Lang, 1993, p. 235.

6. DR. D. RUDIN ET CLARA FÉLIX : *Omega-3 oils: A Practical Guide*, Avery, 1996, p. 22.

7. TIMOTHY KUSS : : *Op-cit.*

8. PETER J D'ADAMO : *4 groupes sanguins, 4 régimes*, Michel Lafon, 2006.

9. GEORGE WATSON ; *Nutrition and your mind, the psychochemical response*, Harper Collins, 1972.

10. WILLIAM KELLEY : *Cancer: Curing the Incurable*, New Century Promotion, 2001.

11. WILLIAM WOLCOTT : *The Metabolic Typing Diet*, Three Rivers Press, 2002.

12. HAROLD KRISTAL : *The Nutrition Solution*, North Atlantic Book, 2002.

13. L. CHRISTENSEN : « The Roles of Caffeine and Sugar in Depression », *The Nutrition Report* (9)3:17, 24.

14. MICHAEL JACOBSON : « Liquid Candy », *Nutrition Action Health Newsletter*, 1998, vol. 25, N. 9, p. 8.

15. RON KOTZSCH & FRANCES S. GOULART, *Whole Life Times*, 1983.

R.C.L.

MAI 2011

G